抗美援朝战争回忆

洪学智　著

人民出版社

　　1951 年 5 月 19 日，中央军委决定成立中国人民志愿军后方勤务司令部，洪学智任司令员。图为 1952 年洪学智在香枫山志愿军后方勤务司令部留影。

1951 年 4 月，中国人民志愿军司令员兼政委彭德怀（右二）与洪学智（右一）、第一副司令员兼第一副政委邓华（右三）在志愿军司令部召开的欢迎中国人民第一届赴朝慰问团大会主席台上。左一为慰问团副总团长陈沂。

1951 年秋，中国人民志愿军副司令员陈赓（右）、副司令员韩先楚（左）和副政治委员甘泗淇合影。

在中国人民志愿军强大火力掩护下，满载作战物资的列车通过 317 公里地段铁路。

东北军区后勤官兵为志愿军加工炒面。图中的标语为："炒得好，炒得香，志愿军吃了把美军打的喊爷娘"。

　　1953年朝鲜停战协议签订后，洪学智与志愿军后方勤务司令部副司令员张明远（左）在驻地门前合影。

目　录

第一章　风云突变

1950 年 6 月 25 日拂晓，朝鲜战争爆发。

两天后，美国总统杜鲁门命令美国空海部队给予南朝鲜部队掩护支持，命令美国海军第 7 舰队侵入我国台湾海峡，并且以联合国名义纠集十几个国家出兵侵朝；3 天后，美国陆军第 8 集团军直接参加了地面作战。朝鲜半岛烽烟顿起，局势急剧恶化。

6 月 28 日，毛泽东主席在中央人民政府委员会第 8 次会议上讲话，严斥美国对朝鲜和我国领土台湾的侵略，指出，"各国的事情应该由各国人民来管，而不应由美国来管"，"全中国人民的同情都应站在被侵略方面"。同日，周恩来总理兼外长发表声明说："杜鲁门 27 日声明和美国海军的行动，乃是对于中国领土的武装侵略，对于联合国宪章的彻底破坏……美国政府指使朝鲜李承晚军队对朝鲜民主主义人民共和国的进攻，乃是美国的一个预定借口，也正是美帝国主义干涉亚洲事务的进一步行动。"

凡事预则立，不预则废。毛主席和中央军委随即作出重大战略决策，调 13 兵团紧急开赴东北，加强东北防务力量。现在看起来，这是非常及时、非常正确的，体现了最高军事统帅部的远见卓识。

7 月 7 日和 7 月 10 日，中央军委副主席周恩来连续两次召开国防会议，研究加强东北边防用哪个部队。经过反复考虑决定还是用 4 野部队。因为 4 野部队里东北人多，解放战争时期在东北战场上打过仗，对东北战场以及地理情况和东北的气候也完全能够适应。

当时，4 野的主力部队 38、39、40 军，作为机动部队集结在河南，组成了军委战略机动兵团。38 军驻信阳。39 军驻漯河。40 军驻洛阳。当时，把这个主力军放在中原地区，主要是便于机动。东南西北，哪里有需要到哪里去。中央军委经过慎重研究决定，13 兵团这几个军立即开赴东北。稍后，又决定已在东北的 42 军也归 13 兵团指挥。

中央军委经过反复研究，还决定 15 兵团司令员邓华换到 13 兵团当司令员，15 兵团政委赖传珠调到 13 兵团当政委，将 13 兵团司令员黄永胜换到 15 兵团当司令员。同时决定两个兵团的指挥机构也互相调换，让黄永胜带着 13 兵团的机构到广州去，改成 15 兵团部，让 15 兵团部改成 13 兵团部，由邓华带领赴东北。

那时，唯独把我这个 15 兵团副司令兼参谋长留在了广州。

因为那时 15 兵团已和广东军区合并，军区司令兼政委是叶剑英，我们习惯称他为叶参座。我既是 15 兵团的副司令，也是广东军区的副司令，同时兼着江防司令，还分工管剿匪。叶参座把军区的具体工作都委托给我了。所以，决定 15 兵团领导机构北上时，把我留下了。

8 月上旬，我奉叶参座命令乘火车从广州至北京，向中央军委请示 15 兵团与广东军区合并中的一些具体问题。8 月 9 日到了北京。

当时，火车站还在前门，火车到站时已经快中午了。时值盛夏，骄阳似火。前门站里闷得像个蒸笼，热得我满头大汗，汗水顺脸往下流。我在来京的路上，晃荡了几天几夜，由于天气酷热，也没有水洗澡，生了一身大白泡子疮。此时，不少疮蹭破了，流着白水，汗水一浸，又痒又疼。到站后，我正在站台上擦汗的时候，忽然听见有人在大声地叫我："老哥（湖南习惯语）！"

我抬头一看，是邓华。我和邓华是老战友、老伙计了。解放战争时期我们曾一起在辽北军区工作，他是军区司令员，我是副司令员，在东北野战军时，我是 6 纵司令（43 军），他是 7 纵司令（44 军），经常在一起配合作战，在一起开会。以后 4 野南下，到江西南昌成立 15 兵团时，他任司令，我任第一副司令员兼参谋长。从那以后，我们更是朝夕相处，亲密无间。7 月初，中央调他担任了 13 兵团司令员。几天以前，他已由广州北上，到东北去了。

想到这儿，我不禁纳闷地问："伙计，你不是到东北去了吗？怎么还在这儿泡蘑菇呢？"

邓华眨着眼睛微笑着说："我还没有去呢。"

"怎么还没走？不是说任务十分紧急吗？"

邓华说："我不走，当然是有事情了。"

我问："你到车站是来接我的？"

他神秘兮兮地说："是呀，老哥，你来得好呀，来得非常及时呀！"

我一时摸不着头脑，问："怎么了？"

他说："有很重要的事情，一会儿林副主席要同你谈。"

当时，林彪已从 4 野调到中央军委工作。我问："同我谈什么问题？"

邓华笑着说："现在还不能泄露。"

我又问："你怎知道我今天到北京？"

邓华说："我鼻子底下长着嘴，不能打听吗？好了，你别没完没了问了，快上车吧。"说完，让我上了他的一辆美式吉普车。

汽车在北京的大街小巷里左拐右拐，没多久到了林彪的住处。我由于对北京的情况不熟，给转得稀里糊涂的，直到今天也说不清楚林彪当时住的地方到底在哪儿。

到了林彪家里，已经是中午了，午饭已摆到了桌子上，米饭和几盘小菜。

林彪见了我微微一笑，说："你来了，好啊！先吃饭。"

我们坐下，一边吃饭，林彪一边对我说："洪学智同志，东北边防工作需要你，已经确定了，你到东北去。"

"我？"我听了一怔，问："我去能起啥作用呢？"

林彪说："让你去，就是要你去发挥作用的。今天邓华同志就要出发到朝鲜了解作战的情况，现在13兵团几个军已经在鸭绿江边上布防了。邓华同志一走，很多工作没有人管。这些部队，都是你熟悉了解的么，是4野的几个老部队么。所以你们得赶快去东北集合部队，指挥管理部队。今天吃了午饭就走，火车票已经弄好了，马上就走！"

邓华接着补充说："我留在北京没走，第一因为中央决定让我先入朝了解一些情况，我还要组织几个人，还要研究一下怎么去了解，第二就是想等着调你来，去管理部队。"

我问："怎么非得我去不可？"

邓华马上反问我："怎么非得你去不可？13兵团这几个军都是4野部队，13兵团机关是咱15兵团机关的原班人马，机关和部队你都熟悉，你不去，谁去？老哥，吃完饭，我们一块走吧。"

我一听马上就走，心里有点着急。

因为我这次来京，是奉叶参座的命令向军委请示15兵团不要与军区合并问题的。叶参座认为兵团管主力部队是机动作战的，地方部队和所有治安问题都应该由军区来管。此外还有一些别的问题，叫我到军委来请示，叶参座还等着回话呢！

想到这儿，我说："我是共产党员，如果组织上觉得需要我，我就服从命令。可是叶参座交给我的任务怎么办？我是不是回去把这个任务交代一下再去东北呢？"

林彪说："不行，来不及了。现在朝鲜战局很紧张，加强东北边防的任务很急，叶司令交给你的任务，你打电话或者写封信和他说一下，让他另选人接管你的工作。"

我说："我一点儿思想准备也没有，连换洗衣服也没带，怎么也得回去拿几件换洗衣服吧？我现在还长了一身大泡疮，也得回去治治呀！"我这样说的意思，其实还是想回去和叶剑英司令员汇报一下再去。

林彪好像看出了我的心思，说："那没关系，衣服你到东北那边去找几件吧，大泡疮你也到那边去治吧！"

邓华笑着说："不能让他回去，他跑了，不回来怎么办？"

我说："不会的，怎么会呢？"

"你说不会，可叶参座呢？他要是说你工作离不开，硬把你扣住不让你来呢？"邓华接着又说，"反正你来了就别想回去了，什么也别说了，老老实实地和我一起去东北吧！"

吃完饭，我给叶参座挂了电话，我说："你交代的任务，已向林副主席汇报了。但军委决定我去东北。广州那里的工作，请你另外选人接管。"

叶参座一听急了，说："怎么回事儿，是你要求的吧？"

我说："不是，看样子是中央军委早就研究好了的。"

叶参座说："我这边哪有人？你先回来再说。"

　　我说："不让我回去了，让我今天就去东北。详细情况电话里不好说，我再给你写一封信。"

　　叶参座听了后，说："既然军委已经作出了决定，那你就去吧。"停了一会儿他又说，"早知这样，我就不让你去北京了。"

　　我笑了，说："这件事事先我也不知道。"打完电话我当即给叶参座写了一封信。

　　下午1点多钟，我和邓华已登上了开往东北的火车。

　　没想到这一走，就开始了我近4年的抗美援朝战争生涯。

　　邓华这个人是个烟筒子和京戏迷。在火车上，他一边抽烟，一边哼京剧。我说我困了，自个儿躺在了卧铺上。可睁着眼睛怎么也睡不着，因为军委这个决定，对我来说虽是很突然的，但心里也是很高兴的，心里一激动就不住地寻思起来。

　　邓华好像看出了我的心思，说："老哥，别瞎寻思了，让你去是我向军委和毛主席建议的。"

　　"原来是这样！"我说，"这我可没想到！"

　　"你怎么没想到呢？"邓华向我解释说，"这不明摆着的吗？咱们兵团有3个领导。军委下命令，我和赖传珠到东北把你留在了广州。我北上时走得很急，只带了指挥机构的几个人员，现在部队已到了东北，赖政委还在广州，我又马上要去朝鲜了解情况，你不去，谁管部队？所以我向军委建议，调你到东北来。毛主席、周副主席他们认为我的建议有道理，也很有必

7

要，很快就同意了。正好赖政委又打电话说你到北京来了，说你送上门了。"说完，我们都放声大笑起来。

我和邓华聊啊聊啊，一直聊到筋疲力尽，两个人都在火车的咣当声中昏昏睡去。

我事后得知，在我离京的当天，林彪就调我去东北的问题还给当时的代总长聂荣臻写了信。信是这样写的：

聂总：

　　本日我已在电话中与谭政同志商量，他对洪学智去东北无意见，只洪本人同意即行。洪同意去东北任十三兵团副司令职务，本晚即随邓华去东北开会。现在须请军委正式任命洪的职务（十三兵团第一副司令），并任命方强接替洪学智为广东军区副司令和南海舰队司令。此任命电令请嘱军委办公厅下达。并要方强即动身来北京开海军会议。

　　此致

林　彪

八月九日

我们醒来后，已经是深夜。火车到了沈阳，是我们停留的第一站。因为要见东北军区司令员兼政委高岗，中央已确定东北边防的一切问题由高岗具体负责解决，所以好多具体问题都要到沈阳找高岗解决。

下车后，我们住在"大和旅馆"。这旅馆是过去日本人修建的。现在叫辽宁宾馆。

我先洗了个澡，换了换衣服。由于沈阳的天气比关内凉爽得多，我身上的白泡疮顿时觉得好多了。

当天晚上，高岗和东北军区副司令员贺晋年到宾馆看了我们。我过去在东北时见过高岗。贺晋年原是 15 兵团副司令，刚调东北军区工作。

在沈阳开了两个会，第二天早上 9 点先开了一个，是东北局常委一级的，只有几个人，吸收邓华参加。邓华回来同我讲了讲会议的内容，说是确定还开一个师以上干部会，是动员性质的。

8 月 13 日，召开了师以上干部会，有几十人参加。会上，高岗、萧劲光、萧华、邓华和贺晋年讲了话。

开完会，邓华和我几个人，又研究开到东北来的几个军怎么驻防，安东（现名丹东）驻防多少，通化驻防多少，怎么进行政治思想教育和军事训练，后勤怎么保证等等一系列问题。

我们在沈阳停了三五天。这时由赖政委率领的兵团机关、直属队已到安东集中。会后，邓华和我也很快到了安东。

安东是座不大的城市，背山面江，风景秀丽。江面有 100 多米宽。山叫镇江山（现名锦江山）。我们到了安东，就住在了镇江山下。

镇江山下有 4 座小楼，很漂亮、很精致。也不知道是日本人盖的，还是资本家盖的。前面两座是一个样式，后面两座是另外一个样式。邓华住在了后一座楼里，我和赖传珠住在前面的两座楼内，后面空了一座，以后彭总住了。

前后楼中间是几排平房，兵团参谋长解沛然（即解方）和兵团司令部机关住在平房里。兵团政治部主任杜平和兵团政治部住在了山的另一面。解沛然原来是 12 兵团参谋长，杜平原来是 4 野政治部组织部长。

13 兵团所属 39 军、40 军驻在安东、宽甸地区，38 军驻在通化，42 军驻在揖安（现名集安），以后又配属了 50 军。当时，4 野其他部队还都在大西南剿匪呢，都不能来。不过，有这几个主力军，还有炮 1、炮 2、炮 3 三个炮兵师，两个工兵团，当时也算是实力很强了。

原计划邓华要到朝鲜去了解人民军同美军作战情况。可是到了安东，情况有了变化，邓华就没有去。

当时，朝鲜战局瞬息万变。在朝鲜人民军打到洛东江地区同敌形成胶着状态的时候，党中央明确指示，战争转入持久的可能性和美帝国主义扩大战争规模的可能性已日益增大。我国人民不能不有所准备，避免临急应战。8 月下旬，美国侵朝空军开始不断侵犯我国东北领空，轰炸扫射我安东、揖安等城镇、乡村。9 月 15 日，美侵略军在朝鲜半岛中部的仁川登陆成功后，人民军腹背受敌，形势十分紧张。在这种情况下，金日成首相就派朴一禹来安东了。朴一禹是朝鲜的次帅、内务相，曾在中国工作过，中国话讲得相当好。

朴一禹来到安东，我们专门请他介绍情况。他介绍了朝鲜人民军与美伪军作战的经验后，说，自美军在仁川登陆后，情况巨变，战局急剧恶化。但他只能讲些大概情况，具体的战局变化难以掌握。由于敌人沿着铁路线和公路线急速北进，而且派飞机狂轰滥炸，公路、铁路全被敌机破坏了，朝鲜部队只好沿着山区的小道往北撤。很多主力部队现在还滞留在南方，联系不上。

最后，朴一禹代表朝鲜党和政府恳切地提出请求，要中国出兵支援他们。

听了朴一禹的介绍，我们感到他们的处境已经很困难了。我们对朴一禹说："我们一定把你们的情况和你们的要求向我们的党中央报告，只要党中央一声令下，我们就会立即出兵支援，请朝鲜同志放心。"

朴一禹在安东待了一个晚上回去了。

朴一禹走后，我们马上把他谈的情况向毛主席和党中央做了详细报告。接着，邓华、赖传珠、我、解沛然、杜平又开了会。韩先楚当时也被任命为 13 兵团副司令员，尚未到职。这次会议，我们对朝鲜的战局和美军的动向进行了认真的分析和研究。我们判断美军登陆后，不会停止，会继续北犯，把战火烧到鸭绿江边，直接威胁我国的安全。如果党中央决定出兵支援朝鲜人民的反侵略战争，这个任务一定会由我们来承担。因此，我们又进一步分析了美军的特点和敌我双方的对比，并研究了战前的各项准备工作，以便一声令下，立即出动。

那时，我们对美军的情况并不很摸底，只是一般地知道第二次世界大战时美军在诺曼底登陆和西欧作战的情况，对其在太平洋同日本人作战的情况也知道一些。他们刚刚在仁川登陆，这次登陆的成功，使得美军嚣张狂妄，不可一世。他们妄图侵占整个朝鲜半岛继而侵略中国大陆。

我们分析美军的长处是具有现代化的装备，机动性强，陆军地面火力很强，海空军占有绝对优势。

同美军相比，我军的装备则处于明显的劣势，步兵就那么几门迫击炮。其他重一点的火炮都是缴获国民党的，用骡马牵引，运动隐蔽都很困难，主要还是靠步枪和手榴弹发挥作用。

但是我们也有很多美军所不具有的长处：

第一，我军是为了反对侵略而战，是为了国际主义而战，是正义之师，出师有名，得到国内广大人民的支持和全世界爱好和平的人民拥护。我们的指战员政治觉悟很高，士气高昂，在政治上我们占绝对优势；美军是为了侵略而打仗，他们是非正义的，出师无名，遭到美国人民和全世界爱好和平人民的强烈反对，士气低落，在政治上处于明显的劣势。

第二，我军有丰富的战斗经验，几十年来一贯以劣势的装备战胜装备优良的敌人，我军善于近战、夜战、山地战、白刃战；美军虽有现代化的优良装备，但他的军官与士兵不善于进行夜战、近战、白刃战。在这些方面我军占有优势。

第三，我军作战机动灵活，善于从侧面迂回包抄消灭敌人，还善于分散、隐蔽；美军则是一切按条令规定，打法比较呆板机械。

　　第四，我军英勇善战、不怕流血牺牲，能吃苦耐劳；美军吃苦耐劳的精神差，连喝的水都是从日本运来的。据人民军说美军喝朝鲜本地的水，不适应，喝了泻肚。他们主要依赖占优势的火力，如果我军与他们近战、夜战，使其火力发挥不出威力来，他们的战斗力就大大减弱了。

　　第五，我们是背靠祖国作战，离后方近，组织供应比较方便；美国是远涉重洋作战，需要的东西很多要从美国本土运来，即使有些作战物资可以从日本运来，供应线也比我们长得多，人员物资补充困难。美军的装备虽然现代化，车多、火炮多、飞机多，但是，他们消耗的油料、弹药也多。我们的装备差，车少、炮少，但消耗的油料、弹药也少。

　　经过认真地分析，我们认为，尽管我们的装备比敌人的差，尽管我军可能遇到新的困难，只要我们有充分的准备，准确掌握敌人的长处和短处，避开敌人的长处，充分发挥我军的长处，趋利避害，以我之长击敌之短，就一定能以劣势的装备，打败优势装备的敌人。

　　基于上述分析，我们确立的作战原则是：在战略上，要树立持久作战的思想，在战斗战术上集中优势兵力，采取穿插、迂回、分割、包抄、近战、夜战、速战速决的传统战法。避开敌人的长处。敌人的飞机轰炸扫射很厉害，我们白天行动不方便，白天就分散、隐蔽，避免敌人的轰炸、扫射。夜间敌人飞机活动受到限制，我们就充分发挥我军夜战的优势，夜间行动。敌人炮火强，我们不同它搞长时间的对面相持，发挥我军

13

近战的优势，突然地接近它，使他们的炮兵和航空兵的优势难以充分发挥作用。敌人封锁炸坏我方的铁路、公路，我们就避开铁路、公路运动。我们步兵靠两条腿行动，比不上敌人的机械化行动，但是这样目标也小，好隐蔽，短处又变成了长处。我们还可以大胆地迂回穿插，打到敌人后面去，充分发挥我们的优点，发挥手榴弹的作用；敌人不是正在狂妄地向北冒进吗？我们可以布好阵势，以逸待劳，隐蔽待机。

我们还召集军、师领导开了几次会，请他们汇报各自部队准备的情况，研究作战预案。38 军的军长梁兴初、政委刘西元，39 军军长吴信泉、政委徐斌洲，40 军军长温玉成、政委袁升平，42 军军长吴瑞林、政委周彪等同志，都经过长期革命战争锻炼，指挥部队作战都有丰富经验。

部队的思想动员、训练、武器装备的补充、后勤保证工作都要抓紧做好。

这几个军，原来驻在河南时，中央军委已确定他们搞生产了，要他们自己建营房，自己搞生产。但是，从战时生活转入和平生活一些人还不习惯。当时，为扭转这个思想费了很大的劲儿。刚把这种思想扭转了，部队又开到了东北，又要准备打仗了，思想又是一个急转弯。

不过这种思想，经过了教育以后，很快就扭转了。因为那时干部战士都是经过战争考验的，过去一直操的打仗这一行，而且又是刚刚打完仗，休息、生产的时间并不长，现在听说又要打仗了，过去那一套又能用上了，英雄又有用武之地了，思想很快就转变过来了。我们的干部战士就是这样，一听说打仗，就嗷嗷叫！

邓华、我、韩先楚、解沛然、杜平等领导经常深入部队去抓思想教育，抓军事训练，抓武器弹药装备的检查，同东北军区同志研究部队后勤补给问题。那时是秋天，冬天一晃就到了，过冬的棉衣、棉鞋、棉帽等物资都要提前准备好。

第二章 彭德怀临危受命

边城安东风光秀丽，气候宜人。与安东隔江相望的是朝鲜边城新义州。

1950 年 10 月 7 日晚，天刚擦黑，我和邓华吃过晚饭，正在议论刚刚接到的美军越过三八线的消息，感到朝鲜半岛的形势非常严峻。正在这时，忽然从南面传来了嗡嗡嗡的声响，声音越来越大，渐渐地，南天上出现了一大片黑点。邓华猛地叫了一声："飞机，美国飞机！"

我定睛一看，有几十架，有大型 B–29 式，也有稍小一点的野马式，好像雀子似的，在天空中密密麻麻地排了好几层。

没过一会儿，美机便开始呜呜地甩炸弹了，炸弹全部落在了新义州城里，随着轰轰隆隆的巨响，我们两个亲眼看见仅仅在几分钟的时间里，新义州就成了一片火海，渐渐地火海又变成了一片浓烈的烟云，将新义州完全笼罩住，什么也看不见了。

我和邓华眉头紧锁，满腔义愤。

但是，美国人没有炸与新义州仅有一江之隔的安东，连接着两个城市的鸭绿江大桥也没有炸。

事后很久，我们才知道，当时，美国当局有命令，禁止美国空军轰炸鸭绿江桥的中国一侧和中国领土。否则，就等于向中国开战了，战争就没有界限了。

第二天，我们登上镇江山再看时，新义州已被炸平了，变为一片废墟。

早饭后，邓华去司令部召集情报分析会。我留在家里给军委写汇报材料。

我手里拿着笔，坐在桌前，心潮起伏，不能平静。几个月来朝鲜半岛的形势变化不断在脑海里翻腾着。

从 6 月 25 日朝鲜战争爆发至 9 月上旬，朝鲜人民军已解放了朝鲜南部 90% 以上的地区和占人口 92% 以上的人民，将美伪军压缩到了洛东江以东 1 万平方公里的狭小的釜山地区，取得了很大胜利。

但是 9 月中旬，朝鲜战局忽然发生急剧变化，形势急转直下。美国为挽救在朝鲜半岛的败局，经过精心策划和准备之后，于 9 月 15 日，乘朝鲜人民军主力集中于洛东江战线后方空虚之际，在美国第 10 军军长阿尔蒙德少将的指挥下，以第 10 军所属之陆战第 1 师、步兵第 7 师等部队共 7 万余人，在 300 多艘军舰和 500 多架飞机掩护、支援下，在朝鲜西海岸的仁川实行登陆。

战后，李奇微称，这次作战行动的成功、大胆、锐势和艺术，"军事史上都是突出的"。仁川登陆成功后，美军便立即向汉城、水原方向进攻。

9月16日，在美第8集团军司令沃克中将的指挥下被围困在釜山的美伪军10个师开始向北反攻。朝鲜人民军处在两面作战的不利情况下，被迫转入战略退却。9月23日，从洛东江北进的美骑兵第1师与在仁川登陆后向东南突击的美第7师在水原附近汇合，形势的变化对朝鲜人民军越来越不利。9月28日，美伪登陆部队攻占汉城。两天后，美伪军越过了三八线，疯狂北犯。

10月1日，朝鲜外务相朴宪永携带着金日成首相给毛泽东主席的信飞到了北京。朴宪永当面向毛主席、周总理恳请中国人民解放军出兵支援。

深夜，金日成首相在平壤又紧急召见中国驻朝鲜大使倪志亮和政务参赞、武官柴军武（柴成文），提出希望中国尽快派军队支援朝鲜人民军作战，反对美国侵略。

10月2日，麦克阿瑟按照美国参谋长联席会议"9.27"命令，下达了"联合国军司令部第2号作战命令"。令美第8集团军从陆地推进，占领平壤；美第10军在元山登陆，两支部队在平壤——元山蜂腰部汇合，切断人民军退路，继续北进。

朝鲜战局的形势已经急剧恶化，需要中国及时出兵支援。我们第13兵团的领导和部队已做好了出兵的准备。只要党中央毛主席一声令下，我们立即可以向朝鲜出动。

我正在思忖着朝鲜战场的形势，邓华从外面急步走进，欣喜地大叫："老哥、老哥，中央来电报了，任命彭总当我们的司令兼政委啦！"

我问："真的？"

他说："这还会是假的？你看电报么。"

我从他手中抓过电报一看，电令是这样写的：

彭高贺、邓洪解及中国人民志愿军各级领导同志们：

（一）为了援助朝鲜人民解放战争，反对美帝国主义及其走狗的进攻，借以保护朝鲜人民，中国人民及东方各国人民的利益，命令中国人民志愿军，迅即向朝鲜境内出动，协同朝鲜同志向侵略者作战并争取光荣的胜利。

（二）中国人民志愿军辖 13 兵团及所属之 38 军 39 军 40 军 42 军，及边防炮兵司令部与所属之炮兵一师二师八师。上述各部须立即准备完毕，待令出动。

（三）任命彭德怀同志为中国人民志愿军司令员兼政治委员。

（四）中国人民志愿军以东北行政区为总后方基地，所有一切后方工作供应事宜，以及有关援助朝鲜同志的事务，统由东北军区司令员兼政治委员高岗同志调度指挥并负责保证之。

（五）我中国人民志愿军进入朝鲜境内，必须对朝鲜人民，朝鲜人民军，朝鲜民主政府，朝鲜劳动党（即共产党）、其他民主党派及朝鲜人民的领袖金日成同志表示友爱和尊重，严格地遵守军事纪律和政治纪律，这是保证完成军事任务的一个极重要的政治基础。

（六）必须深刻地估计到各种可能遇到和必然遇到的困难情况，并准备用高度的热情、勇气、细心和刻苦耐劳的精神去克服这些困难。

目前总的国际形势和国内形势于我们有利，于侵略者不利，只要同志们坚决勇敢，善于团结当地人民，善于和侵略者作战，最后胜利就是我们的。

中国人民革命军事委员会主席　毛泽东
一九五○年十月八日于北京

看完电报，我连声说："彭总来当司令，真是太好了！"

邓华也深有同感地说："是啊，是啊！"

彭总是中央军委副主席，是我们解放军的副总司令，他在全军有着崇高的威信，有丰富的战争指挥经验。解放战争时期，他在西北战场那么艰苦的条件下，以劣势胜优势，打败了胡宗南。现在有彭总指挥我们抗美援朝，打美国侵略者，我们的信心就更足了。

我兴奋地对邓华说："彭总来当司令员，这太好了！"

邓华开玩笑地说："老哥，小心伺候！"

我问："怎么？"

邓华说："我对彭总是了解的。他这个人事业心很强，打仗要求很严格，有高度的责任感。作战中稍出点纰漏他就大发脾气，要是把他惹火了，还要杀人呢！你得小心脑袋呀！"

我说："彭总脾气大也没关系，咱们认真按原则办事。反正脑袋只有一个，拿掉就拉倒了。"

邓华敛起了笑容说："玩笑归玩笑，彭总一来，可就是要入朝的架势啦。我们得准备好，到时候可不能出纰漏呀！"

我说："按你说的办，'小心伺候'就是！"

下午，我们又接到了电报，得知彭总和高岗已经从北京到了沈阳，9日彭总在沈阳召开军以上干部会议。当即，我们通知了各军，令各军正副职领导干部务必于9日凌晨前赶到沈阳。

当夜，我们从安东乘火车赶到了沈阳。

第二天早上，我和邓华先去彭总下榻的大和旅馆见了彭总。一见面邓华就说："欢迎老总，有你出任司令员，我们的仗就更好打了，我们大家的信心就更足了。"

彭总微笑着说："那好，那我们一起抗美援朝吧。"

然后，他又开玩笑地说："不过，我可不算志愿军啊！"

我问："那你是怎么来的?"

彭总说："我是毛主席点将点来的，本来是该林彪来的，可是他说他有病，毛主席命令我来了！"

我见彭总这样风趣，这样和蔼地同我们开玩笑，也开起玩笑来了，我说："彭总，那我也不算志愿军！"

彭总听了一怔，笑着问："哦，你怎么也不算志愿军？"

我说："我是邓华把我鼓捣来的！连换洗的衣服也没来得及带。"

彭总听了大笑，说："听你这么说，他还挺有办法嘛！"

邓华说："你们两个呀，说的都不是心里话。其实，你们都是最志愿的志愿军了，让你们来，你们谁含糊了？谁讲价钱了？不都是高高兴兴地来了吗？"

彭总听了，又是大笑。我们也都笑了起来。

彭总笑了一会儿，对我说："你说你连换洗的衣服也没来得及带，就给弄来了，那我呢？4日上午，我正同西北的领导同志一起研究开发大西北的规划，北京突然派飞机，令我立即上飞机去北京开会，一分钟也不准停留。我连家也没回，连洗漱用具也没有带就上了飞机。我猜想很可能是讨论西北的建设问题，所以急匆匆地从办公室拿了一摞开发西北的资料。没想到是讨论朝鲜战争问题。"

我们又笑了一阵，他接着说："下午4点多到北京中南海，中央政治局正在讨论援助朝鲜出兵问题。当毛主席让大家摆了出兵的不利情况后，主席讲：'你们说的都有理由，但是别人处于国家危急时刻，我们站在旁边看，不论怎么说，心里也难过。'我刚到，未发言，但内心是觉得应该出兵援助朝鲜。散会后，中央办公厅的同志把我送到北京饭店。当晚我怎么也睡不着，我以为是沙发床，此福老夫享受不了，就搬到地毯上。

还是睡不着。我想，美国占领朝鲜与我隔江相望，威胁我东北；又控制我台湾，威胁我上海、华东。它要发动侵华战争，随时都可以找到借口。老虎总是要吃人的，什么时候吃，决定于它的肠胃，向它让步是不行的。它既然要来侵略，我就要反侵略。不同美帝国主义见个高低，我们要建设社会主义是困难的。如果美国决心同我作战，它利速决，我利长期；它利正规战，我们利对付日本那一套。我有全国政权，有苏联援助，比抗日战争时期要有利得多。为本国建设前途着想，也应该出兵。我们不出兵援助朝鲜，又怎样显示出我们中华民族的强大呢？所以，为了鼓励殖民地、半殖民地人民反对帝国主义、反对侵略的民族民主革命，也要出兵；为了表示社会主义的威力也要出兵。出兵援朝是正确的，正义的，是必要的，是英明的。"

讲到这儿，彭总问我们："你们是怎么看的？"

邓华说："我同意彭总的看法。"

我说："我们应该下决心出兵了。"

彭总接着说："第二天下午，中央又在中南海颐年堂开会，其他同志发言后，毛主席征求我的意见，我说：'出兵朝鲜是必要的，打烂了，等于解放战争晚胜利几年就是。如果美军摆在鸭绿江和台湾，它要发动战争，随时都可以找到借口。'当天，党中央、毛主席决定出兵朝鲜，并决定我去朝鲜。主席讲：'原来是想让林彪去的，他对 4 野熟悉，可是他说病了，去苏联治病去了，所以想让你去。'毛主席问我同意不同意，我没有推诿，临危受命，怎么好推诿呢？从爱国主义讲，从国际主义讲，我彭德怀都不能说一个'不'字。"

彭总的一番话，激昂慷慨，大义凛然，我听了深受感动。

这时秘书杨凤安进来说："该开会了。"

会场设在东北军区第三招待所会议室，参加会议的有东北军区司令员兼政治委员高岗，志愿军司令员兼政治委员彭德怀，东北军区副司令员贺晋年，13兵团司令员邓华，政委赖传珠，第一副司令员洪学智，副司令员韩先楚，参谋长解沛然，政治部主任杜平以及13兵团所属的各军军长、政委等。

会议由高岗主持。首先由邓华宣读了中共中央和毛主席关于志愿军入朝参战的决定和关于志愿军的组成以及对彭总任命的命令。

接着高岗讲话，他介绍了中央对出兵朝鲜问题讨论的情况。其次讲了中央委托他负责志愿军的后勤供应等问题。他表示一定要做好后勤保障工作。第三，他讲了彭总受命的情况，最后还给我们13兵团的同志提了要求，要求我们服从彭总的领导。

说到这儿，高岗把脸转向彭总，请彭总讲话。

彭总说："我是4日到的北京，5日受的命，8日就到沈阳来了。昨天晚上，会见了金日成同志的代表朴一禹，今天又来和同志们见面，马不停蹄仓促上阵！"接着他又说，"你们这支部队，是4野的主力部队，解放战争时期我没有直接指挥过你们，不一定能指挥得好呀。"

　　大家见彭总这样谦虚，这样宽厚，都笑了，会场上的气氛一下子活跃了起来。

　　大家说：彭总是解放军的副总司令，是中央军委副主席，来指挥我们这个部队，肯定能指挥好的！肯定能打胜仗！请彭总放心，我们一定服从指挥，指到哪儿，打到哪儿！有彭总做统帅，我们打仗心里就更有底了。

　　彭总根据党中央和毛主席的指示精神，在会上详细阐明了目前的形势和我们出兵参战的必要性和迫切性。

　　他说："昨天晚上朝鲜的内务相朴一禹同志专程抵沈阳，向我通报了目前朝鲜的战况，当夜又乘专车返回。朴一禹说：美国最近已又从日本动员了5万兵力补入了李承晚部，并且他们还拟再从美国调7个师来朝作战，从东西朝鲜湾登陆。金日成同志再一次紧急要求我军迅速出动。所以，我军的出兵不仅是定了，而且是很快就要出动了。"

　　在谈到入朝作战的指导方针时，他说："当前我们的任务是积极援助朝鲜人民反侵略者，保持一块革命根据地，作为相机消灭敌人的基地。在敌人技术装备优势和朝鲜地幅狭小的条件下，我军过去在国内战争中所采取的大踏步进退的运动战，已不适合于朝鲜战场，而要采取阵地战与运动战配合的方针。敌人来攻，我们要把它坚决顶住，不使之前进；发现敌人有弱点，即以迅速出击，插入敌后，坚决消灭之。保存土地是我们的任务，但更主要的是消灭敌人的有生力量。我们的战术是灵活的，不是死守某阵地，但在必要时又必须坚守某一阵地。我们不是单纯的防御，最好既能消灭敌人，又能守住阵地。我们的任务是光荣的、艰巨的，我相信同志们一定能完成好。"

会后，我们向彭总提出：原来中央决定的先派两个军过江，现在看起来，一是两个军过去力量太少，兵力不够；二是美军的飞机已多次飞到鸭绿江，他们已发现了我们在江边集结，一旦他们把江桥炸掉，部队再过江就困难了。是不是考虑4个军一起过江？彭总认为这个意见很好，答应向毛主席和中央军委报告。

当天晚上，我和邓华以及13兵团的其他领导便返回了安东。

10月11日，彭总抵达安东，当天听取我们兵团领导汇报情况。

在美军仁川登陆以前，邓华、我、解方曾将我们所了解到的朝鲜战况以及我们对战争形势的分析、预测写报告电告了中央。彭总说他已经看过了。这次主要是向彭总汇报各军的历史情况、现在集结的情况和作战准备情况，以及最近一段了解掌握的朝鲜战场情况。

彭总来以前，已经事先通知让我们准备了。

我们几个领导商量了一下，想让参谋长解沛然汇报。他说："你们司令、副司令都在这儿，你们不讲，我怎么好讲？"我说："那就请邓司令讲。"赖传珠、韩先楚、解沛然、杜平他们几个也同意。邓华说："老洪，还是你讲吧！前一阵子我准备去朝鲜了解情况，部队的准备工作一直是你负责的，就由你汇报吧！"我再也不好推辞了，说："那我先讲，你们补充吧。"

我汇报完了以后，邓华接着讲了他没去朝鲜的原因，并说目前朝鲜那边的具体情况我们仍搞不清楚，找朝鲜方面联系也联系不上。现在就是靠驻朝武官了解情况，只知道那边的情况变化很快，敌人正在很快地向鸭绿江边进犯。

彭总聚精会神地听着，一边听，一边点头。

汇报完情况后，彭总告诉我们，他已收到了毛主席的电报，毛主席已同意了我们提出的4个军一齐入朝的意见。他问我们还有什么意见。

邓华和我都提出，即使是先头4个军一起入朝兵力也还是不够。

根据我们的分析，由于我军的火力弱，与敌人的火力相差得太悬殊，歼灭美军一个师，我们需要两个军；歼灭伪军一个师，我们需要一个军。因此，还需要向中央建议，赶快增加部队。中央原来已从华东和陕甘调动的位于陇海、津浦、北宁诸线的24个师，作为援助朝鲜的第二批和第三批兵力，预计是在明年春季才逐步使用的，现在看起来应该尽快提前调来。

彭总说："你们这个意见很好，第13兵团虽然战斗力强，但兵力毕竟有限。根据我军一贯的集中优势兵力歼灭敌人的原则，其他部队应该继续赶来。我马上向中央报告。"

彭总向中央提出建议后，中央很快确定宋时轮同志率领的第9兵团昼夜兼程赶上来。

接着，我们又向彭总提出："我们这4个军开到前面去后，谁维护后方呀？没有部队维护后方，后方供应怎么保障呢？应再调一个军来维护后方。"

彭总认为这个意见考虑周到。当时，有的部队在剿匪，剩下的部队都在搞生产，搞营建，一时都抽不出来。比较起来还是在天津的第66军离得最近。所以，中央又电令把66军从天津调来。

当时66军正在搞生产，很多战士是从稻田里直接收拢后上火车的。这个军入朝的时间仅比最先入朝的4个军晚了6天。

我们的这次军事会议开了一天多的时间。

第二天，即10月12日，朴一禹也从朝鲜到了安东。他是来见彭总的。

朴一禹向彭总和我们兵团的领导通报了朝鲜战局的最新情况和敌我双方当前的态势。

他说：目前美第1师、第2师、第24师、英第27旅及伪军第1师已集合在汉城以北三八线上的开城、金化地区作进攻平壤的准备。

伪首都师，第3师已到元山，伪第6师、第7师、第8师正在逐步向元山地域集中，并从海上得到补给。

美陆战第1师在汉城，美第25师在大田、水原线，美第7师在大邱、釜山线，美第8集团军军部在大田。

金日成首相指挥的朝鲜尚能战斗的部队仍在三八线坚持抗敌，南部人民军撤至三八线以北的有5万余人，其余大部分还滞留在南朝鲜。

朴一禹介绍完情况后再次代表金首相和朝鲜党中央请求我党中央尽快出兵支援。

彭总当即答应立即向我党中央和毛主席报告。

听完朴一禹的情况介绍后，彭总组织我们兵团的领导结合以往掌握的情况，对我兵团入朝后的部署又进行了研究。决定我军入朝后，以一个军进至平壤东北约 200 公里之德川县山岳地区，以其余 3 个军及 3 个炮兵师位于德川以北之熙川、前川、江界地区。这样，第一可以使美伪军有所顾虑而停止继续前进，保持平壤元山以北地区至少是山岳地区不被敌占领。这样，我军可以尽量争取时间，进行作战准备。第二如元山平壤以西之敌向北进攻德川等地，则我军可以用必要兵力钳制平壤之敌而集中主力歼灭由元山方向来攻之敌，只要歼灭敌人二三个师，局势就可以大为松动。

当晚 8 时多，彭总和我们接到了毛主席的电报：

彭高、邓洪韩解：

（一）10 月 9 日命令暂不执行，13 兵团各部仍就原地进行训练，不要出动（二）请高岗德怀二同志明日或后日来京一谈。

毛泽东

10 月 12 日廿时

彭总看了电报，皱起双眉，显出一副忧心忡忡的神色。他什么也没说，第二天一早就匆匆返回北京了。这是怎么回事呢？为什么刚刚下了要出兵的命令，又要暂缓呢？我们百思不得其解，直到三天后，彭总又从北京飞到安东，听彭总讲了暂缓的原因，我们才解开疑团。

自从 9 月 15 日，美军在仁川登陆成功后，杜鲁门和麦克阿瑟就决心要占领北朝鲜了。这以后斯大林和毛主席都看出完全靠朝鲜人民军作战已经不行。所以，中苏两党就开始协商如何支援朝鲜人民的问题。

斯大林担心出动苏军支援朝鲜与美军对抗，将会把战火引向欧洲和世界各地，引起第三次世界大战，破坏二战后形成的世界格局，不愿意出兵，想让中国出兵。可是我们也有困难呀，我们刚刚解放，国力很弱。我们部队的武器装备很差，都是常规武器，没有空军掩护，面对现代化武器装备的、完全掌握着制空权的美军，要下决心出兵也不容易。经过反复协商，最后两党达成了协议，由我国出兵援朝，由苏联派空军支持、掩护我军。

根据这个协议，我党中央于 10 月初正式决定出兵援朝。10 月 2 日，毛主席把我党的决定打电报告诉了斯大林。电报说：

（一）我们决定用志愿军名义派一部分军队至朝鲜境内和美国及其走狗李承晚的军队作战，援助朝鲜同志。

我们认为这样做是必要的。因为如果让整个朝鲜被美国人占去了，朝鲜革命力量受到根本的失败，则美国侵略者将更为猖獗，于整个东方都是不利的。

（二）我们认为既然决定出动中国军队到朝鲜和美国人作战，第一，就要能解决问题，即要准备在朝鲜境内歼灭和驱逐美国及其他国家侵略军；第二，既然中国军队在朝鲜境内和美国军队打起来（虽然我们用的是志愿军名义），就要准备美国宣布和中国进入战争状态，就要准备美国至少可能使用其空军轰炸中国的许多大城市及工业基地，使用其海军攻击沿海地带……。

接着，我党中央又于10月8日做出了正式组成中国人民志愿军和由彭德怀担任司令兼政委的决定。

这些情况，我们都是知道的，到了此时，我们13兵团已经做好了一切战前准备，可以说是万事俱备，只要中央一声令下，就立即向朝鲜出动了。

就在这时，斯大林突然通知我们说，他们的空军还没准备好，要暂缓出动。

后来我听彭总讲，斯大林说的没有准备好，并不是真正的原因。真正的原因是斯大林对我们能不能打胜这场战争有怀疑。他看到我们真的决定要出兵了，而且美国准备宣布同中国进入战争状态，他就犹豫了。

斯大林觉得中国的军队虽然在国内战争中胜利了，但装备

31

那样差，到底能不能打败美军，没有底。觉得如果他们出动空军掩护我军，一旦我们被打败了，就把他给卷进来了，苏联就会有与美军直接对抗的危险，甚至会引起第三次世界大战。

对于苏联态度的变化，毛主席和彭总都感到很突然。友好的国与国之间哪有这样的事情，已经达成协议的，又临时改变？但到了这时候，军情紧急，刻不容缓。毛主席一面马上派周总理去苏联与斯大林进一步协商，一面召集彭总等人研究下一步如何行动。这就是毛主席 12 日发那封暂停电报的缘由。

周总理到了苏联，没能说服斯大林改变主意，斯大林仍没答应按预定的协议出动空军支援我们。

毛主席得知这个消息，就不再对苏出动空军掩护我军抱希望了。毛主席是伟大的政治家、军事家，气魄非凡。他经与彭总等中央政治局领导同志商量后，毅然决然地作出了历史性的决策：不管有没有苏联空军支援，我们仍按原定计划出兵援朝。决定刚一作出，毛主席就给周总理发去了如下指示：

（一）与政治局同志商量结果，一致认为我军还是出动到朝鲜为有利。在第一时期，可以专打伪军，我军对付伪军是有把握的，可以在元山、平壤线以北大块山区打开朝鲜的根据地，可以振奋朝鲜人民。在第一时期，只要能歼灭几个伪军的师团，朝鲜局势即可起一个对我们有利的变化。

（二）我们采取上述积极政策，对中国，对朝鲜，对东方，对世界都极为有利；而我们不出兵，让敌人压至鸭绿江边，国内国际反动气焰增高，则对各方都不利，首先是对东北更不利，整个东北边防军将被吸住，南满电力将被控制。

总之，我们认为应当参战，必须参战，参战利益极大，不参战损害极大。

周总理接到毛主席的指示后，马上再次约见斯大林。斯大林见周总理在很短的时间里连续约见，以为我们又要和他讲条件呢，没想到只是通知他：中国党和政府已经作出决策，不管苏联是否出动空军，中国照样出兵援朝。斯大林听了这个消息，深感意外，激动之情，溢于言表。

这个情况，周总理随即报告了我党中央。

彭总在参与了中央政治局关于出兵问题的决策后，又向毛主席汇报了在安东了解到的朝鲜有关情况和与我们13兵团领导一起研究的我军入朝参战意见，并与毛主席重新研究了志愿军入朝作战的方针和部署。

10月15日，彭总从北京飞回安东。第二天，彭总在安东召开了志愿军师以上干部会议。会上，彭总传达了党中央、毛主席出兵参战的决策和志愿军入朝作战的任务，并根据朝鲜战场的敌情、地形和我军装备情况，确定了第一个时期，采取阵地战与运动战相结合的作战方针，先组织防御，然后再配合朝鲜同志实行反攻。还确定了将 4 个军同时渡江集结于江界、熙川、云山、德川、孟山地区的部署。

会后，我们以志愿军的名义号召所属部队的同志们表示决心自愿参战。开始我们也都没想到叫志愿军，叫志愿军意思就是政府不出面宣战了，是人民群众志愿组织去的军队。所以解放军的帽徽也不戴了，胸章也不戴了，干部还发了朝鲜人民军的军服，举行宣誓仪式。其实，我们是整个团、整个师、整个军、整个兵团都加入了志愿军嘛！那样做主要是为了不给美国以国与国宣战的口实，同时也是出于保密的需要。

第三章 跨过鸭绿江

10 月 19 日黄昏，冷雨霏霏，细密如麻，浓云低低地压着大地。在迷蒙的充满寒意的秋雨中，40、39、42、38 军和 3 个炮兵师，分别同时开始在安东、长甸河口和辑安三个鸭绿江渡口，雄赳赳、气昂昂、浩浩荡荡地跨过鸭绿江，进入朝鲜。

晚 7 时许，在一片浓重的暮色之中，我坐着苏制嘎斯 67 吉普车，驰至安东的鸭绿江桥。这时，39 军正在过江。江桥上汽车、火炮牵引车轰轰隆隆，一队队身穿没有帽徽、胸章和任何中文标志军装的志愿军干部战士，正在神色肃然地怀着一种雄壮的心情跨过江桥。桥下的江水似乎比平日显得越发汹涌湍急。

我停车桥边，默默地注视着南进的部队，忽然心潮也像那江水似的翻腾澎湃起来。

我军何时出国抗美援朝，党中央、毛主席是十分慎重的。

由于朝鲜战场的形势不断变化，为了选择最有利的时机，关于出国的日期确定经过了多次的考虑，最后才确定下来。

10月8日，毛主席就给彭、高、贺、邓、洪、解及志愿军各级领导同志发来"中国人民志愿军，迅即向朝鲜境内出动，协同朝鲜同志向侵略者作战并争取光荣胜利"的命令。

正当我们摩拳擦掌、跃跃欲试之际，毛主席又于10月12日给彭高邓洪韩解发来"10月9日命令暂不实行，13兵团各部队仍就地进行训练，不要出动"的命令。箭已上弦，引而不发。

两天后，10月15日，上午5时，毛主席发来电报"我先头军最好能于17日出动"。

到了17日上午，毛主席又发来指示，提出："（一）先头两军请准备于19日出动，明（18）日当再有正式命令；（二）请彭高二同志于明（18）日乘飞机来京一谈。"

接到毛主席的指示后，彭总立即飞回北京。我们则在安东等待毛主席的命令，等到了18日晚上9点多钟，接到了毛主席的如下命令：

邓洪韩解并告贺副司令：

四个军及三个炮师决定按预定计划进入朝北作战，自明19日晚，从安东和辑安线开始渡鸭绿江，为严守秘密，渡河部队每日黄昏开始至翌晨四时停止，五时以前隐蔽完毕，并须切实检查。为取得经验，第一晚（19日晚），准备渡两至三个师，第二晚再增加或减少，再行斟酌情况，余由高岗德怀面告。

毛泽东

10 月 18 日 21 时

19 日，彭总从北京飞回安东，立即召集我们几位领导同志开会。由于即将出国作战，会场上笼罩着一种紧张严肃的气氛。彭总先传达了军委和毛主席的战略意图，然后我们又就各部队的入朝路线和时间做了最后的确定：4 个军及 3 个炮师于 10 月 19 日晚开始，按西线、中线、东线 3 个方向秘密渡过鸭绿江向预定作战地区开进。40 军从安东和长甸河口渡江，向球场、德川、宁边地区开进；39 军从安东和长甸河口过江，一部至枇岘、南市洞地区布防，主力向龟城、泰川地区开进；42 军从辑安过江，向社仓里、五老里地区开进；38 军尾 42 军渡江，向江界地区开进。

我们刚刚最后确定了部队的入朝时间和线路，朴一禹又匆匆赶来了。原来他是得知彭总回到安东后来的。见面时，他心情显得十分沉重。一见到彭总的面，他就激动地问："彭总司令，你们出兵的日子定下来了没有？"

彭总沉稳而坚定地说："已经定下来了，时间就在今天晚上，4 个军、3 个炮师一齐出动！"

朴一禹眼里含着热泪说："这就好了！这就好了！你们要是再不出兵，问题就严重了！"

彭总说："你来得正好，你把情况给我们介绍一下吧！"

朴一禹说："最近两天，战局变得对我们更加不利了。前天（即 17 日），侵朝美军总司令麦克阿瑟下达了'联合国军第 4 号作战命令'，改变了原定美第 8 集团军和美第 10 军在平壤——元山蜂腰部汇合的计划，命令这两支部队继续疾进，直到鸭绿江边。命令发布后，美伪军立刻于昨天（18 日）下午以三面包围的态势，向平壤发起了强攻。至昨天下午，美伪军已突破了人民军的两道防线，从各个方面压缩了对平壤最后防线的包围圈，并在空军和炮兵的支持下，以坦克为先导，向平壤发起了总攻……"

说到这儿，他长叹了一口气说："平壤的陷落，也就是一两天的事了！"停了片刻他又说，"目前，美伪军狂妄地叫嚣着要在感恩节前（11 月 23 日前）占领全朝鲜，饮马鸭绿江，正发疯似的全速向中朝边界鸭绿江边扑来。"

朴一禹说完，室内一片沉寂。

形势变得越来越严峻，而且变化速度之快，大大出乎了我们的意料。少顷，彭总问道："你们有什么打算？"

朴一禹说："我们党和政府为了保存有生力量，正在组织党政机关和部队向新义州、江界方向实施战略退却，并已将临时首都移到了江界，眼下具体的打算还没来得及研究，金首相请彭总司令赶快入朝，共商抗美大计。"

彭总点头说："好，我也正想尽快去拜会金首相呢！金首相他现在在哪儿？"

朴一禹摇摇头说："具体的地点，我也不清楚。只知道金首相正在价川到熙川，到龟城，到中国的长甸河口和辑安这条线上往北撤。美国人的情报灵得很。为了安全，金首相需要不断地转移，行踪不定。现在我还说不准他在什么具体位置。"

彭总干脆地说："那我们就去找！"他又问朴一禹，"你看我们什么时候动身？"

朴一禹说："越快越好。最好立即就动身！"

彭总重重地拍了一下桌子说："那好，咱们现在就走。"说完，他略做思索，指指邓华和我说："敌进甚急，我得马上入朝。你们几位把部队入朝后作战的具体任务、集结地点以及可能出现的情况，再仔细研究一下，在出发前电告各军、师首长和我。另外，部队过江一定要切实组织好，一定不能出半点纰漏，明白吗？"

邓华肃然答道："明白了，彭总，请你放心先走吧！"

彭总神色凝重地注视我们良久，然后毅然转身，同朴一禹一起坐汽车走了。同彭总一起走的还有他从军委带来的通讯处长崔伦、秘书杨凤安和4个警卫员，崔伦坐着卡车跟在后面，车上还有部电台。

彭总走后，我们几位领导继续开会。根据敌人急速北犯，进至蜂腰部组织防御已不可能的新情况，按照军委、毛主席和彭总的战略意图，又进行了反复的研究，确定了我军入朝之后采取"以积极防御，阵地战与运动战相结合，以反击、袭击、伏击来歼灭与消耗敌人有生力量"的作战方针，先在龟城、泰川、珠场、德川、宁边、五老里一线组织防御，制止敌人进攻，挫伤敌人的锐气，稳定战局，争取时间，掩护朝鲜人民军北撤整顿，为尔后战略反攻创造条件。

根据敌人进展的势头，我们估计敌人在发现我军入朝参战后，攻势仍停不下来，仍可能继续向前冒进。所以，我军可能遇到的情况大概有以下三种：一是敌人先我到达我预定作战地区；二是我刚到达预定作战地区，立足未稳，敌人即来；三是在我开进途中同敌人遭遇。因此要求部队在开进途中要始终保持战斗姿态，随时准备在运动中歼灭敌人。

为了达到战略、战役上的突然性，我军采取夜行昼伏、严密伪装、封锁消息、控制电报通讯等一系列保密措施，以隐蔽我军的行动和企图。

我们将作战部署研究妥，电告军、师并报彭总后，已是黄昏，吃罢晚饭，邓华、我、韩先楚便分头随部队出发了。兵团政委赖传珠因为调北京工作，没和我们一起入朝。我们的驻地离鸭绿江桥很近，吉普车没走几分钟便到了。

此时，江对面的新义州，显得十分宁静。不过，再往南就不平静了。那边不时地传来飞机轰炸的轰隆隆的声响，离正在激战的战场已经不远了。

天色越来越黑，忽然，随行参谋在我耳边轻轻地唤了一声："首长，过江吧！"

"嗯。"一种庄严神圣的感情霎时充溢到我心头。

我过去虽然打了许多年仗，但都是在国内。这次要出国打仗了，而且，敌人有现代化的装备，有海军、空军和炮火优势。同我们过去遇到的敌人不一样了，必须认真研究敌人的新情况、新特点，做到知己知彼，不能有丝毫的轻敌思想，不能靠老经验。想到这儿，我不禁浑身热血沸腾。我一面大步跨上了敞篷汽车，一面怀着依恋的心情，回头看了看夜色浓重的祖国大地，然后迅速地驱车驰过了安东鸭绿江桥。

入夜，雨停了，云散月出，满天飞霜，寒风萧瑟，遍地枯黄。

朝鲜多山，一入朝境，汽车便拐上了山路。由于考虑到防空，避免敌机发现轰炸，汽车行驶一律不准开大灯。盘山公路崎岖狭窄，路上还有步兵同行，所以尽管我们把吉普车的篷子卸了，把车前的挡风玻璃也卸了，能见度依然很低，汽车像一只只大蜗牛似的，在山道间缓缓地爬着。

走着走着，前面的车突然停住了。原来是有辆车被撞了。天太黑，司机看不清楚，拐弯时没拐好一下子拐到了山崖上，把车给撞坏了。还好，人没伤着，换了一辆车，继续往前走。

越往前走，路上人越多，行进速度越慢。原因是不仅我们的汽车和步行的部队在往前开，还有许多朝鲜人民军的官兵和朝鲜老百姓在往后撤。他们有的步行，有的坐着汽车，有的还赶着牛车，把本来就很窄的道路挤了个水泄不通。当时，我们穿着朝鲜人民军的军装，他们还以为我们也是人民军呢，在路上同我们抢路争着先走，不肯谦让。

我的朝鲜联络员问他们："多木（同志）哪边去?"

他们回答都是一致的："鸭绿江集合。"

忽然，响起嗡嗡的声音，几架美国飞机从天上一掠而过。接着，就是一阵乱糟糟的吵嚷声，嚷的全是朝鲜话，我一句也听不懂。问了问联络员，才知道是有一辆朝鲜汽车的司机因为实在看不清道路，把两个大车灯给打开了一下，走在旁边的人民军步兵怕光亮引来敌机扫射，一气之下，把那辆车的车灯砸碎了。司机不满意，跳下车吵了起来。那路上的拥挤嘈杂就可想而知了。

大约走了一个多小时，敌人的飞机又在高空飞了一圈。忽然我的小车前面，一辆我军的大卡车翻到路边的沟里去了。那个沟很深，卡车滚了好几个滚，才滚到了底。听到车滚的声音，我下车问是怎么回事。原来在大车前面有一辆朝鲜小车开过来，突然停住了。不知它为什么把屁股斜过来，挡在路中央。大汽车怕撞着它，只好往外一拐，不料那路是新修的，边上的土都是松的，禁不住大车的重量，"哗啦"一下子塌啦，大车滚到了沟里。我以为那个司机一下子给压死了呢。后来我一喊，有人答应，人没死，只是伤了点，又上来了。我告诉那司机等后面部队过来，想办法把车弄上来。然后又上车前进了。

我们在路上虽然不时地遇到一些意想不到的情况，但汽车还是不断地向前行驶着。我坐在敞篷车上不时地想起几天来发生的事情。

据外电报道：本月 15 日，即 5 天前，麦克阿瑟在威克岛和美国总统杜鲁门会晤时曾断言中共不可能出兵朝鲜。

他告诉杜鲁门说："总统先生，可能性很小，中国在满洲有 30 万部队，其中可能不超过 10 万到 12.5 万人部署在鸭绿江边，只有 5 万到 6 万人能够渡江作战。我认为中共无意参加这场战争。当今是我们强大而中共孱弱的时代，倘若中共部队渡过鸭绿江，我就要使他们遭到人类历史上最大规模的屠杀。没有任何一个中国指挥官会冒这样的风险，把大量的兵力投入已被破坏殆尽的朝鲜半岛。"他还得意扬扬地向杜鲁门保证，"到感恩节，正规抵抗在整个南北朝鲜就会停止。我本人希望到圣诞节能把第 8 集团军撤到日本。"

但是，麦克阿瑟哪里想到，我们中国出兵了，而且一次就出兵 20 多万！至于说到风险，当然非常大，同不可一世的美国侵略军打，怎么能没有风险呢？但我们志愿军决心冒这个风险，敢于冒这个风险。战争什么时候结束，我说不好，不过可以肯定，这是一场持久战，我们不可能速胜，美国也不可能速胜。麦克阿瑟想在感恩节或圣诞节结束战争，那只是他的一厢情愿而已。我们这几支久经战争考验的部队入朝，麦克阿瑟就做不成在感恩节结束战争的美梦！

我们越往前走，遇到的朝鲜老百姓和撤退的人民军官兵越多。尽管我们穿着朝鲜人民军的军服，脑门子上也没刻着中国军队的字样，可是由于我们的武器同人民军不同（我们是美式的，是打蒋介石时缴获的），而且是大部队行动，一个劲儿地往前开，有的人已猜出了是中国军队。

有个朝鲜军官跑到我的联络员跟前问："你们是中国军队？"

联络员答："是的。"

问："你们有飞机？"

答："没有。"

问："有大炮？"

答："不多。"

朝鲜军官听了，摇摇头说："没有飞机大炮，要打美国鬼子，不行咧！"

第四章　彭总会见金首相

　　朝鲜平安北道的东仓和北镇之间，遍布着起伏不平的丘坡。丘坡上下，长满了茂盛的松树林和杂木林。10月20日凌晨，我们就与兵团司令部汇合了（兵团司令部是从长甸河口过江的）。黄昏，我看到40军的部队正在往前开进，我询问了一些连、营、团的干部，看到他们个个精神饱满，劲头很足。战士们的负荷量虽然都很重，但士气都很高。我下车检查了一个连队的携行量，该带的东西都带了。我鼓励他们说："过去我们打败了国民党蒋介石，现在又要抗美援朝，你们敢不敢打，有没有信心？"

　　战士们响亮地回答："有信心，一定要打败美国鬼子，请首长放心！"

　　我看到部队这样的精神状态，心里非常高兴。

　　10月21日下午，我们接到了彭总的电报。彭总在电报中说："本日（21日）9时，在东仓、北镇间之大洞与金日成同志见面。前面的情况很混乱，由平壤撤退之部队已 3 天未联络。咸兴顺川以南已无友军，咸兴敌人是否继续北进尚不明。请邓洪韩三同志带必要人员急速来我处商筹全局歼敌部署，解沛然同志率余留人员随部队跟进。"

彭总在电报中还告诉了我们与他联络的地点位置，在北镇西北大洞，让我们先到联络点，与他的联络员联系上以后，再与他会合。

自从彭总渡江入朝后，我们一直在等待他的消息，但是，接连两天，一直没能联系上，我们都很焦急。接到这个电报，我们非常高兴。因为这时的敌情与我们出发时又有了很大的变化。我们连续收到了毛主席好几个要求我们改变部署并且与彭总住在一起的电报。情况紧急，我们迫切需要向彭总请示并与他一起研究下一步行动。此时，韩先楚已跟着 40 军军部到前面去了，联系不上。邓华和我商量了一下，决定我们两个人先去找彭总。

21 日晚 7 点多钟，天黑以后，我们就出发了。为缩小目标，我与邓华是分头走的。

我的车子一路上走得很快，22 日早上 5 点刚过，天色还黑乎乎的，我正在车上坐着迷迷糊糊地打盹呢，向导忽然将我推醒，告诉我到地方了，并指着一个只有十几户人家的小村镇说："这就是彭总在电报中提到的那个联络点。"

我到联络点时，邓华还没有到。接待我的是一位三四十岁的朝鲜女同志。她个子不高，梳着一条大辫子，神色严肃而刚毅。一见面，她就用一腔让人似懂非懂的中国话自我介绍说："我是这个联络处的主任。"

我对她说："我是中国人民志愿军 13 兵团副司令员洪学智，是来找志愿军司令员彭德怀的联络员的。"

那位女主任说："这事我已经知道了。但是彭德怀总司令的联络员还没有到，你们先等等吧。"

我问："要等多久？"

她说："这不好说。"

我说："能不能帮忙快点联络上？"

她说："我一定尽力联络。不过我们这儿既没有电话，也没有无线电台，也没有汽车，只能派人步行去找。"

说完，她一面派人出去为我们找彭总的联络员，一面安排人为我们做饭。

早上 7 点多钟，天已大亮了，早饭做好了，邓华也到了。

这时，美军的 P–51 飞机也飞来了，对着这个村镇扫射了一通。

吃完早饭，联络员还没有来，女主任又安排我们休息、睡觉。这时，哪能睡得着呀？美军的飞机不停地在天空中盘旋、扫射，吵得很。

我躺在地炕上，默默地回想着这几天来从有关部门了解到的军情。

10 月 19 日，即我军入朝的当天，美第 1 军的 3 个师占领了平壤。20日，美军第187空降团便在肃川、顺川空降，企图切断自平壤北撤的朝鲜人民军的退路。

这时，侵朝敌军和李伪军的兵力已达42万人，拥有飞机1100余架，各种军舰300多艘。地面部队拥有5个军15个师零两个旅，23万余人。其中，美军3个军6个师（每师装备有坦克154辆，57—155毫米口径的火炮352门）12万余人，另有其他国家军队1.2万余人。

平壤的陷落，使敌人更加趾高气扬。他们认为这已象征着北朝鲜的"彻底失败"，认为中国不但不敢出兵参战，而且出兵的"有利时间早已过去了"。麦克阿瑟为了实现在感恩节前结束战争的战略企图，除以部分兵力对付朝鲜人民军的北撤部队和游击队以外，还集中了4个军10个师零1个旅和1个空降团，总计13万余人的兵力，采取速战速决的方针，于东、西两线（主力置于西线）分兵多路，向朝中边境疯狂冒进。

西线为美第8集团军司令沃克中将指挥的美军第1军和伪第2军，共6个师1个旅和1个空降团。美第1军所辖之美第24师、英第27旅、伪第1师由平壤、沙里院地区沿京义铁路向新义州、朔州、碧潼方向进犯；伪第2军所辖之伪第6、第7、第8师，由成川、破邑、阳德地区向楚山、江界方向进犯；美第1军所辖之美骑兵第1师及空降第187团位于平壤、肃川地区为预备队。

东线为美第10军军长阿尔蒙德少将指挥的美第10军和伪第1军共4个师。美第10军所辖之美陆战第1师和美第7师以及伪第 1 军所辖之伪首都师、伪第 3 师沿长津湖向图们江边的惠山、江界进犯。

这时，敌人以为已经没有人阻挡他们了，以为他们已经进入了一个"军事上的空白"之地，毫无顾忌地以师甚至以团或以营为单位，分路向中朝边境高速冒进。敌军在分兵冒进中，采取了以李伪军为先导，美军殿后，以车载步兵为前驱的行动样式，实施穷兵猛追，长驱直入。

至 20 日，西线伪第 2 军之伪第 6、第 7、第 8 师已进至顺川、新仓里、成川、破邑一线，距离我球场、德川、宁边等预定防御地区仅有 70 ~ 100 公里。东线伪首都师已进占五老里、洪原等地，到达了我预定防御地区。

这时，我已渡过江的 5 个师仅进至鸭绿江南岸新义州以东的朔州、满浦地区，距离预定防御地区尚有 120 ~ 270 公里，已不可能先敌到达我预定地区。但有利条件是敌人仍未发现我大军入朝，因此还在公路上放胆前进。他们的兵力比较分散，而且中路伪军 3 个师态势突出。其东西两线之间又敞着一个 80 余公里的大缺口。这一态势便于我军利用敌人的判断错误和分兵冒进的弱点，从运动中对敌人实施突然攻击，确实是我军出其不意、分割包围、各个歼灭敌人的极好时机。

据此，毛主席审时度势，当机立断，于昨日（10 月 21 日）凌晨，连续 3 次电示我们：放弃原定计划，改取从运动中歼敌的方针。

毛主席在 21 日凌晨 2 时半发给彭德怀并告邓洪韩解的电

报中指出："截至此刻为止，美伪均未料到我志愿军会参战，故敢于分散为东西两路，放胆前进。""（二）估计伪首都、伪三两师要 7 天左右才能进到长津，然后折向江界。我军第一仗如不准备打该两师，则以 42 军的一个师位于长津地区阻敌即够。42 军的主力则宜放在孟山以南地区（即伪 6 师的来路），以便切断元山平壤间的铁路线，钳制元平两地之敌，使之不能北援，便于我集中三个主力师各个歼灭伪 6、7、8 等三个师。""（四）此次是歼灭伪军三几个师争取出国第一个胜仗，开始转变朝鲜战局极好机会，如何部署，望彭邓精心计划实施之。"毛主席在电报的最后还指出："彭邓要住在一起，不要分散。"

21 日凌晨 3 时半，毛主席又发来给邓华同志并告彭及高的电报。电报中说："（一）你们是否已前进，我意 13 兵团应即去彭德怀同志所在之地点和彭住在一起并改组为中国人民志愿军司令部，以便部署作战。"他还着重指出："现在是争取战机问题，是在几天之内完成战役部署，以便几天之内开始作战的问题，而不是先有一个时期部署防御然后再谈攻击的问题。"在电文最后，又强调 13 兵团领导必须与彭总住在一起，他提出："你（指邓华）和其余同志率必要机构即住彭处为宜。"

我志愿军出国的第一仗确实关系甚大。当时毛主席的电报不仅十分频繁，而且指示都十分明确具体，连细节问题都不厌其烦，都提醒我们务加注意。

21 日凌晨 4 时，毛主席又给彭邓发来电报，指示我们在战役部署上："（一）请注意控制平安南、平安北、咸镜三道交界之妙香山小白山等制高点，隔断东西两敌，勿让敌人占去为要。"同时还指出："（二）敌人测向颇准，请加注意。（三）熙川或其他适当地点建筑可靠的防空洞，保障你们司令部的安全。"

大约到上午 10 点钟左右，彭总的联络员被找来了。他一见到邓华和我就说："彭总就住在附近一个名叫大洞的小村里。他要你们立即去见他。"

正躺在床上打盹的邓华闻听此言，一个鲤鱼打挺坐了起来，对我说："马上出发！"

邓华和我从联络点出发时，已经是上午 11 时。我们那两辆卸了篷子的嘎斯 67，上面均用松枝做了很好的伪装。

可是，刚驶出小镇所在的那条土沟沟，走到一片开阔地上，美军的十几架野马式飞机就呜呜呜地飞了过来，甩下一堆炸弹，接着又扫射了一阵子。不过他们好像是盲目轰炸扫射的，并没有直接对着我们打。尽管如此，为了保险起见，我们人都下了车，迅速隐蔽。小汽车迅速开进了一条小山沟。敌机在天空中又转了几圈，没有发现我们，飞走了。

路虽然很近，我们却遇到了好几次美国飞机，每次都得人下车隐蔽，车钻山沟。

这样，大约走了 1 个小时左右，前面出现了一个只有几间小房子的小村子，向导说这里就是大洞。

大洞也是一条山沟。沟口上有很多岗哨，一下子把我们给挡住了。

岗哨说："不准随便进入，你们是什么人？"

我说："你就说邓华和洪学智来了，要见彭德怀。"

岗哨进去通报以后，说："进来吧！"

我们进到那条山沟里，彭总的一个警卫员指着一间茅草房告诉我们："彭总正在那儿和金首相谈话呢，还得等一会儿才能谈完，他让你们先吃点饭。"

我们在一个小屋子里吃了饭，又等了1个多小时，彭总和金首相还没有谈完。我们在那儿很着急，让警卫员进去看了几次，到了第3次，大约快两点了吧，警卫员对我们说："请你们进去吧！"

我们进去后，见那间屋子也就是十几平方米的样子吧，彭总和金日成同志仍坐在那儿，边说边笑地交谈着。我几年前解放战争在东北时见过金日成同志一次，但没有谈过话。眼下，尽管朝鲜的形势十分危急，可金日成同志的情绪很高昂，显得泰然自若。彭总的情绪也很好。我们先向他们敬了礼，接着又和他们一一握手。金日成同志示意我们坐下，然后笑着问："你们是怎么找来的？这个地方很偏僻，很隐蔽，可不好找呀！"

邓华说："是彭总发电报告诉我们的，让我们来的。"

我说："今天是彭总的联络员带我们来的。"

彭总微笑着点头。

金日成同志点了点头，对我们说："噢！这几天，敌人不断向北进逼得我们不断地向北撤，不断地往后转移，我刚到了平安北道这边，彭总司令就来了。"

金日成首相同我们讲了几句话，说"你们同彭总司令谈吧"，然后就起身出去了。

金日成同志出去后，邓华忙问道："彭总，我们两天多没接到你的电报，电台也没联系上，真让我们好着急、好担心呀！"

彭总笑了笑说："嘿，出了点小故障。"

他说："过江后，我找到新义州的李委员长（一位只有一只胳膊的大个子），朝鲜的副首相朴宪永也在那里等我们。我问朴宪永：'金首相在哪儿？'他说：'现在已失掉了联系。我们先到拉古哨等消息。'这时天气由下着小雨又变成了飘小雪，道路泥泞，十分难走，当晚我就住在了拉古哨发电厂。20日中午，朴宪永与金首相联系上了，得知金首相在大洞。黄昏时我们便出发去大洞会见金首相。朴宪永坐了一辆华沙轿车在前面领路，我坐着嘎斯67吉普车跟在后面，他的车速度快，我们的车速度慢，刚跑了一会儿，就把我们甩掉了一大截儿路，为了抓紧时间赶路，我上了朴宪永的华沙轿车，全速前进，这样我们走得倒是快了，可等我们跑到地方，后面崔伦的电台车却掉得没影了。没了电台，我就无法与你们联系了。直到21日下午，崔伦的电台车才找到了我这里，给你们的电报，是他们到这儿以后才发的。"

"噢，原来是这样！"我和邓华恍然大悟。

这时，彭总又简要地向我们介绍了他和金日成首相会谈的情况。

他说："我首先把我们党中央毛主席的决定告诉了金日成同志：志愿军第一批入朝作战的部队为 12 个步兵师、3 个炮兵师，约 20 多万人，另外 24 个师正在调集，作为第二批、第三批入朝作战的部队。我们入朝前打算是先在平壤、元山一线以北，德川、宁边一线以南地区构筑防御工事，进行防守。希望人民军继续组织抵抗，尽量迟滞敌人前进，以便我军开进。我们党中央和毛主席下这个决心是很不容易的。现在既然决定出兵，第一要能够在合理解决朝鲜问题上有所帮助，关键是能够歼灭美军有生力量，第二要准备美国宣布同中国进入战争状态，至少要准备它轰炸东北和工业城市，攻击我沿海地带。"

彭总说："我接着告诉金日成首相：现在问题是能否站得住脚，无非三种可能，第一种是站住了脚，歼灭敌人争取和平解决朝鲜问题；第二是站住了脚，但双方僵持不下；第三是站不住脚被打了回去。我们要争取第一种可能。金日成同志对毛泽东同志、对中共中央做的出兵决定表示非常感谢。"

金日成同志对彭总说："这几天敌人进攻的速度很迅猛，恐怕你们已很难先期到达你们预定的防御地区。"

彭总告诉金日成同志："敌人进展的情况我们也了解到了一些，那个设想是几天前的，准备根据现在的情况重新变更一下。"接着又问金日成同志，"人民军迟滞敌人的情况怎样呢？"

金日成同志说："敌人的兵力占优势，炮火又强，还有大批的飞机，我们部队迟滞敌人进攻势头，是很困难了。"

彭总问："人民军现在的兵力还有多少？"

金日成同志说："这我对别人不说，但不瞒您彭总司令，我现在仅仅有 3 个多师在手上，一个师在德川、宁边以北，一个师在肃川，一个坦克师在博川。还有一个工人团和一个坦克团在长津附近，隔在南边的部队正在逐渐地往北撤。"

彭总又对我俩说："金日成同志说到这儿，没有再往下说了。现在的情况就得靠我们了。"

彭总问我们："毛主席的几封电报你们也都收到了吧？"

邓华和我都答道："收到了。"

我说："老总，你 21 日发给中央军委和我们的关于改变决心和部署的电报我们也看到了。你的意见和毛主席的意见是一致的，我们完全赞成。"

彭总站起身，来回踱着步子，若有所思地说："当前必须立即改变原来设想的占领一块根据地，构筑阵地进行防御的部署，改为在运动中寻机歼敌，像毛主席所说的那样，歼灭伪军第 6、7、8 三个师，打好出国第一仗！你们的意见呢？"

邓华说："我们的想法和彭总想的完全一致。"

彭总问："你们还有什么具体想法？"

邓华说："具体想法我和老洪也已经研究了。"

彭总说："说说看。"

邓华回答道："总的设想是立即集中 3 个主力军于西线作战，分别歼灭伪第 6、7、8 师，具体部署是：东线以 42 军的一个师附一个炮兵团坚守长津地区，阻击伪首都师、伪第 3 师，以该军主力首先控制小白山地区，视情况再向孟山以南地区挺进。西线，以 40 军进到德川、宁边地区，38 军进到熙川，39 军进到泰川、龟城地区，尔后视情况寻机坚决歼灭当面之敌。"

彭总点头道："由于敌人至今仍未发现我军已大规模入朝，这样部署，我军就有相当大的主动性了。"

我说："彭老总，还有一个问题。"

彭总问："什么问题？"

我说："39 军东进以后，新义州、定州地段空虚，为防敌人从海上登陆，得赶快把 66 军调到安东、新义州一带来。"

彭总当机立断："马上给军委发电，让 66 军明后两天即从天津出发，开往安东，以一个师负责新义州、定州交通线，主力作为志愿军预备队。"彭总说到这儿，问："后勤供应方面还有什么问题？"

我说："已和东北军区商定，布置了 3 条兵站供应线：第一条为长甸河口、新仓、北镇一线；第二条为揖安、别合理、五坪里一线；第三条为临江、周波、长津一线；物资储备则由前线至国内做纵深梯次配备，并动员了 10 多万民工，跟随志愿军入朝，参加战勤工作。"

彭总说："每线最少要各储备部队一个基数的弹药和一个

月的粮食。还要发一个政治动员令，号召全体指战员发扬勇敢顽强的战斗精神保证首战获得胜利，扭转朝鲜战局，为祖国争光。"

邓华和我表示："首战必胜十分必要，彭总的指示我们立即落实。"

彭总又说："我和金日成同志商量好了，志愿军司令部就设在大榆洞。"彭总指着墙上的军用地图说，"就在大洞北面，离得很近，你们马上派人通知解沛然，让他带着兵团机关尽快向大榆洞运动。兵团机关一到大榆洞，就与各军、师沟通通讯联络。"

邓华说："明白了。"

彭总说："你们赶紧去大榆洞，重新调整部署。我在这儿同金日成同志就朝鲜战局问题再作进一步研究，研究完我就去大榆洞与你们汇合。"

在以后的抗美斗争中，彭总经常到金首相那里去汇报情况，金首相也经常到志愿军总部来了解情况，就朝鲜战局等重大问题，进行研究、协商、交换意见。平时志愿军的有关作战情况，则由金首相派驻志愿军的全权代表，随时向他报告。

大榆洞原是朝鲜一座有名的金矿。位于平安北道的北镇西北3公里处，是一条四面环山的山沟。山沟两边的山坡上有一些金矿洞。矿洞下面有一些破旧的工棚。由于矿洞里潮湿阴暗，我们到了大榆洞后，就把司令部设在了山坡下的一座木板搭的工棚里。

10 月 24 日，彭总从大洞来到大榆洞，与我们汇合。

在这以前，韩先楚、解沛然以及兵团机关的同志们已赶到了大榆洞，并迅速沟通与各军、师的联系，展开了工作。

彭总到达大榆洞的当天夜里，便在那个破工棚里，召集我们兵团的领导开了会。

彭总先讲了他和金日成同志协商志愿军与朝鲜人民军怎么协调，怎么配合，两军如何统一指挥的问题。

彭总讲，朝鲜的部队回撤时很多都分散了；方虎山的军团还没有失散，还比较完整，现正向北撤回中。有些部队虽然回来了，还需要一段时间集中整顿，才能与志愿军配合作战。所以现在作战，主要靠志愿军了。

彭总说："现在是战争时期，我这个志愿军的司令员兼政委，虽然是已经下命令了，可是手下连个指挥机构也没有，怎么指挥作战呀？现在临时抽人组织志愿军的领导机构，一是没地方去抽，二就是有地方抽，时间也来不及了。所以，我已向毛主席请示，毛主席也有这个意思，就是把你们 13 兵团的领导机构，改为志愿军的领导机构。你们几位呢，也同时改为志愿军的领导，这样我们就真正地融为一体了，指挥起来也就方便了。你们看怎么样？"

在彭总这样说以前，我们已多次接到毛主席的电报，要我们与彭总在一起，不要分开。直到昨天晚上，毛主席在给邓、洪、韩的电报里，还又一次提出"你们应迅速乘车至彭处，与彭会合，在彭领导下决定战役计划，并指挥作战"的要求。所以，我们几个人对毛主席和彭总的这一决定是有思想准备的。于是，我们大家都说："我们服从毛主席和彭总的决定。"

"好了，形势很严峻，大家不用多说了。"彭总高兴地说道，"下面我来宣布一下，志愿军领导的分工。战争时期，军情紧急，我没和你们商量就定了。分工是这样的：

"我呢，司令员兼政委，抓总，分管作战工作。

"邓华同志任第一副司令兼副政委，主要是分管干部工作和政治工作。

"洪学智同志任第二副司令，主要分管司令部的工作、特种兵和后勤工作。

"韩先楚同志任第三副司令，不具体分工，到部队去督促检查作战问题。

"解沛然同志任志愿军参谋长。

"杜平同志任志愿军政治部主任。

"志愿军党委的组成，经请示党中央、毛主席，决定：彭德怀任志愿军的党委书记，邓华同志任党委副书记，洪学智、韩先楚、解沛然、杜平同志任常委。"

彭总还说："为了便于工作，便于和朝鲜人民军协调，我们志愿军的领导中要有一位朝鲜同志。我同金日成同志商量，确定为朴一禹同志。他的职务是副司令员兼副政委，同时还担任我们党委的副书记。"

司令部为什么有解沛然做参谋长，还要我管呢？因为我原是 15 兵团副司令兼参谋长，15 兵团司令部机关也就是现在的

13 兵团司令部，是我一直管着的。解沛然过去是 12 兵团参谋长，对 13 兵团司令部不太熟悉。所以邓华建议，让我兼管司令部的事情。

关于志司的组成，彭总原来的想法是以 15 兵团司令部（即13 兵团司令部）为基础，另外再找一些人，重新组成一个新的志愿军司令部，让我当参谋长。后来彭总看 13 兵团司令部这个班子成员都经过国内战争的严峻考验，还算整齐精干，而且另起炉灶也确实是来不及，所以就直接把 13 兵团司令部改成了志愿军司令部。把他带来的人并到司令部里。为了便于指挥，司令部的处长以彭总带来的人为正，以原第 13 兵团的处长为副。总之，将 13 兵团司令部改为志愿军司令部，并不是出发前就已经定了的，而是到了大榆洞以后，毛主席和彭总才临时决定的。第二天（25 日），毛主席便以中共中央的名义回复了前一晚彭总打给中央军委的电报，这样，志司的首脑机关就算是正式成立了。

第五章　首战告捷

从我国决定出兵，到第一次战役打响，中央军委和我们的战役决心与部署，总是根据不断变化的敌情而不断变化。开始准备在朝鲜中部的蜂腰部组织防线，没想到敌人北犯甚快。9月15日在仁川登陆。10月1日伪军突破三八线。5日、6日美军也过了三八线。10月19日，我军出兵渡过鸭绿江，美伪军同时占领平壤。20日，美空降187团在平壤以北实行空降。麦克阿瑟坐着飞机飞临朝鲜战场上空视察，并扬言朝鲜的问题就算解决了，战争就算结束了。敌人的急速进攻，迫使我们不断改变对策，决定在运动中歼敌。

敌人进展太快，已过了德川、宁边，到球场了。由于敌人分兵冒进，拼命往北犯，伪6师7团甚至已窜到鸭绿江对岸的楚山，用南朝鲜伪军的话说他们"已饮马鸭绿江了"。他们是一个营一个团地分头飞速向鸭绿江开进的。我们没想到他们进得这么快，不过他们也没想到中国已经出兵。双方都有一个没想到。所以说，第一次战役，我军统帅部的决心是根据战场情况的变化而不断变化的，只有了解了这些情况，才可以看出指挥的英明。当时情况很复杂，瞬息万变，部队不断在调整部署，不如此，就适应不了战场情况。

我们到了大榆洞以后，同各军的联络电话无法沟通，主要靠电台联系。只有司令部正面前方不远的 40 军 118 师能通电话。

10 月 25 日凌晨 2 点多钟，司令部作战值班电话忽然响了起来。参谋长解沛然正守在值班室里，电话是 118 师司令部打来的。

解沛然问："什么事？"

118 师说："我们的正面发现了敌人！"

由于同敌人不期而遇得如此之快，以致解沛然都不相信，他大声地问："怎么可能？你们是不是搞错了?!"

"没搞错，确实是敌人，说外国语，听不懂。"

"你们的位置在哪里？"

"在北镇至温井的公路上，刚刚离开北镇不远。"

"敌人有多少？"

"不清楚。"

"是美国鬼子还是伪军？"

"不清楚。"

"继续监视敌人，有情况随时报告。不要暴露自己。"

这时，解沛然把我叫起来了，因为敌情重大，我们一起守在电话机旁。

没过多久，电话铃又响了。我接过值班参谋的电话问："你是谁?"

"118师师长邓岳。"

"我是洪学智，你们前面的敌人到底是美国鬼子还是伪军?"

邓岳："看起来不像是美国鬼子，像是伪军，我们的侦察人员已经听到他们说话了，都是讲朝鲜话，可能是伪第6师的。"

我说："是伪军就再往里多放一放，等敌人钻进口袋坚决歼灭之。"

邓岳："知道了。"

与此同时，我们还给已进至云山以北的40军第120师发电，让他们立即以一个团的兵力占领云山东北的间洞、朝阳洞、玉女峰一线。

25日上午9时许，志司接到了40军120师的电报。电报说："7时许，伪1师之先头部队在10多辆坦克和自行火炮的引导下，沿云山至温井的公路北犯，遭到我120师360团的迎头痛击。"

这是入朝以来我们和敌人的第一次接火。

12时，邓岳师长打来电话，向我们报告了一个振奋人心的好消息："上午10时20分，伪第6师第2团一个先头加强步兵营，由温井向北镇进犯，当进至我第118师354团在丰中洞、两水洞之间所设下的埋伏圈时，在第353团的配合下，我军当即以拦头、截尾、斩腰的战法，向敌人发起了突然而猛烈的攻击，将该敌大部歼灭，活捉了他们好几百人，其中有3名美军顾问。"

当晚，118师、120师主力又乘胜占领了温井，切断了已进至楚山、古场的伪第2师第7团的退路。

抗美援朝战争的序幕就这样拉开了。

10月27日晚上，大榆洞工棚志愿军司令部，一盏油灯亮着。彭总、邓华、朴一禹、我、韩先楚、解沛然，一面看着地图，一面在一起紧张地研究着敌情。

26日，敌人继续分兵冒进，伪第6师第7团进占距我边界只有几公里的楚山后，猖狂地向我国边境炮击。伪第6师主力进至熙川，伪第1师正向云山以北进犯，美第24师，英第27旅分别窜至泰川、定州以东地区。我军为了分别歼灭冒进之敌，26日，彭总曾经决定集中38军和40军两个师，以及42军第125师，首先重点攻击熙川之敌（伪第6师一部及伪第8师两个团），为此，以39军向云山西北地区迅速前进，阻击伪第1师北进及可能向熙川的增援。同时，令66军当晚进至铁山、车辇馆、枇岘地区集结，准备阻止美第24师、英第27旅西进。50军主力向安东、新义州地区开进，保障我军的后方安全。

彭总背着手全神贯注地看着地图，地图上插满表明敌我双方态势的小旗。

邓华说:"39 军第 117 师及 40 军一部已到达云山以北地区与伪第 1 师进入战斗。120 师已到达温井以东龟头洞地区与伪第 6 师第 19 团两个营进入战斗。42 军正在赶往黄草岭。38 军因距熙川尚有 60 多公里,未能插到指定位置,不能执行歼灭熙川之敌的计划。"

彭总听了,皱起眉头,十分不满意地说道:"这个梁兴初,怎么这样慢慢腾腾地? 误了大事哟!"

解沛然说:"敌人正自东、南、西南 3 个方向向温井运动,企图合击我温井部队。另外,熙川敌之主力似已撤出。"

彭总瞪起眼睛说:"你看看,要跑了不是?"

我说:"彭总,眼下应该马上改变原定计划。"

他问我:"怎么改变?"

我说:"应马上放弃首歼熙川之敌的计划,以 40 军坚决阻击向温井进攻之敌,对伪第 6 师第 7 团采取围而不歼的战法,以诱熙川、云山之 6 ~ 7 个团的敌人来援。尔后,集中 38、39、40 军将敌围歼于云山以北。"

彭总又问邓华和韩先楚:"你们的意见呢?"

邓、韩答:"同意老洪的意见。"

彭总点头说:"那就这样定了,马上给各军、师发电报。"

10 月 28 日下午,志愿军领导继续研究作战情况。

邓华说:"敌人与我军对峙了一天后,今日仅有伪第 8 师第10团两个营由熙川来援。伪第8师主力仍在熙川、球场地区，伪1师也停于云山以北地区。我们诱敌北上的企图没能实现。"

解沛然："窜至楚山之伪第6师7团，不敢孤军深入，已窜回古场及其以南地区。美军第24师、英27旅，仍向西冒进，分别进至泰川东南、定州以西地区。"

这时，秘书进来说："彭总，毛主席来电。"

彭总看了电报，说："毛主席指示我们：'目前战役的关键是两点：一是确实抓住古场楚山之伪7团，不使逃跑，如此则伪1、6、8师非增援不可，有仗可打；二是我三个军全部到齐并完成战役展开，如此则我攻击时迅猛有力，保证歼敌。'"

彭总思索片刻，说："令40军主力迅速歼灭向温井进攻之敌，尔后向南突击；令40军118师协同50军148师迅速消灭古场地区之伪第6师第7团。令39军115师让开泰川通往龟城的公路，让美第24师继续北进以分散敌人兵力，集中兵力先将云山之伪第1师包围起来，尔后待机歼灭之。令38军迅速攻占熙川，尔后向球场、军隅里方向突击。同时令66军急速向龟城前进，阻击美第24师。"说完后，彭总问："你们有什么意见？"

我们说："完全同意彭总决定。"

28日晚，我军按照预定作战部署开始行动，40军主力当晚即向温井以东之敌发起了攻击，激战至29日晨，将伪第6师两个营、伪第8师两个营共4个营大部歼灭，随后继续向南突击。

29日下午，39军已从东北、西北、西南3面对云山之伪第1师构成了包围，围而不歼，吸引敌人来援。

66军继续向龟城前进，准备阻击美第24师。

29日午夜，40军118师师长邓岳又打来电报："我师今晚进至古场地区后，即趁敌动摇之机于当日晚向伪第7团发起了攻击，经过一夜战斗，现在已将其大部歼灭。"

彭总听到这个消息非常高兴。因为两天来，40军已连续两次获得了出国作战的胜利。为了表彰他们，彭总当即指示以彭邓洪韩解杜的名义给他们以"特电嘉奖"。

38军奉命赶往熙川，抄伪6、伪8师后路，路上由于北撤的朝鲜人民军和老百姓太多，走不动。他们把这个情况电告了志司，彭总和我们得知这个情况后，当即命令该军，组织全军的汽车，装运一个步兵营插到熙川。

但是，妙香山那边路很窄，下面是清川江，上面是大山，而且又是铁路又是公路，直通向江界。朝鲜撤退的军民是往江界那边去的，我军往前开，他们往后撤，步兵走不动。我们以为让他们坐汽车，可能快一点呢，结果反而慢了，更走不动了，再加上38军军部和112师师部遭了敌机袭击，故行动迟缓，未能按预定时间到达预定地点。

30日晨，彭总和我们都在作战室里，等待着各军的消息。

这时，收到38军电报：该军113师于28日进至熙川后，迟至29日黄昏才开始攻击，当他们占领熙川时，那里的伪第

8 师早已南逃，致使歼敌良机丧失。

彭总听到这个消息后，非常生气地说："梁兴初，梁兴初，你误了军机，我饶不了你！"接着又说，"现在就给 38 军发电，令他们急速向球场、军隅里方向进击，阻断敌人南逃的退路。"

11 月 1 日上午，大榆洞志司作战室。

彭总和我们志愿军其他领导在一起，研究我军下一步将如何行动。

10 月 25 日，40 军 120 师在云山以北、118 师在两水洞打响后，我们曾让 39 军吸引、抓住、监视云山的敌人，围而不打，因为打急了，怕敌人跑了。想等 38 军从熙川方向插下去，抄敌人的后路，集中 39、40、38 这 3 个军再一起歼灭敌人。

由于 38 军没插下去，敌人跑了，我们就决定打云山。同时还决定让 38 军继续向前插，切断敌人向清川江后退的路。

伪第 6 师大部、伪第 8 师两个营遭我歼灭后，敌人虽然已发现我军入朝，但错误地认为我们是"象征性"出兵，因此仍未放弃其迅速占领全朝鲜的企图，一面调整部署，一面继续冒进。10 月 31 日，美第 24 师、英第 27 旅分别进至龟城、宣川地区；美第 1 军骑兵第 1 师也已从平壤调至云山，增援伪第 1 师；为阻止我从军隅里实施插进，伪第 8 师退守球场，伪第 7 师东调球场、德川，伪第 1 师撤至宁边及其东北地区，以保障和加强其侧翼；美第 9 军第 2 师开始由平壤北调安州地区，作为美第 8 集团军预备队。

　　这时，西线敌军虽然调整了部署，但其兵力仍处于分散状态，且对我军情况尚不明了。我军对敌军兵力和部署则已基本掌握。敌人在清川江以北仅有5万余作战人员，我们则可集中10—12个师，12—15万人作战，是敌人的两到三倍。因此，我们决心仍采取向敌侧后，实施战役迂回、结合正面突击的战法，首先消灭伪第8、第7、第1师，然后，再看情况歼灭美英军。彭总把这个想法电报毛主席后，毛主席马上回电表示同意，并指示说："此战只要我38军全部及42军一个师，能确实切断敌人清川江后路，其他各军、师能勇敢穿插至各部敌人的侧后，实行分割敌人而各个歼灭之，则胜利必能取得。"

　　据此，我们做出了如下部署：38军迅速歼灭球场之敌，尔后沿清川江左岸向院里、军隅里、新安州方向突击，切断敌人后路；以42军125师向德川方向突击，并占领该地，阻击由东南两个方向来援之敌，确保我军侧翼安全；40军迅速突破当面之敌，于1日晚除以一部兵力于上九洞地区防止云山敌人逃跑外，主力包围宁边之伪第1师并相机歼灭之，尔后向西南突击；39军于1日晚攻歼云山之敌，得手后向龙山洞地区突击，协同40军歼灭美骑兵第1师；66军以一部兵力于龟城以西钳制美第24师，主力视情况从敌侧后突击歼灭该敌。50军主力进至新义州，准备阻击英第27旅。

　　根据我们的上述部署，11月1日黄昏，志愿军所属各部，又先后向敌发起猛攻。

　　39军原定于1日19时30分向云山之敌发起攻击，是日

13 时 50 分，他们发现云山敌人有撤退迹象（实际上不是撤退，而是为美骑兵第 1 师第 8 团与伪第 1 师第 12 团换防）。我们事先并不知道云山的敌人由伪军换成了美军，遂以 8 个步兵团（配属地炮两个团零 1 个营，高炮 1 个团）提前于 17 时发起了攻击。激战至 2 日凌晨，该军攻占云山，歼灭美伪军各一部，堵截与击毁敌坦克、汽车 70 余辆，还在云山以南堵住了由云山撤退的美骑兵第 1 师第 8 团直属队及其第 3 营的退路，并将他们包围。2 日至 3 日昼间，该敌在飞机、坦克的支援下，拼命突围，均未得逞。3 日夜，39 军将被围的美军全部歼灭。与此同时，我担任阻援任务的第 115 师第 343 团，在云山以南，击溃了由博川北援云山的美骑兵第 1 师第 5 团，并将该团团长击毙，有力地保证了云山战斗的胜利。

39 军取得的云山大捷意义重大。在这次战斗中，我军首次以劣势装备歼灭了具有现代化装备的美骑兵第 1 师第 8 团之大部以及伪第 1 师第 12 团一部，狠狠打击了号称"王牌军"的美骑兵第 1 师的嚣张气焰。

2 日 18 时，38 军攻占院里地区，威胁了敌人的侧翼。

这天，由于 40 军被阻于上九洞、古城洞、黑时洞一线，故未能包围宁边之敌。

与此同时，66 军也由于未能及时发现敌人撤退，发现后又未能以主力插到敌后，断敌退路，以致未能抓住美第 24 师。

2 日 19 时，毛主席根据战役发展的情况电示我们："注意使用 38 军全军控制安州、军隅里、球场区域，构筑强固工事，置重点于军隅里，确实切断清川江南北敌之联系，歼灭美 2 师（由平壤）北援兵力及伪 6、7、8 师余部，并尽可能向南伸出到平壤附近。只要此着成功，即是战略上的胜利。"

2 日 22 时，毛主席又电示我们此役"全局关键，在于我们 38 军全军以猛速动作攻占军隅里、价川、安州、新安州一带，隔断南北敌人联系，并坚决消灭北进的美军第 2 师。此是第一要紧的"。

但是，美第 8 集团军司令沃克发现美骑兵第 1 师遭到重创，特别是院里已被我军攻占，其侧翼受到了严重威胁时，深恐价川、新安州再被我控制，退路被我切断，从而使其在清川江以北的各部被我分割包围，各个歼灭。为摆脱其十分不利的态势，自 3 日凌晨起，敌人在大量空军、炮兵和坦克的掩护下，同时以伪第 1 师在宁边东北地区，美第 2 师、伪第 7 师及伪第 6 师在价川、军隅里地区掩护，迟滞我军进攻，实行了全线撤退。

在得到敌人开始后撤的情报后，彭总即于 11 月 3 日上午，与邓、洪、韩、解研究决定，命令各军："立即采取一切办法，迅速抓住敌人，不让敌人逃脱。"并着重指出："只要抓住并分割了敌人就能胜利。"同时命令 38 军："迅速向军隅里、安州、新安州攻击前进，切断敌人由新安州通往肃川后方的联系。"

但是由于敌人是机械化行军，我们是徒步行军，他们比我们行进得快得多。至 3 日黄昏，西线敌人除剩下了一部分兵力扼守清川江北岸的滩头阵地，阻止我进攻外，其主力已全部撤至清川江以南，并在新安州至价川一线占领了沿江有利阵地。

5日，彭总和我们又就此役进行了研究，考虑到我军歼敌的机会已失；考虑到我军携带的粮弹已消耗殆尽，没有力量再攻击了；考虑到此役歼灭的敌人并不多，而且敌人很可能在稍事喘息、调整之后再次向我发动进攻；同时考虑到我军的实力尚未全部暴露；为保持主动，乃下令各军于11月5日停止攻击。

此后，西线我军除以一部兵力监视敌人外，将主力集结于枇岘、龟城、泰川、云山和球场以北等地区，立即补充粮弹、总结经验，准备连续作战。

在西线敌军主力向中朝边境冒进的同时，东线敌军也分别向江界和图们江等中朝边界地区推进。

10月25日，伪军首都师主力进至上通里、新兴一线地区，其一部沿海岸铁路线占领了端川。

我42军主力在接受东线阻敌任务后，副军长胡继成即带领两个师由江界赶往指定地域。于24日、25日先截了20多辆汽车运送两个营抢占了黄草岭、赴战岭两个要点，并占领了黄草岭以南的烟台峰。在接替人民军防务的同时，掩护我主力开进。

在俄偶里附近，他们遇到几个苏联同志。

苏联同志问他们："你们有飞机吗？"

答："没有。"

"有坦克吗？"

"没有。"

"有大炮吗?"

"有一点。"

苏联同志听了直摇头。

他们也不相信我们以劣势的装备能与美军抗衡。

26日,美第10军所属的陆战第1师从元山登陆,企图经咸兴、长津迂回到江界;伪第3师主力由元山地区开向咸兴,并以其第26团进至上、下通里接替伪首都师防务,准备向我黄草岭阵地进犯;伪首都师则东移,向赴战岭、丰山、城津推进。

27日,42军主力到达防御地区后,即将第124师置于黄草岭以南之草芳岭,并派了一个营控制小白山,坚决阻敌迂回江界,确保割断敌人东西线的联系;同时以第126师一部置于赴战岭,阻敌北进。当天42军与敌人展开了激烈的战斗,敌军先后以伪首都师、伪第3师及美陆战第1师,在大量炮兵、坦克及航空兵的支援下向我阵地猛烈进攻。我军在炮兵的支援下,与朝鲜人民军一部并肩战斗,激战几昼夜,阻止了敌人的进攻,粉碎了敌人迂回江界的企图,有力地配合了我军西线主力作战。

11月6日晚,鉴于我西线反击作战已经结束,第42军主力已完成了防御作战任务,我志愿军司令部乃令该军主力于11月7日凌晨撤出了黄草岭阵地,转移至柳潭里一带组织防御,准备再战。

这次战役是我们入朝后进行的第一次战役。第一次战役是在朝鲜战局极其严重、我军仓促入朝的情况下投入交战的。是我军与敌军的一次遭遇战。在毛主席、中央军委和彭总的正确领导下，我军由于战略战役上的突然性和指挥上的灵活性，根据战场实际情况，不断改变作战决心与计划，再加上全体指战员发扬了英勇顽强的战斗作风与近战夜战的特长，给了伪第6师以歼灭性的打击，重创了伪第1、第8师和美骑兵第1师。此役，共歼敌15000余人，把疯狂进犯的敌人从鸭绿江边一直打退到清川江以南，粉碎了敌人企图于"感恩节"前占领全朝鲜的计划，取得了初战胜利，初步稳住了朝鲜的战局。

第一次战役结束后，为了扩大我军俘虏政策的影响，我军将俘获的1000多人，经过教育，在战场上当即释放了。

第六章　诱敌深入　再歼顽敌

10 月下旬，志愿军突然出现在朝鲜战场，取得第一次战役胜利后，在美国政界、军界引起一阵骚动、不安和猜测。但是，美军总司令麦克阿瑟仍不相信我军主力已过鸭绿江。麦克阿瑟坐镇日本东京，遥控战场。战场指挥官是美第 8 集团军司令沃克。沃克从掌握的一些情况，似乎意识到我军主力已过江参战，曾几次向麦克阿瑟报告，但麦克阿瑟听不进去。

入朝后，我们对麦克阿瑟又有了进一步的了解。他很傲慢、主观、倔强、资格老。很多第二次世界大战的名将，都曾是他的部下。他当上将时，眼下的欧洲盟军总司令艾森豪威尔当过他的参谋长。巴顿那样骄狂，不服别人，服麦克阿瑟。麦克阿瑟不仅资格老，而且战功赫赫。太平洋群岛作战，仁川登陆都是他军事艺术的杰作。他傲慢得目空一切。在他看来，只要他麦克阿瑟在日本一坐，中共军队还敢过鸭绿江？当时麦克阿瑟完全进入一种"思维盲区"，认定我军不可能大规模入朝。

就是以布莱德雷为首的美国参谋长联席会议，出于对麦克阿瑟的盲目崇拜，也同意麦克阿瑟的看法。他们估计，我军参战有三种可能：第一是为了边境的安全和控制接近边境的缓冲地带；第二是为了从战略上牵制美国的军事力量，打一场有限规模的持久战争；第三是为了彻底驱逐联合国军出朝鲜半岛。在这三种可能中，他们分析第一种可能性最大。首先，新中国成立伊始，百废待兴，不敢、也没有能力与美国较量；其次，在美军退守釜山滩头阵地的有利时机和从仁川登陆的关键时刻，中国均未出兵参战，迟至美军迫近中朝边境才出兵，这说明中国只是为了自卫而无意于同美国较量；加上第一次战役后中国并未进行大规模的进击，更增强了美国这种错误的判断。但是，它们对我在东北地区可能集结有庞大的军队却明显感到不安。

在对我采取何种对策问题上，以麦克阿瑟为代表的强硬派认为，如果中国的大队人马和物资"自满洲运过鸭绿江"，就将有使"联合国军全部被歼的危险"，因而，强烈主张"轰炸满洲"中国军队的基地和鸭绿江上的一切桥梁，阻止我军继续投入朝鲜战场。以英、法为代表的一些国家则强烈反对，他们认为"轰炸满洲"，有挑起世界大战的危险，主张在鸭绿江两岸设置"缓冲地带"。尔后，再通过政治方式，解决朝鲜问题。

美国国家安全委员会从维护其称霸世界的全球战略出发，同意麦克阿瑟的看法，向杜鲁门总统提出建议：在未判明中国的出兵意图之前，继续坚持其以军事进攻迅速占领全朝鲜的原定计划，不改变麦克阿瑟的作战任务。同时还批准了麦克阿瑟轰炸鸭绿江上所有朝鲜一侧桥梁的计划，同意他在军事上可以相机行事。

美国为了实现其既定方针：一方面向其盟国重申"无意扩大冲突"，不放弃其"在欧洲承担的义务"，同时，通过瑞典和英国向我进行试探，图谋以所谓"保证中共利益"为诱饵，换取我坐视其侵占整个朝鲜。另一方面是继续在其国内积极进行扩大战争的准备，在朝鲜战场上麦克阿瑟则准备发动更大规模的所谓"最后攻势"——圣诞节攻势。

麦克阿瑟的头脑虽然发热，但沃克的头脑却是比较冷静的。他一方面不能不贯彻麦克阿瑟发动新攻势的意图，另一方面又担心我军大规模入朝。出于这种复杂、矛盾的心理，沃克为查清我参战的兵力、意图，为其新发动的进攻创造条件，11月6日在一次战役结束后的第二天，即以一部分兵力开始从西向我发起试探性进攻。东线敌人也同时向我发起试探性进攻。

西线，敌人首先以伪第7师向飞虎山进攻，以伪第8师向德川进攻。稍后，英第27旅、美第24师和美骑兵第1师也分别北渡清川江，以部分兵力向博川、宁边一线进攻，企图占领西起清川江口，向北经嘉山，向东经长新洞、龙山洞、寺洞至宁边一线，作为其发动总攻的"开始攻击线"。东线，美陆战第1师继续向黄草岭进攻，美第7师一部向丰山北犯，伪首都师一部窜占明川。

与此同时，敌人为了阻止我增兵朝鲜，还发动了以轰炸鸭绿江上所有桥梁为主要目标的为期两星期的空中战役。为了进行空中战役，麦克阿瑟命令其侵朝空军"全部出动"，"多次出动"，"以最大的力量""摧毁在满洲边界上的朝鲜这一端的全部国际桥梁"和由边界往南直至战线这一区域的"所有的交通工具、军事设施、工厂、城市和村庄"。麦克阿瑟命令下达后，敌机每日出动1000余架次，妄图通过狂轰滥炸，阻止我军继续入朝，炸瘫我运输线，将我已入朝的部队消灭。在这种情况下我军稍有不慎，就会陷于被动。

对此，彭总看得很清楚，所以在第一次战役即将结束之前，即与邓华、朴一禹、我、韩先楚和解沛然等进行了深入的研究，提出了"如敌再进，引诱其深入后歼击之"的作战指导思想，4日即做了作战部署：令西线各军分别以主力置于新义州、龟城、泰川、云山及熙川以南的新兴洞、苏民洞、妙香山地区；各军以一个师分别位于宣川、南市、博川、宁边、院里、球场地区，采取宽大正面运动防御与游击战结合的方针，如小敌则歼灭之，如大敌则边打边退，诱敌深入，向敌侧后转移，以便配合主力消灭之。令东线42军主力仍置于古土水、旧津里、赴战岭地区，以一个师位于宁边，并以该师一部位于德川向阳德方向游击活动。并将我们的决心和部署电报了毛主席和中央军委，还建议让9兵团迅速入朝参战。

毛主席5日凌晨1时，批准了彭总提出的方针："（一）11月4日15时电悉。同意你的部署，请你按当面情况酌量决定。（二）德川方面甚为重要，我军必须争取在元山、顺川铁路线以北区域创造一个战场，在该区域消耗敌人的兵力，把问题摆在元山平壤线的正面，而以德川球场宁边以北以西区域为后方，对长期作战方为有利。目前是否能办到这一点请依情况酌定。"

同日，毛主席晚上10时发来的另一封电报中确定宋时轮率第9兵团（辖第20、第26、第27军3个军）立即入朝，全力担任东线作战任务。毛主席说："（一）各电均悉，部署甚好。（二）江界长津方向应确定由宋兵团全力担任，以诱敌深入寻机各个歼敌为方针。尔后该兵团即由你处直接指挥，我们不遥制。九兵团之一个军应直开江界并速去长津。"

11月8日，东线敌人继续猛犯古土水、丰山、吉州，有迂回江界断我后路企图，西线敌人则集中兵力沿清川江北进。彭总和我们根据这一情况和毛主席关于下一步"为粉碎美伪再犯企图，决于东西两线均采诱敌深入，先歼其侧翼一路，尔后猛烈扩张之方针"的电报精神，召开作战会议，研究如何打好第二次战役。

彭总说，麦克阿瑟不是很狂妄吗？不是瞧不起我们吗？不是不相信我们的大部队已经过了江吗？我们就利用他这个判断的失误，示弱于敌，诱敌深入，然后寻机歼灭之。

现在看起来，诱敌深入似乎很简单。但在当时，确定这个方针并不简单，并不容易。一方面有巨大风险，一方面也很困难。当时敌人正在一个劲儿地猛攻，我们自己打得也很疲劳了，诱敌深入，在什么地方部署口袋？怎么个诱法？用哪个部队来诱？都得费一番运筹。这些，充分显示了彭总的军事指挥艺术。

诱敌深入，一般都是用非主力部队。但彭总却是用主力军中的主力师38军112师来打的。112师原来是4野第1师。在选择打阻击的师时，彭总征求过邓华和我的意见。我们向他建议，如用最强的部队，那么，就用这个师。用最强的部队是因为敌军战斗力很强，打阻击的部队，既要达到诱敌深入的目的，又能顶得住敌人。顶不住敌人，被敌人一下子冲进来，还谈什么调动部队、装口袋呀？后来有人说在二次战役中112师没使上劲儿，这是只知其一，不知其二，112师在二次战役中的劲儿正是使在了这个关键性的地方。

在调动部队向敌人侧翼迂回上，我们巧妙地利用了敌人内部的矛盾。当时美军西线的两个军第1军和第9军归第8集团军司令沃克指挥；东线第10军（军长阿尔蒙德）却直接听命于麦克阿瑟。阿尔蒙德是麦克阿瑟的参谋长，深得麦克阿瑟的信任，所以，让他指挥第10军，仁川登陆就是阿尔蒙德具体指挥的。按道理，美国在朝的3个军都应归沃克指挥，可是阿尔蒙德根本不听沃克的，沃克也管不了他。而且他们两个人指挥的部队之间还有一条很长的80—100公里的缝隙。第8集团军东面的侧翼即德川、宁边一带由伪军保证。伪军战斗力弱，是我们打击的重点。因此，彭总决定利用美军两个司令之间的矛盾，利用他们之间的这个大空隙，把3个军（38、40、42军）运动到德川、宁边那边去，迂回到敌人后面切断敌人的后路，迂回包围敌人。西线以 38 军 112 师在熙川至球场的公路线上边顶边退，把敌人引进来；以 38 军 113 师、114 师和 40 军由西北向东南的德川方向运动；令已在东线的 42 军主力把黄草岭的防务交给已赶上来的 9 兵团，运动到宁边这边来；以 39 军和 66 军分别集结于泰川、龟城地区待机，形成一个口袋。令 50 军对海防严密警戒。东线第 9 兵团（欠 26 军）以一部进至旧津里以南部署阻击阵地，主力集结于旧津里西南及东南地区，求得先歼灭向长津进犯之美军陆战第 1 师两个团，尔后再扩大战果。如敌不进，待 9 兵团打响后调动敌人时，集中 3 个军出德川及其以南地区寻机歼敌，把战场向前推进，以利持久作战。

当时这几个军正在积极进行作战准备和调整部署。

8 日下午 3 时，我们将研究好的作战计划报给了毛主席，毛主席 9 日回电表示同意。他在电报中说："（一）8 日 15 时电悉，目前部署及下一步作战意图，均很好，请即照此稳步施行。（二）争取在本月内至 12 月初的一个月内东西两线各打一两个仗，歼敌七八个团，将战线推进至平壤元山间铁路线区域，我军就在根本上胜利了。"另外，针对我们在第一次战役中物资特别是汽车损失严重的情况，毛主席在电报中还说："苏联汽车不久可到达第一批，损车虽多，是可以补充的。以平均每天损车三十辆计一个月损车九百辆，打一年仗也不过损车一万辆左右。并且损坏之车，有些可以修好，有些可以取回若干零件，又可缴获一部，故汽车是完全有办法的。……要修几条（不止一条）宽大公路达德川宁边孟山区域，这是极重要的战略任务，后面各路均须修好修宽，请抓紧办理。"另外，他还提出："请高贺用一切可能方法保证东西两线粮弹被服（保障御寒）之供应。"

收到毛主席的电报，我们很高兴。他不仅批准了我们的计划，更明确地为我们提出了这次战役的目标，而且在物资供应方面也给了我们更大的支持和保证。这样一个粉碎敌人的"圣诞节"攻势，将战线推至平壤元山的作战计划就正式决定了。

在大榆洞矿山的一个小山沟里，有一栋看守电压器的木板构造的小平房，这是彭总的作战办公室。

11月13日，志愿军党委成立后的第一次党委会议，在这里召开。

会议由彭总主持，总结第一次战役的经验教训，当面给各军长部署下一步的作战方针和作战计划。

上午8时半，邓华、我、韩先楚、解沛然、杜平等都到了。38军军长梁兴初，39军军长吴信泉，40军军长温玉成，42军军长吴瑞林，66军政委王紫峰等也来了。大家有说有笑，气氛很活跃。

这时彭总进来了，他显得很严肃，不太高兴。彭总为什么不高兴，我是知道的，因为38军在这次战役中没能按他的命令把敌人的退路切断。

会议先由邓华总结第一次战役的情况。我记得邓华讲到打一个什么地方时，彭总让杨迪给他在地图上指出来。见彭总绷着脸，杨迪有点紧张，指得稍微偏了一点点，没有一下到位，又重新指了一下。彭总马上大声责问："怎么连地图也不会指了？"当邓华讲到38军情况时，彭总盯着梁兴初厉声问："梁兴初，我让你往熙川插，你为什么不插下去？你是怎么搞的？"

梁兴初坐在那儿，看着彭总说："彭总，我，我……"

彭总继续说："你什么?！你还是主力呢，什么主力？这是第一仗，大家应该克服困难完成任务，应该消灭更多的敌人！39军在云山打美军骑兵第1师打得很好，40军在温井包围伪6师也打得不错，你38军为什么不给我插下去？你为什么不给我插？啊？你说?"

梁兴初头上直冒汗，不敢再言声了。

彭总很严肃地批评了梁兴初，吃饭时，梁兴初情绪很低沉，对我说："洪副司令，我们38军可从来没打过这样窝囊仗呀！我们是在往前插，确实有些困难，插不动。当然情况我们也没搞准。"

我安慰他说："老梁，这次没打好，下次好好打嘛！"

梁兴初点了点头说："下一次我们一定要打好，一定要打出威风来。"

邓华总结完，彭总部署下一步的作战计划。他说："麦克阿瑟很狂妄，直到现在，还不承认我们的主力部队过江。他先说在感恩节前占领全朝鲜，由于我们发动了第一次战役，他没成功。现在他又提出在圣诞节（12月25日）前占领全朝鲜，时间推迟了 1 个月，说这是最后的攻势，说是要让军队回日本去过圣诞节。"彭总说到这儿，轻蔑地一笑："骄兵必败，我看这次，他也不会成功的。"他指着地图说，"麦克阿瑟的攻势计划是首先以地面部队进行试探性攻击，这已经开始了。另外，以航空兵摧毁与封锁鸭绿江上的所有桥梁和渡口，阻止东北我军过江和物资前运，这也已经开始了。"

邓华插话说："他想阻止就能阻止得了吗？我第 9 兵团的 3 个军 12 个师，目前还正源源不断地开进朝鲜呢。"

彭总看了看地图又接着说："麦克阿瑟下一步的想法是一旦准备停当后，就将以他的美第 10 军经长津湖西进，以他的美第 8 集团军由清川江北上，让这两支部队在江界以南的武坪里衔接，形成一个口袋，来围歼朝鲜北部战场上的中国人民志愿军和朝鲜人民军，再下一步则是向中朝边境推进，在鸭绿江冰封以前抢占全朝鲜。他想得倒是挺美的，可惜只是美梦而已。"彭总说到这儿，对解沛然说："你把敌方和我方的兵力部署情况说一下。"

解沛然接着说："敌人为了实现他们的这一计划，已先后将担任警卫汉城、'清剿'其后方人民军任务的美军第 25 师，新征集来的土耳其旅，英第 29 旅北调西线前线；将从美国本土调来的美第 3 师调到东部前线。这样，敌在前线的地面作战部队，有 5 个军 13 个师 3 个旅和 1 个空降团，共计 22 万余人。比第一次战役增加 8 万余人，且主要是美英军。敌人的空军也增加了两个新式喷气战斗机联队，共拥有飞机 1200 余架。大有势在必得的劲头儿。"解沛然说到这儿，看了彭总一眼，又说："我们第9兵团的主力已先后从辑安、临江入朝，担任东线作战任务。这样我在朝兵力达到了9个军30个师38万余人，为敌人前线地面作战部队的1.7倍。其中东线我15万余人，敌9万余人，为敌之1.66倍；西线我23万人，敌13万人，为敌之1.75倍。东、西两线我军兵力均占优势。"

我插话说："麦克阿瑟的情报太不准确了。"

在场的人都笑了。

彭总说："尽管我们的兵力占了优势，但在我空军、坦克部队尚未入朝参战前，我们仍将采取运动战、阵地战、游击战相结合、内线和外线相结合的方针，力求在运动中消灭敌人有生力量。敌人不是要进攻吗？那好啊！我们就把他引进布置好的口袋里来，各个击破和歼灭之。我们的设想是，准备将西线之敌诱至大馆洞、温井、妙香山、平南镇一线歼灭之，将东线之敌诱至旧津里、长津线歼灭之。"

"敌人如果不来呢？"有人问。

彭总笑了笑说："会来的。麦克阿瑟已夸下了海口，他能不来吗？"彭总说到这儿沉吟了一下敛起笑容，又坚决地说："退一步说，敌人真的不来，我们就打出去，打法有二，一是围点打援，向东包围永兴之敌。二是以2—3个军出德川直插顺川、肃川。总之，今年还必须要打一仗，再消灭敌人至少六七个团，将战场推到平壤、元山地区，使敌人由进攻转入防御，以便我军将来举行反攻。不过，我们还是立足于敌人来，我们已安排好了香饵，大鱼会上钩的。"

会后，为了配合正面战场作战，开展游击战争，经与朝方商定，由志愿军 42 军 125 师派两个步兵营和人民军 1 个联队（团）组成游击支队渗透到敌后孟山、阳德、成川之间的地区，与留在该地区的人民军一起活动。以留在敌后的人民军第 2、第 5 军团共 11 个师、3 个旅在铁原南北广大地区开展游击活动，配合正面战场作战。双方还商定以在长津地区的人民军第 3 军团配合志愿军第 9 兵团作战。

为了加强后勤保障，除了要求认真落实毛主席关于"修几条宽大公路，通达德川、宁边、孟山区域，后面各路也均需修好修宽"和"用一切可能办法，保证东西两线粮弹被服（保障御寒）之供给"的指示，中央军委和东北军区还进一步加强了志愿军的运输力量和后勤机构：调铁道兵第 1 师入朝加紧抢修满浦至熙川的铁路。另增加 1 个后勤分部、1 条供应线并对已有的 3 个分部、3 条供应线调整加强。至第二次战役发起前，入朝的后勤人员已增至 6 万多人。

志愿军党委会开过后的第 2 天，美国飞机轰炸了大榆洞。

在第一次战役中，我军把敌人打得南逃以后，志愿军司令部也参加了打扫战场，缴获了 60 多辆汽车。

当时，美军的飞机很厉害，凡是美军撤退时来不及开走而丢弃的汽车武器装备，往往在一两个小时之后，派他们自己的飞机用汽油弹炸毁、烧毁。我们就趁敌机没来之前去抢、去开。

看到缴获了这么多车，彭总很高兴，邓华我们几个也挺高兴。那时美国飞机经常来大榆洞侦察袭击，为了防止这些汽车被炸毁，车管部门把它们都疏散开，藏在了驻地附近的一条山沟里。车上面用稻草捆子做伪装，我还专门派人督促检查过。

这天下午1点多钟，敌机突然来了，好几架，呜呜呜呜地几乎贴着地皮，飞得很低很低，在山沟里飞来飞去地转悠。当飞机飞到隐藏着汽车的那条山沟里时，由于飞得极低，飞机飞行时带起的气流，冲力很大，一下子把伪装汽车的稻草捆子掀掉了，汽车暴露了出来。

敌机一见有汽车，不管是草捆子也好，房子也好，汽车也好，全都噼里啪啦地一阵子狂轰滥炸。

当时我们没有防空武器。有的战士急了，就用步枪机枪朝飞机打。敌机发现了，又拼命地报复，一下子飞来了几十架，更拼命轰炸、扫射。

敌机飞走后，我们到藏车的沟里一看，一下子被炸掉了30多辆。那时我们刚进朝鲜，汽车很少，在第一次战役中又损失了一些，正愁没地方补充呢！好容易缴获了一部分，一下子就被炸掉了这么多，真是让人心疼呀！

彭总知道了这事，非常生气，批评司令部没把这些车保存好。

我进到彭总房子里的时候，他正在发脾气，说是要拿司令部是问。见了我和解沛然，指着我们两个说："你们是怎么回事？这些汽车为什么不疏散不伪装？"

我笑着说:"老总,消消气吧。这些汽车确实伪装了,也疏散了,还是被美国鬼子的飞机给炸了,有什么办法呢?"

他瞪着眼睛"哼"了一声。

我又笑着说:"打了就打了,打了以后再缴嘛!"

彭总气得瞪着我直嚷嚷:"你这个人哪!啊?你这个人哪!啊?"

我说:"那我怎么办?我只能找美军算账。"

彭总听了这话,才不吭声儿了,慢慢地消气了。

11月16日上午,彭、邓、我、韩、解继续研究第二次战役的准备情况。

解沛然说:"自11月6日,敌人向我试探性进攻以来,我军即按照预定计划以部分兵力实施节节阻击,缓慢后移,诱敌深入。9日,西线我38军112师放弃了飞虎山一线阵地;10日,39军115师又放弃了博川。东线我军,7日即放弃了黄草岭。10日,西线敌人全线推进,东线敌人也自黄草岭、丰山、明川分3路继续向北进犯。"说到这儿,他忧虑地说:"不过,敌人的行动十分缓慢。到昨天为止,西线之敌仅进至博川、龙山洞、宁边、德川一线。东线之敌也仅进至下碣隅里及丰山、明川以北一线。仅分别前进9—16公里,距我预定歼敌地区还较远。"

韩先楚插话:"看样子,敌人是有了上次冒进的教训,变得小心谨慎了。"

我说："是不是 112 师在飞虎山顶得太硬了，把沃克吓住了，对我们产生怀疑了？"

事后我们才知道，当时沃克确实对我们产生了怀疑，他曾质问他的情报部门："不是说是中共的小股部队吗？小部队怎么这么厉害，这么能打呀？"

邓华焦急地说："照这样子，敌人得什么时候才能到达我们的攻击线呀！"

彭总问："那你们看怎么办呢？"

解沛然说："看来还得进一步迷惑、骄纵敌人，引诱他们放胆前进。"

我说："要使敌人放弃疑虑，我军最好连小规模的阻击、反击也放弃，大步后撤。"

彭总点头认真思索着说："我同意这个意见。电令各军，不要再向进攻之敌进行反袭击，主动后撤，再大步向后撤十几公里。"彭总沉吟了一下又说："不过，撤退的时机和方式一定要掌握好，一定不要让敌人发现我们的意图，看出我们是引诱他们钻口袋，给敌人一种错觉，以为我们打不赢他们，是撤退了，他们才好放心进至我预定地区。"

这样，11 月 17 日，西线我军继续北撤，主力转至云山、球场线以北和宁边东北地区；东线我 20 军也在柳漂里以西及其西北地区完成集结，接替 42 军主力在黄草岭以北的阻击任务。42 军主力则开始向宁边东北地区转移。

我军一退再退的行动，果然使敌人产生了迷惑。

　　敌人错误地判断我军的兵力"最多不过六七万人","不是一个不可侮的势力",以为其所实施的空中战役,已迫使我支援部队不能进入战场,便开始全力猛攻。到11月21日,西线敌人已进至其"攻击开始线",完成了战役开展。

　　此时,我西线50军、66军、39军、40军、38军、42军分别转移至定州西北、龟城、泰川、云山、德川以北及宁边以北地区。东线第9兵团的27军到达旧津里,26军进至厚昌江口地区,至此,第9兵团的3个军已全部到达预定地点。

　　这时,担任侧翼迂回任务的38军,已运动到了德川,42军由东向西移动到了宁边一线。由于东面都是纵向大山,地方狭窄,摆3个军放不下。另外,一下子过去这么多部队,粮食供应也有困难。这样,40军运动到熙川的正面,就没让它再往东运动,令40军和39军在清川江以北正面隐蔽,形成口袋。112师撤到球场附近后,已经消耗很大。即令他们往左转移,作为38军第二梯队。

　　11月22日、23日,敌人继续前进。我们对敌军进攻的部署已基本明察。11月24日,我们再次修改了预定的作战计划:集中6个军于西线向敌之主要进攻集团实施反击。以38、42两个军迅速歼灭德川、宁边地区之伪第2军主力,尔后向价川和顺川、肃川方向实施战役迂回,切断敌人退路,配合正面40、39、66、50军,在运动中歼灭向北进攻之美军两三个师;9兵团在东线以主力歼灭美陆战第1师两个团于长津湖地区,尔后在运动中继续歼灭敌人。

我们研究完具体作战部署后，彭总提出要靠前指挥，要到第一线去指挥。我们都不同意。商量了半天，最后彭总才勉强同意自己不到一线，让韩先楚代表他去 38 军，指挥担任侧翼迂回的 38 军和 42 军。

由于我们一下子退得很远，撤退时隐蔽得好，连敌人的飞机也没发现我们的动向，敌人还真以为我们"逃跑"了呢！

当西线敌人推进至其"攻击开始线"，特别是东线敌军推进至柳潭里、新兴里等地时，麦克阿瑟狂妄地认为他实施钳形突击的东路部队已抵达了对我进行包围的重要位置，战争正接近决定性阶段。11 月 24 日，他亲自由东京飞到朝鲜第 8 集团军司令部，发出了"圣诞节结束朝鲜战争的总攻势"号令。这时他的调门更高了，一再向他的士兵们许诺："这场攻势一结束，就让孩子们（美军士兵）回家过圣诞节。"并督促美伪军于东西两线同时对我发起了全面进攻。

西线美第 8 集团军指挥美第 1、第 9 军和伪第 2 军共 3 个军、8 个师、3 个旅及 1 个空降兵团。以左翼美第 1 军指挥美第 24 师、伪第 1 师、英第 27 旅，由嘉山、古城洞地区分别向新义州、朔州方向进攻；以美第 9 军指挥美第 25 师、美第 2 师，由立石、球场地区分别向朔州、碧潼、楚山方向进攻。其二梯队土耳其旅位于军隅里地区，美骑兵第 1 师位于顺川地区机动。

以右翼伪第 2 军指挥伪第 7 师和第 8 师，分别由德川以北寺洞和宁边地区向熙川、江界方向进攻。其二梯队伪第 6 师位于北仓里、假仓里地区机动。

英第 29 旅位于平壤，空降 187 团位于沙里院，为第 8 集团军预备队。

东线仍由东京"联合国军"总司令部直接指挥的美第 10 军指挥美陆战第 1 师、美第 7 师、第 3 师，主要由长津湖向武坪里、江界方向进攻。伪第 1 军指挥伪首都师、伪第 3 师沿东海岸向图们江边推进。

敌人发起全面进攻时，我们以逸待劳，一切都准备好了，隐蔽好了。至 11 月 25 日，即敌人发起全面攻击的第二天，西线各路敌军已被我诱至预定的战场，形成一个西起纳清亭经泰川、云山、新兴洞到宁边以东的约 140 公里的弧形突出地带的大口袋。此刻敌人的兵力分散，侧翼暴露，后方空虚，我军发起攻击的态势形成了。

志愿军司令部进驻大榆洞后，曾多次遭到美军飞机的轰炸，前述缴获的汽车被炸不久，又被炸过两次。因此中央几次来电，要我们注意防空、注意安全。

我分管司令部工作。志司总部的防空也归我管。当时，考虑到彭总的安全事关重大，我和邓华商议，在他住的那条沟外面，离他住的房子十几米的地方，挖一个防空洞，有紧急情况就让他进去隐蔽。

我调来一个工兵连挖洞。挖洞必须打炮，放炮声音大。那天晚上彭总正在睡觉，被震醒了，不高兴，把部队撵走了。

我当时不在，这个情况不知道。奇怪，部队为什么不挖了？派人把连长叫来问。

连长说："彭总说挖防空洞没有用，把我们撵走不让挖了。"

我说："他撵他的，你们挖你们的嘛。"

连长问："彭总问怎么又来了，怎么办？"

我说："你们就说是洪副司令又让来的。你们可以先一口气多打几个眼，集中起来放一炮。放炮前，先同老总警卫员说说，让警卫员提前告诉老总一下，让他有个准备。但洞子一定得挖。"

这样，连长又带工兵连挖了起来。彭总见他们又来挖了，生气地问："谁叫你们来的？"

连长答："是洪副司令叫我们来的。"

彭总说："马上给我停了！"

连长答："洪副司令不让停。"

彭总见工兵连长不听他的，让警卫员把我喊来了。他一见我，就大声说："你在山上瞎鼓捣什么，没事干了？"

我说："不是瞎鼓捣，也不是没事干，挖防空洞，为了防空，保证你的安全！"

彭总："那玩意儿没用！"

我说："怎么没用，防空可管用了，现在不挖，等敌机来了，再挖就来不及了。"

彭总生气地说："我的防空，不用你管！"

我笑着说:"老总,你这么说就不对了,是中央让管的,中央有命令呀!"

彭总听了这话,就不吭气了。工兵连抓紧时间,白天黑夜不停地挖,把洞子挖好了。在这个洞上面,几十米远的地方,又挖了一个更大一点的洞,我们研究作战用。

11月23日,毛主席派高岗从沈阳到了大榆洞志司。高岗到前面来,一是为了了解前面的后勤供应问题,一是为了与金日成首相和彭总商量中朝联军的指挥问题。商量结果是彭德怀为联司司令员,邓华为副司令,朴一禹为副政委,朝鲜总参谋长金雄为副司令。

高岗来的第二天下午,敌人来了4架飞机,在大榆洞上空转了几圈,轰炸袭击了两次,打坏了坡上的变电所。黄昏时,又飞来了侦察机,美国人叫"野马式",转了几圈,又飞走了。

敌机不停地转,引起了我的怀疑。因为敌机经常来,有经验了,凡是敌人的飞机第一天在哪儿转,第二天一定炸哪儿。有情报说,敌人一直在寻找志司的指挥机关轰炸。于是,我找到邓华,对他说:"伙计,我看不对劲儿,明天敌机很可能要来轰炸我们。是不是研究一下怎么预防呢?"

邓华说:"是得研究一下怎么防。"他笑了一下又说,"但是,得想法让彭总也参加。你去动员吧!彭总来了咱们就研究。"

我知道邓华这样说是什么意思。彭总这个人,工作起来,从不考虑个人安危。我到彭总那儿,同他一说,果不其然。他说:"我不怕美国飞机,也不躲,也不去开会。"

于是，邓华、我、解沛然、杜平几个研究明天的防空问题。

我们研究决定了三条：第一，要求志司机关的干部、战士第二天天亮以前都要吃完饭；第二，天亮以后都不准冒烟；第三，都要疏散。

彭总和我们几个领导，准备第二天上午根据情况的变化，研究下一步的作战方案。彭总要在他住的那小房子里研究。我们觉得近几天敌机活动比较频繁，昨天又刚扫射了变电所，在彭总那屋子里研究很不安全，还是到沟边的防空洞里去研究比较安全。所以决定当晚把防空洞一切都准备好，第二天早上5点钟就吃饭，吃了饭到防空洞去研究作战方案。

开完会后，由解沛然向机关传达布置。为保险起见，我又把工兵连找来，把那两个防空洞又重新弄了弄。彭总知道了，又把我叫去了，严肃地问："你怎么又鼓捣起来了？"

我说："老总，这些事你就别管了！"

彭总有个习惯，就是有事没事老看作战地图，一天到晚背着手站在挂图那儿。屋里没有地图，他就觉得难受。我考虑，为了让他第二天出屋进防空洞，等他睡了以后，把他屋里的作战指挥地图取下了，拿到了上面的洞子里。

这天夜里，高岗回国去了。

第二天清晨5点多，我们吃完饭，就进洞了。只有彭总没进。我们派警卫员、参谋去催了他几次，他就是不去。后来，我们商量，我们志司领导中间去一个人劝彭总进洞。

邓华、解沛然、杜平他们几个，怕彭总发火，说："老洪爱和彭总开玩笑，还是老洪去劝劝彭总吧！"当时司令部工作归我管，主要也是为了彭总的安全，我说："我去就我去。"

我走进彭总的房子时，他正坐在那儿生闷气呢，一见我就问："洪大个儿，你把我的作战地图弄到哪儿去了？"

我说："老总啊，拿到上面防空洞里去了，已经在那挂好了，火也烧好了，现在就要研究下一步的作战方案了。别人都去了，等着你呢！"

他说："谁叫你弄去的，在这儿不行吗？"

"老总，这儿不安全，挪到上头去是为了防空安全，是大家商量定的。"

彭总的脾气倔得很，就是不走。我劝道："老总，快走吧，这儿有危险。"

"你怕危险，你走。我不怕。我看这好得很，我就在这里。"

我说："你不去，怎么能行呢？出了事就晚了。"我知道他心疼他那幅五万分之一的作战地图，他在那地图上勾勾画画，对地图上的重要地形都很熟悉了。所以我又说："地图拿过去了，那边的火也烧得好，都弄好了。大家都等着你去讨论呢！"

他又说："哪个要你多管闲事？"

我说："这不是闲事，我应该管的。"

彭总听了再没吭气。于是，我推着他出了房门。

出了门，我又喊后边的警卫员："把老总的铺盖卷起来，拿到洞里去!"

彭总大声说:"那不要弄,没事!"

我说:"没事以后再给你拿回来嘛!"

这样他才勉勉强强地出来,一路拉着他上了山,进了上面那个大洞。

当时,他的几个警卫员也没上山进洞,他们待在他那个房子下面,一个在烧暖炕的地窝子里。房子里还有高瑞欣和成普两个参谋在值班,也没疏散。

那天早饭吃得很早。饭后,毛主席的长子毛岸英同我们一道上山疏散。后来不知道为什么他又跑回屋里去了。

我们上山进洞没多久,敌人的飞机来了,好几架,连转圈都没转,就直奔彭总那房子猛扔炸弹。汽油弹正好炸在了彭总住的房子上,房子很快就烧着了。我们在洞口看到一片火海一下子起来了。那是凝固汽油弹,燃起来温度很高,铁板也能烧出窟窿的。也就是一两分钟的时间,就把房子给烧掉了。

成普参谋从房子里跑了出来,只是脸烧伤了一点,没啥大事。毛岸英、高瑞欣没能跑出来,结果都牺牲了。

敌机飞走后,彭总来到现场。他看着烧焦的尸体,心情十分沉重。

彭总那房子给炸平了,烧光了。在那个房子底下,在烧暖炕的地窝子里待着的几个警卫员,他们也没事。

那天,彭总整整一天没说话,一个人坐在防空洞里沉默不语。

　　傍晚，彭总仍旧一个人站在防空洞口发呆。我走到他身边说："彭总，该吃饭了。"

　　彭总激动地抓着我的手，说："洪大个儿，我看你这个人还是个好人哪！"

　　我说："我本来就是好人，不是坏人！"

　　彭总说："今日不是你，老夫休矣。"

　　我说："早上我叫警卫员把你的被子搬出来，你偏不搬，说没关系；你不搬出来，今天晚上不是没有被子盖吗？"

　　"老夫今天算是拣了一条命。"

　　"以后再挖防空洞，你不要再骂了。"

　　彭总默默地陷入沉思，停了好半天，他才说："唉，为什么偏偏把岸英给炸死了呢？"毛岸英是彭总的秘书、俄文翻译，牺牲时，年仅28岁，是个很有才华、聪明能干的年轻人，死得太可惜了！

　　彭总那排房子挨了炸以后，我和邓华研究，房子不能住了。我们附近有一条河坝，坝底下有一条水泥结构的水道，我们就搬到那里去住了。在里面隔了一块地方，给彭总放了一张行军床。

　　志司的朝鲜同志，朴一禹他们，就住在我们那条沟下面，他们也没进洞子，也没挨着炸。

　　当天下午，我们就把志司挨炸和毛岸英牺牲的情况，报告了毛主席和中央军委，大致内容是说我们今日7时已进入防空洞，毛岸英同3个参谋在房子内。11时敌机经过时，他们已出来，敌机过后他们又返回房内，突然敌机又飞回来，投下近百枚燃烧弹，命中房子，当时有两名参谋跑出来了，毛岸英和高瑞欣二人未及跑出，牺牲了。

后来我听彭总说，周总理收到报告后，没有马上把毛岸英牺牲的事告诉毛主席，过了好长一段时间才告诉毛主席的。

中央接到我们的报告，当天晚上即指示我们：现在朝鲜战争正在紧要关头，为了使指挥不中断，为了志愿军领导的安全，你们必须分开，分成两部分。

根据中央的电报精神，第二天上午，我们在山坡上开会研究怎么分成两部分。

会议一开始，彭总就说："分成两部分，我看这样分吧：一部分在前面，一部分在后面，我在前面，你们几个里头再找一个人和我在一起。"

我说："我陪着彭总在前面吧。"

邓华说："分两部分，主要是为了彭总的安全，彭总还是留在后面吧。我和老洪两个在前面。韩先楚和解沛然在后面和老总在一起。"

解沛然不赞成："不行，我得在前面！"

一连开了两次会，也没研究出个结果来。谁也不愿意留在后面，谁都要到前面去。

彭总急了，大声说："都到前面去，那安全怎么办？"

邓华笑着说："好办，你在后面，我们到前面去，不就行了？"

彭总皱着眉头说："那不行！"

这样，分了半天，也没有分开来。最后，彭总说那就不要分了，注意防空就行了。

中央知道这个情况后，很快又来了指示，要我们指定专人负责彭总的安全，由党委讨论决定。彭总看了电报说："没必要。"

邓华说："这是中央的指示，党委要开会研究。"

彭总说："反正我不参加。"

邓华作为副书记找我、解沛然、杜平研究。

因为谁负责彭总的安全，谁就得和彭总一起留在后面。会议一开始，我先发言，对邓华说："这件事责任重大，你是副书记，你得负责。"

邓华赶紧说："那不行，你分管司令部，你得负责。"他眼睛转了转又说，"老兄呀，你负责有好处。你有什么情况我还可以在中间打打圆场呀。我负责，就没回旋的余地了。"

最后，讨论来讨论去，他们几个都主张我负责。我只好少数服从多数，同意了。

开完会后，邓华向彭总汇报说："我们已经决定了，让洪学智同志负责你的安全。"

彭总说："什么事儿，还确定专人管？我再说一遍，不需要！"

我说："这是中央的决定，不是我们定的，主要是因为你的安全对全军的指挥太重要了。"

彭总听了这话，没有再吭声。以后，我们再搞防空洞，他就不作声了。

11 月 25 日，也就是大榆洞被炸的那天黄昏，我 38 军、42 军在正面各军的积极配合下，乘敌立足未稳，出其不意地对德川、宁边地区之伪第 7、第 8 两师发起了反击，第二次战役正式开始。

战前，在韩先楚的参与下，38 军召开了团以上干部会，一面传达彭总指示，一面鼓气。把彭总对 38 军的批评，变成动力。梁兴初在会上说："彭总批评我们了，说我们 38 军的动作太慢了，一再拖延攻击时间，没有将敌后路截断。在二次战役中，我们一定要克服一切困难，坚决插到敌人后面去，消灭敌人，完成战役迂回任务。"

总攻开始前，按照作战部署，最强的师 38 军 112 师沿清川江东岸节节抗击，诱敌深入，然后坚决阻击的仗打得很漂亮、很成功。

25 日黄昏总攻一打响，38 军立即以 3 个师分 3 路迅猛攻击德川之伪第 7 师。113 师从敌右翼向德川以南实施迂回，穿过伪 7、8 师接合部，由新坪里涉过大同江，击破伪第 6 师 1 个团的阻击，急速行军一夜，于 26 日晨 8 时到达德川以南遮日峰，切断了南逃之敌退路；112 师从敌左翼进攻，于 26 日晨 5 时插到了德川以西，切断了德川与军隅里之敌的联系。114 师从正面进攻，于 26 日上午 11 时占领德川以北，并在沙坪站歼灭了伪第 7 师榴炮营，从而完成了对德川伪 7 师的包围。

38 军原定当晚向伪 7 师发起攻击，由于发现敌人企图突围，遂提前于下午 14 时发起攻击。15 时敌人在大量飞机掩护下突围。38 军顽强阻击。双方激战至 19 时，38 军将伪第 7 师 5000 余人大部歼灭，其中美军顾问 7 人，也全部被俘。

与此同时，42 军攻占了宁边、孟山，将敌伪第 8 师大部歼灭。

40 军配合 38 军作战向球场以北新兴洞、苏民洞之美第 2 师发起攻击，歼灭新兴洞之敌 3 个连，苏民洞之敌 200 余人。后因 38、42 军已占领德川、宁边并向敌纵深迂回，40 军又转而向球场、价川进攻。50、66、39 军分别向博川、安州、宁边、价川方向实施突击。26 日晚，39 军于柴山洞利用俘虏喊话，争取了美第 25 师 1 个连共 115 人投降。38 军、42 军歼灭伪 7、8 师大部及伪 6 师一部后，在敌右翼打开了一个战役缺口。27 日，敌人为堵塞这个战役缺口，急调美骑兵第 1 师一部由顺川向新仓里方向，调土耳其旅由价川向德川方向机动，企图阻止我军迂回、阻止我军进攻。

为此，彭总又紧急电令 38 军以主力向院里、军隅里方向进攻，以一部向军隅里以南之三所里进攻，以迂回堵击军隅里、价川的逃敌。彭总在命令中强调 38 军一定要插到三所里，插断价川与平壤的联系，强调插到了，插断了，就是胜利。

当时，38 军第一梯队的两个师 113 师和 114 师由副军长江拥辉带领前方指挥所指挥，指挥所跟着 114 师。插向三所里的任务由 113 师担任。

27 日黄昏，38 军主力沿公路向价川疾进，于 28 日拂晓抢占了戛日岭及其以西地区。这中间，粉碎了土耳其旅一个加强营的阻击，歼其大部，击溃了美骑兵第 1 师的两个营。同时，113 师沿小路急速向三所里穿插。他们走了一晚上，没走到。第二天天亮后，已经插到了敌后，那里已经没有我们的部队了。这时部队已行军作战两天两夜，有人提出部队太累了，是不是歇一歇？做点饭吃？师政委于近山、副师长刘海清不赞成，说：部队必须继续插下去，决不能停留。彭总交给我们的任务是插到三所里，我们还没到三所里，所以要克服一切困难，坚决插到目的地。这样就决定继续猛插。他们还感到了身上有伪装反而麻烦。敌机来了，一看有伪装，就知道是志愿军（因为敌人不防空，也不用伪装）。没有伪装，敌机还以为是伪军呢，于是，决定伪装一律去掉。再有，怎么走？我们一向是夜间行军，但如果等到晚上再走，就会贻误战机。所以，决定白天走，像伪军一样大摇大摆在路上走。飞机来了也不躲，美国飞机一看，以为是南朝鲜的军队，也就不轰炸了。为了节省时间，该师部队在行进中，边走边吃干粮。美军的无线电监听技术很先进，他们担心美军侦破出他们不是南朝鲜的部队，那样就要挨围攻和轰炸，前功尽弃，所以把电台也关闭了，干脆来个无线电静默。

当时，彭总、邓华、我在志司作战室里等着，着急如火。113 师已长时间和志司没联系了，同军部也没联系，谁都弄不清他们到了哪里。彭总一直问："这个 113 师怎么搞的，跑到哪儿去了？"

解沛然带着作战处长和通讯处长守电台去了。他命令组织所有的电台听 113 师的、听 38 军前指的，连 38 军军部也不理了。邓华和我也跑去了。通讯处长、电台队长都上机了。大家都明白，113 师能否插到位，是决定此次战役成败的关键的关键。

38 军也急了。38 军前指的电台同我们能联系上，我们问他们，他们也不知道。那时，谁也没想到 113 师会来个无线电静默，事先都没估计到这种情况。

113 师 14 小时前进 140 华里，于 28 日晨 8 时占领三所里。直到这时，113 师才打开报话机，给志司发来联络坐标暗语。崔伦一对坐标，叫了一声："啊，到三所里了！"大家都乐了。马上把这个暗语送给彭总作战室，彭总长出了一口气说："唉呀，这下子可放心了，总算出来了，总算到了。"

113 师到三所里打开报话机，美军就知道了。沃克很冷静，很慎重。他就怕我军抄他的后路。113 师到达三所里时，那里还没有敌军。该师刚占领阵地，展开没几分钟，美骑兵第 1 师第 5 团就从北面价川方向赶来。双方立即展开激战，113 师粉碎了敌人 10 余次冲击，同时击退了由南面北援之敌。

113 师占领三所里，切断敌人由军隅里经三所里向顺川逃跑退路，对敌人震动很大，打乱了敌人的整个布局。

敌人经三所里南逃的企图被粉碎后，随即另寻逃路。这时，38军前指电告113师：三所里西北面有一个龙源里，有一条路也可以通往顺川，也是敌人南逃退路，命令他们迅速抢占龙源里。但是38军前指的电报把龙源里的"源"字写成了"泉"字，113师接到电报后在地图上怎么也找不到"龙泉里"这个地方。他们看有条路可以通往南边，也没请示军前指，即在28日黄昏令其主力337团向这条路急进。同时，按原计划以一个营的兵力向安州、肃川前进，完成了破路炸桥任务。29日凌晨4时，337团占领龙源里。本来敌人见三所里已被我占，企图绕道龙源里退逃，113师又先敌占领龙源里，把敌人的这条逃路也堵死了。

与此同时，我正面各军也乘胜猛烈突击。至此，美第2、第25师及土耳其旅余部和美骑兵第1师、伪第1师各一部陷入我3面包围之中。

直到这时，麦克阿瑟才如梦初醒，才发现志愿军不是少数部队。少数部队不能这么厉害呀。他才相信确实是志愿军的主力来了，马上决定撤退，以保存实力。

29日白天，西线美军开始全线撤退。美第1军由清川江北岸撤至安州，美第9军向价川及其以南地区收缩。同时急调位于顺川的美骑兵第1师主力及位于平壤地区的英第29旅北上增援，企图与价川南逃之敌夹击113师，打开南逃之路。

这时，解沛然和113师通电话，传达了彭总指示，解沛然说："彭总得知你们到了三所里和龙源里，很高兴，你们完成任务了。彭总希望你们坚决守住，不让敌人从那里逃走！"

志司电令 38 军前指，让 114 师、112 师往三所里北面军隅里插，插到敌人退兵的后面，把敌人插乱，以减轻三所里、龙源里的压力。同时，电令正面的几个军迅速向安州、价川方向压，抓住敌人。

42 军由于第一梯队师进至新仓里遭到美骑兵第 1 师第 7 团阻击，影响了向顺川、肃川方向的战役迂回。

从 29 日起，敌人连续两天均在大量飞机、坦克和炮兵的掩护下向龙源里、三所里 113 师阵地猛攻。113 师连日顽强战斗，使南逃北援对进之敌相距不足 1 公里，也始终未能相会合。30 日 1 时，40 军攻占军隅里，歼美第 2 师 1 个营，其主力继续向安州方向前进。39 军于 30 日晨由军隅里西北渡过清川江向西南方向攻击，与 40 军各一部兵力协同 38 军围歼青谷里、新仓里地区之敌。

38 军与美军在三所里、龙源里激战结束后，枪炮声渐渐稀疏下来，一队队美国俘虏被押下战场。在绵延数十里的公路上、山冈上、草地里、丛林中，到处是敌人仓皇溃逃时遗弃的汽车、大炮、枪支、弹药、吃的、用的，各种物资遍地皆是。其中，仅仅汽车就有 1500 多辆，全是新的，仅开了一二百公里。这是我军战士通过殊死拼杀，用鲜血和生命从敌人手中夺来的战利品。

军、师首长下达了"打扫战场"的命令后，战士们跑下山冈，拥上公路，不一会儿，其他战利品都运走了，唯独剩下了汽车,车身崭新的油漆在夜色中闪闪发光。战士们你摸摸,我看看,都非常高兴,但我们的司机很少,开不走。

天将拂晓,战士们焦急万分。我军当时既没有空军,也很少有高炮部队,敌机活动相当猖狂,敌机一来,抢运汽车就更为困难了,必须在拂晓前把它们拖到安全的地方隐蔽起来。但汽车体积很大,分量很重,肩不能扛,手不能提,没有司机,再急也没用。

"是不是让俘虏中的司机来开车?"有人这样提议。于是赶忙通过翻译,在俘虏中找来一些会开车的人。只开走了一部分,绝大部分还躺在公路上。当人们仍在愁得团团转时,天边已出现了乳白色的曙光。

不久,敌机来了,黑压压一片。它们上下翻腾,俯冲扫射,丢下了很多汽油弹,顿时一辆辆汽车升起了黑烟。隐蔽在树丛中的战士们气得直咬牙,却毫无办法。就这样,1500 多辆汽车,只开出了 200 多辆,剩下的全部被敌机击毁。

这件事报到志愿军司令部后,引起了我们的高度重视,使我们越发认识到了司机的重要性。我们一方面向国内打电报要求派大批司机来,一方面加紧在战地培养。除了举办大量司机训练队之外,主要是采取以老代新的办法,随车训练。以后,每个战役,我们都让大量的司机跟进,以便战役结束去开车。由于大批司机从国内调来和由我们自己培训出来,并采取了各种措施,再遇到缴获的汽车,大部分都能开下战场了。

在第二次战役中,38 军先歼灭伪第 7 师,继而冲破土耳其旅和美骑兵第1师的阻击，顽强地插到三所里，随后又插到龙源里，在三所里、龙源里阻止了敌人后撤部队与增援部队的汇合，对战役成功起了重要作用。彭总对他们非常满意。

12月1日，我和邓华去彭总办公室研究敌人后撤时我军各部如何行动的问题。我们进去时，彭总正在看前面报来的战报，一面看，一面笑着点头说："打得好！"他见我们进去了，又把战报递给了我。

我一看，是韩先楚副司令报来的38军情况。我看完了又递给了邓华。邓华看了后对彭总说："他们是主力嘛！是很有战斗力的部队嘛！"

我说："上次他们没打好，受到了老总的批评，这次憋足了劲儿，要打出个样子来。这支部队，是老部队，有不服输的作风。"

彭总兴奋地说："不错，是支好部队，要通令嘉奖他们！"说完便坐下来，拿起毛笔，亲自写嘉奖令。写完以后，递给我说："你们看看，写得怎么样？"我接过电报看了，电文是这样的：

梁、刘并转38军全体同志：

此战役克服了上次战役中个别同志的某些顾虑，发挥了38军优良的战斗作风，尤以113师行动迅速，先敌占领三所里、龙源里，阻敌南逃北援。敌机、坦克百余，终日轰炸，反复突围，终未得逞，至昨（30日）战果辉煌，计缴坦克、汽车即近千辆，被围之敌尚多。望克服困难，鼓起勇气，继续全歼被围之敌，并注意阻敌北援。特通令嘉奖并祝你们继续胜利！

我看完了，又递给了邓华。我们看了都说"可以"。

电报后面的署名是彭邓洪韩解杜。

彭总说："可以，那就拿去发吧！"说完把电报稿交给了参谋。参谋刚走，彭总稍加思索，又说："把电报稿拿回来。"

参谋又把电报稿拿了回来。只见彭总用毛笔在电报稿的最后又加了一句："中国人民解放军万岁！ 38 军万岁！"

我和邓华谁也没想到 38 军会得到彭总如此高的评价。原以为发一个嘉奖令就行了，没想到彭总竟添了"万岁"两个字。称一个军为"万岁"，这在我军历史上还是第一次！

彭总写完后又问邓华和我："怎么样？"邓华和我都没吭气，我们原都是 13 兵团的领导，38 军原来是归我们指挥的，我们得谦虚点儿。这个话，彭总可以讲，我们不能这样讲。回想一、二次战役彭总对 38 军的评价，我们深感彭总赏罚十分严明。

彭总见我们不吭气，笑着说："不表态，就是同意了。"他把电报稿递给参谋说，"拿去发了，通报全军，上报军委。"

彭总写完了"38 军万岁"的电报，仍感到意犹未尽，又兴冲冲地问："是不是可在 38 军召开个现场会，让西线的几个军长都去一下，一是对他们的胜利表示祝贺，二是总结一下经验?"

我们都说:"很有必要。"

彭总说:"那就赶紧通知韩先楚副司令准备一下吧!这个会,我要去参加。"

我一听,忙说:"老总你不能去。大榆洞离38军的驻地有200多公里呢!沿途到处是敌人撤退时埋的地雷,天上还有飞机轰炸,很不安全。老总是统帅,不能去冒这个风险,还是我代表你去。"

邓华说:"你是管司令部的,你还专门负责彭总的安全,你留在这儿陪着彭总,我去!"

我们三个争了半天,最后彭总决定让邓华去。这样,邓华代表彭总去了。

邓华在去38军的路上,经过价川、军隅里时,敌人飞机扔的照明弹把四野照得通明,如同白昼一般。敌机不停地轰炸扫射。沿途到处是敌军撤退扔下的汽车、大炮、坦克和堆积的军需品。我们的战士开不动汽车、大炮、坦克等重装备,就收缴各种轻武器和各种食品,为我所用。

邓华到了38军,各军军长们也都到了,他们都是见到彭总的电报后赶来的。梁兴初介绍了经验以后,大家纷纷向他祝贺,都同他开玩笑,说:"万岁军啊,祝贺你们万岁军呀!"

梁兴初乐得嘴都合不上,把他缴获的好吃的东西都拿出来,尽情地招待大家。

"38军万岁"这个口号,对当时入朝的6个军震动很大,开始彭总那样严厉地批评 38 军，对大家震动就很大。此刻，彭总这样高地评价 38 军又对大家震动很大。万岁军的口号，不仅对当时入朝部队而且对以后入朝部队的斗志都起了很大的鼓舞作用。同时，大家也都感到：彭总治军严，在他的指挥下作战，不能马虎！

敌人从三所里、龙源里地区突围无望，而且在我正面部队猛烈攻击下，又处于被分割的混乱状态，时刻有被围歼的可能。沃克为摆脱覆灭的命运，12 月 1 日，他又迅速令其在三所里、龙源里被困的部队向安州方向突围。美军的原则是宁丢装备也不丢人。装备丢了没关系，他们人宝贵呀。沃克一看被围了，果断地下令将装备辎重全都扔下，轻装疾逃安州。敌人是 4 个轱辘跑的，比我们两条腿跑得快得多。我们部队离安州还有上百里呢，实在赶不上了，结果让敌人绕道安州，向肃川和平壤方向退去。我军各部队遂乘胜追击。

西线我军经过激战，歼灭了伪第 7 师、伪第 8 师和土耳其旅大部，并给美第 2、第 25 师以歼灭性打击，重创了美骑兵第 1 师。

东线是此次战役的一个独立方向。

第一次战役后，东线美国的第 10 军上来了。这时我们的力量就显得不够了，只顾西线还感到力量不够。所以我们就向毛主席和军委建议，让 9 兵团迅速入朝，他们不来，光靠 42

军那两个师放在东线，力量不足。美10军朝着江界这个方向攻来，想插我们的后路，占领惠山和图们江。他们要是一下子插到江界，就把我们后路插断了，我们就不好办了。所以让9兵团迅速入朝。

该兵团先来了20军和27军，是第一梯队，26军是第2梯队。司令员是宋时轮，政委是郭化若（以后郭调北京，宋时轮兼政委），副司令员陶勇，参谋长覃健，政治部主任谢有法。他们一入朝，就让他们赶到东线。当时正值严冬，9兵团是华东部队，没遇见过这个气候呀，特别是他们又在长白山下面，又来了寒流，更冷呀！9兵团的部队在这种困难情况下，是很能吃苦的，在鸭绿江边下了火车，没有停，就往长津湖那边开。两个军，一个是从揖安过江，沿图们江从正面往前开，一个是从江界这边翻过山到下碣隅里那边去。

本来，志司要他们25日与西线同时发动进攻。宋时轮请示彭总说：25日发动不了，要求推迟两天。彭总考虑到虽然是一个战役，但它是个独立方向，迟两天也没关系，就同意了。这样，东线是27日夜发起进攻。

11月底，长白山下了大雪，气温降到摄氏零下30多度，入朝后，他们有的穿上棉衣了，有的还没穿上，有的棉帽戴上了，有的还没戴上，就迅速往前线开进。20、27、26军都是3野的主力部队，战斗力都很强。

美国第10军军长阿尔蒙德，也没想到我们9兵团来得这么快。他的部队到寒带搞登陆作战，往山里钻，也不敢钻得太快了，他是机械化，钻得太快了，怕被断了后路，撤不回去。阿尔蒙德在东线也比较谨慎。

11 月 27 日夜，东线 9 兵团的 27 军、20 军分别向柳潭里、新兴里、下碣隅里、古土里和社仓里等地区的美第 10 军各部发起进攻。

经过一夜激战，至 28 日，我军将敌人分割，包围于新兴里、柳潭里、下碣隅里等几个孤立地区，造成了各个歼敌的有利条件。但是由于敌人四周用坦克围着，我们只有步枪、手榴弹，火力弱，使不上劲，另外，也缺乏防冻经验，非战斗减员极其严重。

9 兵团就是在这么艰苦的条件下，连续奋战数日，消灭了美陆战第 1 师 1 个团大部和伪首都师一部。

美军吃了亏，开始以飞机掩护坦克断后，乘着汽车往后退。东线这边又是寒带，又是大山，美军的机械化发挥不了作用。所以一见我们大部队上去了，美军就往后撤了。他们适合平原作战。退到咸兴，他们就不退了，因为过了咸兴就是一片平原。这时，我们也很困难，东线的大山，别说大炮上不去，迫击炮要扛过去也很费劲，就是靠手中的轻武器。另外，敌军退到兴南港以后，军舰的火力也可以支援了，他们用海陆空火力构成了一道严密的火网火墙，在这种情况下，彭总就令 9 兵团停止追击，就地监视敌人。

敌人在东西两线遭我沉重打击后，于 12 月 3 日，向三八线实行总退却。

我们当时弄不清敌人为什么撤得这么快和要撤到哪里去，所以也不想贸然深入太远。彭总、邓华和我经过研究决定，西线各军停止追击，迅速调整部署，准备再战。同时命39、40、42军各一个师分别向肃川、顺川、成川方向继续尾随敌人，并摸清敌人动向。

毛主席在11月2日曾经说如果敌人固守平壤，就准备打平壤。可是敌人根本就没守平壤，一下子撤到了三八线。

5日，第二次战役在西线结束。

6日，我军和人民军收复平壤。

12日，西线我6个军开始向三八线挺进。

16日，西线敌人全部撤至三八线以南。

23日，美第8集团军司令沃克中将在败逃的路上因车祸身亡。由此可见敌人的败逃是何等的狼狈和混乱。

同日，我军逼近三八线，进至金川、九化里、朔宁、涟川、铁原、华川地区集结。

东线9兵团，一直在严密监视着逐步撤退的美10军及伪军，直到敌人24日在海空军严密火力掩护下从海上撤走。11月9日，人民军收复元山。11月17日，9兵团在人民军3军团配合下，解放咸兴。24日解放兴南地区及沿海各港。9兵团在那样艰苦的条件下，坚持了将近1个月的时间，把美10军赶下了海，很不简单。所以志司和毛主席都给9兵团发了嘉奖令。毛主席在嘉奖令中说："你们在极其困难的条件下，完成了巨大的战略任务。"

至此，整个第二次战役全部结束。

二次战役后，彭总命令 9 兵团在咸兴、元山一带休整补充，总结经验，准备再战。

关于第二次战役，美国作家小克莱·布莱尔曾有过这样的描述："11 月 25 日天黑不久，灾难降临了。20 多万中国人穿插进沃克第 8 集团军与阿尔蒙德第 10 军之间的空隙，向第 8 集团军的右翼——韩国第 2 军团发起了攻击。韩国军团崩溃了，仓皇逃跑，使中部美军第 9 军暴露出来了。第 9 军先是收缩，然后坚守，最后撤退了。在左边第 1 军与第 9 军一起后退。两天后，11 月 27 日东部战场，另一支中国集团军攻击了第 10 军——奥利佛·史密斯的第 1 陆战师，中国军队插到背后，将海军陆战队围困在楚新水库地区。……事情很快就明显了，联合国军遭遇的是第一流的军队。令人吃惊的是，中国人纪律严明，指挥有方。沃克的第 8 集团军被这突然的袭击完全打晕了头，很快就全线后撤了。"

第一次战役胜利稳定了朝鲜北部战局。第二次战役，我们打得这样好，这样成功，可以说是扭转了朝鲜战局。

第二次战役取得了很大的胜利。全战役仅志愿军就歼灭敌人 3.6 万余人，其中美军 2.4 万多人，解放了除襄阳以外的全部三八线以北领土和三八线以南的瓮津、延安半岛，使得麦克阿瑟吹嘘的所谓圣诞节"总攻势"变成了圣诞节总退却，迫使敌人由进攻转入防御。

二次战役期间，韩先楚刚从前面部队回来，在一次开会时说前面的部队对后勤供应很有意见。

到朝鲜以后，因为志愿军没有后勤部，后勤科设在司令部里，我作为分管司令部的副司令，兼管着后勤工作。一、二次战役中后勤供应出的问题，彭总和我都知道。当时东北军区曾用了很大力量组织物资前运，我们在前面也想了很多办法，如请朝鲜政府就地借粮等。但是由于客观困难太多、太大，都没能从根本上解决问题。

产生这些问题的主要原因是当时负责志愿军后勤工作的东北军区后勤部远在沈阳，派往战区的前方指挥所只十几个人，下属几个后勤分部都系仓促组建，普遍存在着组织不健全、力量不充实问题。再加上敌机严重破坏，适应不了战区的情况。

在这种情况下，后勤让谁来管，都有困难。所以，我建议由韩先楚管，我到前边去。

邓华说："我也同意老韩管一段时间后勤。"

彭总说："我看这样可以，韩先楚和洪学智换一下，洪到前面去督促检查，韩在志司兼管后勤。这事要是都没意见，就算党委通过了，就算定下来了。"

那天吃完晚饭，我把行李收拾好了，车也发动了，到前面部队去。临走前，我到彭总那儿去告别。我说："老总，我出发了，你还有什么指示？"

彭总听了，吃惊地问："你出发？出发到哪儿去呀？"

我说："不是党委定了，让我到前面去？"

彭总绷着脸说："说是这么说的，做不能这样做。韩先楚讲的困难我们都知道嘛。后勤还是你兼管，还是韩先楚到前面去。"

过后，我才知道，会后，彭总和邓华又交换了意见，邓华考虑我和韩先楚还是不对换好，彭总也不同意换。

在前两次战役中，由于敌机疯狂轰炸，昼夜封锁破坏我军后方供应线，使我军口粮和副食供应难以及时得到保证；而且即使有了保证，白天也不能生火做饭，因为敌机随时都可能来搜寻目标，哪怕发现哪里有一缕炊烟也不肯放过。加之战事紧张，战士们日夜追击敌人，常常也来不及做饭。所以，炒面，一时便成了志愿军的主要野战口粮。

炒面，是用 70% 的小麦，30% 的大豆、高粱米或玉米等原料，经炒熟、磨碎加 0.5% 的食盐，混合制成的一种易于运输、储存和食用的方便食品。打仗时，大家随身背着一条炒面口袋，饥饿时抓一把炒面塞在嘴里，再吃上几口雪，照样可以坚持战斗。

11 月 8 日，一次战役刚刚结束，东北军区后勤部根据我们提的建议向总后勤部提出了"以炒面为主"，"制备熟食，酌量提高供给标准"的建议，并将干粮样品送到志愿军来征求意见。

彭总和我们几个副司令得知这个建议，看了干粮的样品，很高兴。二次战役前夕，11 月 20 日，彭总让我给东后发了电报，告诉他们："送来干粮样子，磨成面放盐好。炒时要先洗一下，要大量前送。"

根据我们的意见，从 11 月下旬即二次战役发起前后，开始向前线大量供应炒面。由于需要量大，每人每月按 1/3 供应，即需 1482 万斤。东北地区即使尽最大努力也只能解决 1000 万斤，所以，其余部分便只好由国内其他地区帮助解决。

为了满足前方这一紧急需要，11 月 12 日，东北人民政府专门发出《关于执行炒面任务的几项规定》。确定沈阳市党、政、军各系统、各单位每日炒面任务最低为 13.8 万斤，20 天内总计炒面数量不少于 276 万斤。二次战役打响后的 11 月底，送往前线的炒面已有 405 万斤。12 月 18 日，东北局又专门召开"炒面煮肉会议"。参加会议的有东北地区党、政、军机关的负责人，各市市长和一部分省政府负责人。会议又研究部署了在 1 个月内制作 650 万斤炒面和 52 万斤熟肉的任务。

东北和全国其他地区的党、政、军、民立即行动起来，迅速掀起了一个男女老少齐动员，家家户户忙炒面的热潮。周恩来总理等中央的党、政、军领导人也在繁忙的工作中，抽出时间亲自同北京市一些单位的机关干部和人民群众一起炒炒面。消息传到朝鲜前线，给广大指战员以极大的鼓舞。炒面伴随着战士们浴血奋战，打了许多胜仗。战士们感激炒面解决了大困难，甚至喊出了"为炒面立功"的口号。

12 月 23 日，在二次战役即将胜利之际，为了继续准备打第三次战役，彭总又让我代他起草了一份给中央军委和东北军区的报告，报告中指出："因敌机破坏，昼夜均不易生火做饭，夜间行军作战，所有部队对于东北送来前方之炒面颇为感谢。请今后再送以黄豆、大米加盐制的炒面。"

但炒面这东西，长期作为军队的主食是不行的，因为人体需要多种营养，而炒面的营养成分过于简单，缺乏多种维生素，长期食用会影响战士的体力和健康，影响战斗力。例如：炒面含水分少，长期食用容易上"火"，许多战士得了口角炎。再者长期吃炒面，肚胀。所以，有的战士又开玩笑讲："把炒面挂在树上，飞机都不打。"

第七章　突破三八线

二次战役后，敌人一下子败退到三八线以南。此刻，彭总认为，我们和敌人之间的距离不能拉得太大。所以，志愿军部队主力略事休整，又急速向前开进，一直开到了三八线附近。

这时，志愿军司令部驻大榆洞离前线已经太远。彭总要求靠前指挥，往平壤以北转移。我们前进到成川郡以北。为了便于防空，我们决定还是找矿山洞。选择了距成川郡西南5公里的君子里，也叫君子洞。选择君子里这个地方，一是便于与金首相联系，二是有利于防空。当时金首相已迁到了平壤附近的西浦。住在这儿，同金首相联系比较方便。这儿有朝鲜的一个兵工厂。敌人占领了以后，矿洞遭到了轻微的破坏，我们去后，简单整理了一下，就住在那里了。

这时，彭总找到我说："不能在这儿，离前线太远，还得再往前挪。"

我说："老总，还怎么靠前？指挥太靠前了，情况变化，会影响指挥的稳定性。"

彭总听我这么一说，不吭气了。我又说："我认为君子里这地方位置比较适中。现在敌人还在运动。这儿已经很靠前了，不能再往前了。"

彭总听了点了点头说："好吧，那就先在这儿，看情况再定吧。"

这时候，我军虽然取得了两次战役的胜利，但是尚未大量歼灭敌人主力，而且部队减员严重，连续作战非常疲劳，供应十分困难，所以彭总认为：我军急需休整一段时间，等到明年春季再进行新的战役。

但是，形势发展很快，不容我军等到春天再战。

12月7日，印度驻华大使潘尼迦在会见我外交部副部长章汉夫时说：印度等13国将在数日内向联合国安理会提出"先在三八线停战，以便能进行协商"的建议。还说："如果中国宣布不越过三八线的话，则将得到这些国家的欢迎和道义上的支持。"

12月11日，周总理针对13国提案指出："美军既已越过了三八线，因此三八线已被麦克阿瑟破坏而不复存在。"言外之意是很清楚的，那就是我们不能宣布不越过三八线。

12月13日，毛主席在给彭总的电报中说：12月8日18时电悉。同时进一步指出：（一）目前美英各国正要求我军停止于三八线以北，以利其整军再战。因此我军必须越过三八线。如到三八线以北即停止，将给政治上带来很大的不利。

（二）此次南进，希望在开城南北地区，即离汉城不远的一带地区，寻歼几部敌人。然后看情况，如果敌人以很大力量固守汉城，则我军主力可以退至开城一线及其以北地区休整，准备攻击汉城的条件，而以几个师迫近汉江中流北岸活动，支援人民军越过汉江歼击伪军。如果敌人放弃汉城，则我西线6个军在平壤汉城间休整一段时期，再继续战斗。

接到毛主席电报后，彭总同我们就打好，还是不打好的问题，再三进行了研究。

彭总认为从军事上讲，是不应该马上打的。我军入朝才1个多月，已连续打了两个战役，已打到三八线，战争发展之快出乎意料。我们这些战场指挥员是了解情况的，西线6个军已很疲劳，需要休整补充。东线的9兵团困难更大，人员、弹药、粮食得不到及时补充。马上打是不利的。我们要国内赶快给我们补老兵（老兵一来就可以打，新兵还要有个训练熟悉过程），要求后梯队赶快来。但是后梯队，还没有来呀！在此种情况下，战场指挥员当然要考虑再打行不行了。最重要的是敌人虽然溃退逃跑，但敌主力被歼灭不多。我们分析，敌人撤退那样快，除保存实力外，还有两个原因：第一，他们在三八线以北没有防线。三八线以北平壤以南是平原，无险可守，要防总得有依托，没有依托怎么守？冬天，天寒地冻，临时构筑防线，也很困难。三八线以南，以前伪军有防线，可以利用那个防线来守。第二，美军经过两次失败，很被动，也需要补充整顿。他们希望同我们脱离接触，依托其三八线以南阵地整顿队伍。也就是说，敌人撤得那样快，有抢占既设阵地的意图。在这种情况下，我们再去进攻敌人，彭总以为不宜。

从军事上考虑马上打不好，从政治上考虑马上打好，战场上的情况和政治上的要求有明显距离。怎么办？军事要服从政治。彭总经过反复考虑，认为部队还是要克服一切困难，做好作战准备，下决心打。

12 月 15 日，彭总、朴一禹与我、韩先楚、解沛然等研究后正式决定，放弃原定过冬休整的计划，坚决克服连续作战部队异常疲劳、兵员不足及供应不及等困难，发动第三次战役，打过三八线去。

彭总说：现在既然政治形势要求我们打，既然毛主席下了命令要我们打，而我们现在打起来实际上又有很多困难，所以就一定要慎重，要适可而止。政治上要求我们突破三八线，那么，我们就坚决突破三八线。

鉴于美英军集中在汉城，拟先集中兵力打伪军，牵制美军。首先歼灭伪第 1 师，而后相机打伪第 6 师，如果战役发展顺利时，再打春川之伪第 3 军团，如进展不顺畅时，再改变作战方针。

彭总还说：突破就是胜利。千万不要打得太远了，太深了，否则，我们困难很多，对我不利。歼敌，能歼多少算多少，歼多了更好，少了也没关系。总之突破三八线后，看情况适可而止。

一、二次战役后，敌人由对我军轻视变成了对我军恐惧。他们把这次失败说成是继"珍珠港事件后美国最惨重的军事败绩"，不少人认为麦克阿瑟的"圣诞节结束朝鲜战争的总攻势"是"历史上最大的愚蠢事件"。但以麦克阿瑟为首的所谓强硬派仍主张同我国打一场全面的战争。提出以"袭击满洲机场，封锁中国海岸，利用福摩萨的中国人"来对付我们的战略。以杜鲁门为代表的战争决策者，既不敢冒把战争扩大到我国境内、公开同我宣战的风险，又不想放弃霸占全朝鲜的野心，声称所谓联合国部队不打算放弃他们在朝鲜的使命，并公开表示考虑在朝鲜使用原子弹。在经过一系列争吵以及杜鲁门与英国首相艾德礼会谈后，他们于 12 月 14 日操纵联合国通过了成立所谓"朝鲜停战三人委员会"决议，玩弄先停火、后谈判的花招，作为它的缓兵之计；16 日杜鲁门又宣布全国进入紧急状态，要求将美国军队从当时的 250 万人增至 350 万人，还要求在一年之内将其飞机、坦克的生产能力分别提高 4—5 倍。

在朝鲜战场上，敌人退到三八线就不再退。他们在横贯朝鲜半岛约 250 公里的正面和 60 公里的纵深内组成了两道基本防线。第 1 道防线（A 线）西起临津江口大洞里，经汶山、舟月里，沿三八线附近向东至长存里；第 2 道防线（B 线）西起高阳，经议政府、加平、春川、自隐里至冬德里。

为加大防御纵深，在第 2 道防线以南至 37 度线，还准备了 3 道机动防线：其一是沿汉江南经杨平、横城至江陵；其二是从水原经利川、骊州、原州、平昌至三陟；其三是沿 37 度线从平泽经忠州至三陟。

此时，敌人以5个军共13个师，3个旅，1个空降团共20余万兵力，形成纵深梯次配置。他们置伪军于第一线，美英军于第二线，将部队大部集结于汉城周围以及汉江南北地区之交通要道上，在全线摆出了一个能守则守，不能守则能随时撤退的态势。

12月26日，即美第8集团军司令沃克中将因车祸身亡后的第三天，美陆军副参谋长李奇微中将接任第8集团军司令。李奇微一上任就立即下令美伪军各部死守，不许后退，而且表示一旦实力允许，即恢复攻势。但是他也表示：如一旦被迫放弃阵地，则要有秩序地按调整线实施后撤。

12月初，人民军隔在南方的部队收拢回来的已有3个军团。刚刚恢复战斗力，他们情绪很高，积极要求参战。中朝军队并肩作战，这就存在一个谁统一指挥的问题了。他们的最高司令官是金首相，我们志愿军的司令员是彭总。为了使中朝军队有效地配合作战，经中朝两党协商，于12月4日成立了中国人民志愿军和朝鲜人民军联合司令部（简称联司），决定凡属作战范围及前线一切活动统由联司指挥。联司由彭德怀任司令员兼政治委员，邓华任副司令员；另由朝鲜方面推荐金雄同志为副司令员，朴一禹同志为副政治委员，联司对外不公开。

金雄在东线组织了一个金雄指挥部，指挥东面3个人民军军团。朴一禹住在志司。人民军还派到志司一个联络组，三四个人，同作战处发生关系，组长是个上校，中国话讲得很好。联司下命令给人民军就以联司名义，给志愿军部队下达命令，仍用志司名义。

12月21日，毛主席给彭总回电，同意彭总的作战方针，他说："……（三）你对敌情估计是正确的，必须作长期打算。（四）美、英正在利用三八线在人们中存在的旧印象，进行其政治宣传，并企图诱我停战，故我军此时越过三八线再打一仗然后进行休整是必要的。（五）打法完全同意你的意见，即目前美、英军集中于汉城地区，不利于攻击，我应专找伪军打。就总的方面说，只要能歼灭伪军全部或大部，美军即陷于孤立，不可能长期留在朝鲜。如果再歼灭美军几个师，朝鲜问题更好解决。就此战役说，如果发展顺利，并能找到粮食，则春川、加平、洪川地区可能寻歼较多的伪军。（六）在战役发起前，只要可能，即应休息几天，消除疲劳，然后投入战斗。在打伪1师伪6师之前是这样，在打春川之前，也是这样。总之，主动权在我手里，可以从容不迫作战，不使部队过于疲劳。（七）如不顺利则适时收兵，到适当地点休整再战，这个意见也是对的。"

3天后，即12月24日，毛主席又就第三次战役的具体战法问题给彭总来了电报。电报中说："德怀同志：目前伪军及美军一部在38度至37度之间站住脚跟，组成防线，对于我军各个歼灭该敌，最为有利。目前伪军集中于我有利，分散则于我不利。"鉴于此，毛主席还说："原定人民军第2第5军团深入敌后分散敌人兵力的计划，值得重新考虑。”

毛主席这些指示，具体而详细，不但使我们打过三八线去的决心更加坚定，而且也促使我们更加完善了我们的作战部署。

由于成立了联司，我们决定第三次战役以志愿军的6个军和朝鲜人民军的3个军团共9个军的兵力实施攻击。战役目的是突破三八线，重点消灭伪军。所以不采取侧翼迂回方法，采取正面突破的办法。重点突破临津江。正对着敌人的三八线防线，从中央突破，把美伪军分裂开，然后消灭东面之伪军。

12月22日，定下最后作战部署：

在汉城以北从西往东排列50、39、40、38军和6个炮兵团为志愿军右翼突击集团，在朝鲜人民军第1军团协同配合下，在高浪浦里至永平的30余公里的正面上突破，向东豆川里、汉城方向实施主要突击。首先以38、39、40这3个主力军为主，以39军从中央突破，撕开口子、割裂美伪军联系。40军从中间，38军从东面往下插，包围歼灭伪6师，再歼灭伪第1师，得手后再向议政府方向发展胜利，并相机夺取汉城。50军自茅石洞至高浪浦里一线突破后随39军跟进，配合39军歼敌。人民军第1军团位于东场里以东地区向汶山方向实施进攻，配合我右翼集团歼敌，保障我右翼安全。

在春川、加平以北，从西往东排列42、66军和1个炮兵团为志愿军左翼纵队，从左面保障右面38、39、40军3个军。左翼集团在永平至马坪里36公里的正面上突破，然后分别向加平及春川方向突击，集中主力歼灭伪第 2 师一两个团，得手后向加平方向突击。另以 66 军一部由华川渡过北汉江向春川以北之伪第 5 师积极佯攻、钳制该师，策应其左翼人民军第 5、2 军团南进。两军完成上述任务后，向加平、清平里方向发展胜利，切断春川与汉城之间的交通。

东面的人民军第 2、5 军团与我军保持一段距离，于战役发起前，以一部兵力于杨口、麟蹄地区由伪第 2、第 1 军结合部突破，尔后向洪川方向发展。视情况，机动处置，能打到哪儿，就打到哪儿，吸引和调动敌人，配合志愿军主力作战。

为了加强志愿军的运输能力，军委决定给我们补充两千台汽车；命令 1 个工兵团入朝担负修建定州至平壤的公路、桥梁及扫雷任务；命令铁道兵桥梁团和独立团入朝执行抢修大同江桥等铁路桥梁任务。

为了解决南下三八线作战的粮食困难，经与朝鲜政府商定，在当地政府的协助下，我军在战役发起以前，在平壤以东、以南及咸兴、永兴地区就地筹措粮食 3 万吨，以供部队作战急需。

根据前两次战役的经验，我军没有制空权，敌机白天轰炸很厉害，我们只能靠晚上打仗。在有月亮照耀的晚上，更能发挥我军夜战优势。所以打仗最好要在月圆期。但发起攻击时间，不能选在月亮正圆时。选在月圆时攻击，越打月亮越小、越暗。最好选在月圆前几天。这样，打到战役高潮（我们的战役一般是 7 天），月亮正好最圆、最亮。

我们看了一下，阳历 12 月底 1 月初，正好是阴历 11 月中旬，是月圆期。12 月 31 日，正好是月圆的前几天。错过这个时间，一直到 1 月上、中旬就都是月亏期，天黑不易看见。要过一个月月亮才能再圆。12 月 31 日又是阳历新年前夜，美伪军对过新年感兴趣，过了圣诞节，就要过新年。新年夜易放松警惕。选择这个日子，更能出其不意，保持突然性。

这样，彭总同我们研究后，便把战役发起时间选在 12 月 31 日的夜晚。

第三次战役邓华没参加，他因二次战役后期到 38 军开现场会回来路上乘车碰伤了头部回国治病，并向东北军区和军委汇报情况。这次战役彭总还是要靠前到一线军去指挥，由于未选好适当地点，所以，彭总又派韩先楚到右翼部队去督促检查；左翼的两个军由 42 军军长吴瑞林指挥。彭总和我留在志司。

战役准备就绪后，于 12 月 28 日晚将我们的计划电报报告毛主席。毛主席于 12 月 29 日给彭总来电报，再次强调了打过三八线的重要性。他说："12 月 28 日 20 时电悉，同意你的计划……所谓三八线在人们脑子中存在的旧印象，经过这一仗，也就不存在了。我军在三八线以南或以北休整，均无关系。但如不打这一仗，从 12 月初起整个冬季我军都在休整，没有动作，则必引起资本主义各国甚多揣测，民主阵线各国亦必有些人不以为然，发生许多议论。如我军能照你们目前部署，于 1 月上半月打一个胜仗，争取歼灭伪军几个师及美军一部，然后休整两个月，准备春季攻势，则对民主阵营及资本主义各国人民大众影响甚好，对帝国主义则给以新的一击，加重其悲观失败情绪。"

12月31日黄昏，我军按照预定计划，在约200公里的宽大正面上全线发起攻击。由于是摆开架势、正面突破，几个炮兵团发挥作用了，"轰隆隆"地猛轰一阵子，很快突破了临津江。39、40、38军都是上半夜完成突破。左翼的42军、66军也是上半夜突破敌人阵地。韩先楚指挥部（简称韩指）跟在40军军部。

敌人没有想到我军这么快就又发起进攻，以为我们疲劳之师要休整呢，没有什么准备。

美军接连失败，已对我发怵，不敢在第一线抵抗。第一线摆的都是伪军。伪军更是被我们打怕了。在我军强大攻击下，他们就拼命地逃跑。我们也是抓敌人的弱点，专找伪军打，而且打得很顺利。

当天晚上，我军以锐不可当之势突破敌人B防线，即美军防线，包围美军18—20处，每一处1个营左右。那时我们打美军也打得有点经验了，过去不是大口吃吃不了吗？就改小口吃，都是1个师或两个团包围他1个营。这样包围了18—20处美军的营，都是晚上突破时包围的。前面用报话机报给韩先楚以后，他很高兴，笑着对作战处副处长杨迪说："可能也就高兴一会儿吧，等天亮了，还不知怎么样呢。"因为被围的美军都用坦克围成圈，躲在里面。我们由于突破敌人防线后，追得很快很急，炮兵没跟上来，只是步兵携带着轻武器，打坦克有困难。尽管如此，韩先楚还是要求各军尽量堵住敌人，消灭敌人。完全消灭不可能，争取消灭一部分。争取在运动中接近他们，同敌人靠近了，敌机怕伤着他们自己人就不敢扫射了。同时，集中炸药包或集束手榴弹炸敌人的坦克。

所谓"韩指"，就是韩先楚和作战处副处长杨迪，还有一名参谋。他们分乘两辆小吉普，还带了一辆中型卡车，上面装着电台，坐着报务员和机要员。过三八线时，公路上到处是地雷，走着走着，前面 40 军一辆卡车"咚"的一声给炸掉了。他们两辆吉普离开道路沿着路边斜着开过去，后面的中卡因沿着道路走，又"咚"的一声给炸了。机要员是个女同志，把胯骨给炸了，用紧急绷带一包，赶紧往后送。剩下的人换乘 40 军的一辆中卡又赶紧往前走，冲过去了就不能回头，回头不知哪儿又有地雷，尤其是路口，地雷特别多。走在路上到处是"咚、咚、咚"的爆炸声。他们下半夜进入南朝鲜。天一亮就不能动了，敌人飞机拼命地炸呀，所以拂晓以前他们就猫在了东豆川里（议政府以北）北面山上的一个和尚庙里。拂晓，敌人飞机来了，低空飞行向我军扫射，掩护美军突围。很快，被围敌人的坦克开动了，接着是汽车开动。我们眼睁睁看着敌人跑，追不上。所以，虽然包围了不少美军，但大部分还是逃走了，只歼灭部分敌人。

39 军于 31 日下午 5 时 40 分突破临津江后，军主力于 1 日拂晓前突入敌防御纵深约 10 公里，有力地策应了准备渡江的 50 军；该军第 117 师突破后沿途粉碎敌人 5 次拦阻，于 1 日 5 时迂回到湘水里、仙岩里，割断伪第 6 师与伪第 1 师的联系，但是因为未能利用有利地形控制东豆川里至议政府公路，以致对伪第 6 师未能形成严密堵击。

40 军于 31 日下午 6 点 30 分突破临江后，1 日拂晓前突入敌人防御纵深 12 公里，占领了东豆川里以西之安兴里、上牌里，并以一部兵力占领东豆川里东山，将伪第 6 师之退路切断，但因对情况缺乏了解，又将该部撤回，以致那里出现了缺口。

38 军于 31 日 18 时突破后，主力向抱川之美军（1 个团）发起进攻，当进至抱川西新邑里时，抱川之敌开始南逃。该军 114 师担任迂回任务，至 1 日 12 时，突入敌人纵深 20 公里，占领东豆川里东南之七峰山，但终因路远难行，到达较迟，未能与 39 军构成合围。

由于我军没能将敌确实包围，致使伪第 6 师于 2 日南逃。

50 军主力在 39 军协同下，于 1 日凌晨突破临津江，2 日进至汶山以东。汶山之伪第 1 师，在我 50 军、39 军攻击下，于 2 日 12 时南逃。

人民军第 1 军团于 2 日进至汶山附近仙游里、坡州里地区。

左翼突击集团之 42 军于 31 日 18 时 20 分突破敌人阵地，主力 1 日前进至花岘里、中板里、赤木里地区，歼灭伪第 2 师 1 个多营。但因昼间未能向加平以南突击，断敌后路，致使加平之敌南逃。2 日 10 时，该军占领了加平。

66军主力于31日20时30分突破敌人阵地后，1日至2日先后占领修德山、上下红碛里、上下南渼地区，会同42军歼灭该地区之伪第2师之第31团、第32团和伪第5师第36团大部以及伪炮兵第24营，胜利地完成预定任务。但是，该军担任向春川方向佯攻的198师主力，因动作迟缓，未能抓住敌人，致使春川以北之敌南逃。2日15时，我进占春川。

人民军第5、第2军团战役发起前已以一部分兵力越过三八线，迫使伪第3师南逃。战役发起后，主力亦越过三八线配合志愿军作战。

过年那天，敌人的飞机不断在君子里上空盘旋。朝鲜人民军前方司令部为了庆祝胜利，犒劳我们，请彭总、我和解沛然去吃狗肉。战役进展顺利，朝鲜女服务员向彭总敬酒，彭总连喝了好几杯。接着大家便高兴地跳起舞来。我看那房子很不隐蔽，不安全，过了一会儿，就拉着彭总回到了矿洞里。这时，我以为彭总酒喝多了，需要休息休息，可是他毫无醉意，兴奋地对我说："洪大个儿，拿棋来，咱们杀两盘！"

1月2日，我军已全线突破敌人防御纵深15—20公里，将敌人整个部署打乱。敌人第一道防线（伪军防线）完全崩溃，右翼完全暴露。敌人怕我们从他们的右翼实施深远迂回包围，使其10多万军队拥挤在汉江北岸背水作战，陷于危险境地，被迫于1月2日开始全线撤退。

当彭总和我得知敌人已无意抵抗、逃跑得很快时，我们估计敌人有可能放弃汉城，或退守汉江南岸，甚至有可能继续南撤，当即决定乘胜追击。1月3日，电令右翼集团及人民军第1军团向仁川、汉城、水原方向追击，左翼突击集团及人民军第5、第2军团向洪川、横城方向实施追击。

我军转入追击后，右翼集团50军在高阳以北击退美第25师1个营抵抗后，在高阳以南截断英第29旅退路，经过激战，当晚全歼其1个步兵营和其第8骑兵（坦克）团直属中队，缴获坦克11辆。英第29旅是蒙哥马利的队伍，参加过诺曼底登陆，很有名气。他们的坦克叫百人队长式。怎么堵住他们？50军用炸药包把第一辆坦克炸毁，把路给堵上了，一个挤一个，挤了一堆，跑不了了，最后只有统统爬出坦克投降，把他们的营长也抓住了。

与此同时，39军在议政府西南与美第24师21团遭遇，歼其一部，而后又在议政府西南歼灭英第29旅两个连。

4日，38军、40军在议政府以南歼灭了美第24师第17团一部分。

我军突破美军防线后，美军拼命向后跑，汉城也不要了。为保证其第8集团军迅速撤离汉城，3日下午，李奇微亲临汉江大桥指挥，规定自下午3时起，汉江桥和来往要道除军队之外一律禁止通行，命令宪兵对违反这一规定的难民开枪。当日下午，美军撤离汉城，退到汉江南岸。

我们虽然想到美军会放弃汉城，但没想到他们这么快就把汉城放弃，没想到他们会一直退到水原那条线上去。

4 日晚，我右翼集团的 50 军及 39 军 116 师与朝鲜人民军第 1 军团一起解放了汉城。

我军夺取了汉城，在国际上影响很大。美军威风大减，我军士气大振。5 日白天朝鲜人民军举行隆重入城仪式。晚上，北京天安门广场祝捷群众彻夜狂欢。

不过，此刻，敌人尚控制着汉城附近的金浦机场和仁川港口。这既威胁汉城，又妨碍我进行春季攻势。彭总认为，如果我军乘胜渡过汉江，逼退汉江南岸之敌，不仅能巩固汉城，而且可以取得金浦、仁川等要地，更有利于尔后作战。所以彭总于 4 日晚又命令 50 军迅速渡过汉江继续尾追逃敌，令 40 军之 120 师配合 50 军作战。令人民军第 1 军团除以 1 个师留守汉城外，主力渡过汉江相机占领金浦机场和仁川港口。

当时彭总的另一个想法是：占领了汉城以后，不要过深追击。当时我们后方已拉得太远。供应跟不上。所以在命令部分兵力尾追逃敌的同时，还命令 38、39、40 军等主力均位于汉江北岸休整 3 天。

5 日，50 军与人民军第 1 军团渡过汉江，继续向仁川、金浦、水原方向追击。50 军于 6 日、7 日在果川、军浦场歼灭美英军各一部，7 日占领水原、金良场里。人民军 1 军团于 5 日占领金浦，8 日攻占仁川。

左翼集团 42 军、66 军渡过汉江、昭阳江后，4 日，66 军占领洪川，42 军占领阳德院里。然后 42 军第 124 师继续前进，于 6 日在梨木亭地区歼灭美军第 2 师 1 个连，7 日进占砥平里，

8日先后占领杨平、骊州、利川。人民军第2、5军团分别于6日、8日占领了横城、原州地区，并继续向荣州方向追击。

至1月8日，我军已将敌人驱逐至北纬37度线附近之平泽、安城、堤川、三陟一线。

这时，彭总和我们商量，鉴于在进攻中我军并未能大量歼灭敌人的有生力量，鉴于敌人虽有坚固防线但并未固守，其主力似是有计划南撤，似有诱我深入，而后实施登陆夹击我军的企图，所以，8日我军毅然决定停止追击，结束了第三次战役。

我军入朝后，连续作战两个多月，三战三捷，特别是在第三次战役中，我军在较前两次战役困难得多的情况下和朝鲜人民军并肩作战，经过7天7夜的连续作战，前进了80—110公里，将敌人驱至三七线附近，解放了汉城，粉碎了敌人在联合国玩弄的停战阴谋及固守三八线，争取时间，准备再战的企图，进一步扩大了我国在国际上的威望与影响，加深了敌人内部矛盾及失败情绪。

在胜利面前，有的人脑子又热了，产生了轻敌速胜的思想，质问我们：你们说不能打了，怎么一打，又打大胜仗了？还有的人问：你们为什么要停止追击？现在敌人这样望风而逃，这样大溃败，汉城也收复了，你们为什么不追击了，为什么要结束第三次战役？三次战役不应该停下来，应该乘胜追击，一鼓作气，把美国鬼子从朝鲜半岛赶下海去嘛！

有这种想法也是可以理解的，既然前面几仗打得那么好，再加把劲儿，一下子把敌人赶下海去，不是更好吗？更顺理成章吗?

　　彭总坚决不同意这种看法。他认为这种看法是不切实际的，在军事上是根本不可行的。彭总曾几次对我说：一气呵成行吗?不行。要把那么多装备精良的敌人一下子赶下海，能赶得下去吗?不可能嘛，敌人也不会让我们赶下去呀!要是可行，我们还不愿意早日完成消灭敌人的任务吗?

　　可是，苏联驻朝大使拉佐瓦耶夫却反对彭总的看法，他指名道姓地指责彭总："哪有打了胜仗却不追击敌人的?哪有这样的司令呢?"他坚持要我们继续追击，一直打到釜山，将敌人赶下海去。

　　彭总听了说："不要管他，我对人民负责，错了我承担责任。"

　　我和彭总朝夕相处，对他的想法比较了解。我觉得，彭总这个看法是完全建立在对敌我双方情况的客观冷静分析基础上的。彭总认为拉佐瓦耶夫的道理只讲了一面，只讲了我们打了胜仗，士气非常高涨的一面，没有讲我们还有没有条件追下去的一面。彭总坚决认为"将敌人赶下海"靠我军现有的力量是办不到的。其一，我军经过两个多月连续作战，极度疲劳，减员极大，需要补充休整。其二在于在第三次战役中，我军虽然获胜，但又未能消灭敌人的主力。敌人只是溃退，后备力量仍然很强，技术装备有极大的优势，敌我力量对比尚未发生明显变化。决战条件还不成熟。其三在于三次战役后，我军战线迅速南伸，运输线急剧延长，已延长到 500—700 公里，再加上敌机疯狂轰炸，运输工具缺乏，补给更加困难，部队所需粮食大部需要就地筹措，而当地群众余粮有限，难以保证需要。其四在于我军当时东西海岸防御空虚，翼侧暴露。在第三次战役中，敌人虽有既设坚固防线，但未固守，敌主力有计划南撤，如果在此情况下我继续贸然大步南进，敌人一旦从我侧后登陆，对我南北夹击，很难保证不再出现仁川登陆后的情形。基于上述分析，彭总下令部队停止追击。

韩先楚同志在 40 军军部打给彭总、我和解沛然的电报中说："这次战役（指第三次战役）……打的都是老骨干。在前面作战的部队极端疲劳，困难太多。三八线以南沿途群众跑光，敌人把房屋烧了，粮食抢光，使部队吃饭、休息都很困难，体力大大减弱，加之后勤供应跟不上，前面部队急需粮食、弹药、鞋子等补充。如不增加新的力量，仅靠现有的兵力，再发动大的攻势，显然是不可行的。"从韩先楚同志反映的情况来看，更说明了彭总下令部队停止追击是完全正确的。

不料，苏联大使把这事反映到斯大林那儿去了。彭总便给毛主席发电报，阐明自己的看法。毛主席把彭总的意见转给了斯大林。

斯大林回了一封电报，说彭德怀以那样劣势装备打败世界上最强大的美帝国主义，是当代天才的军事家。彭的意见是对的。另外还批评了拉佐瓦耶夫，不准他再乱发言，以后又把拉佐瓦耶夫调回国去了。

在第三次战役中，我们前面的部队俘虏了一批美国官兵，送到后面来了。1 月上旬，在君子里志司，我和其中 5 个连长通过翻译谈了一次话，至今还印象很深。

谈话一开始，我问："你们谈谈，对志愿军有什么看法？"

有一个连长，把两个大拇指头伸出来说："你们是打仗专家！"

我笑了，问："为什么这样说呢？"

他说："打仗没你们这样打法的呀！第二次世界大战我也参加了，我们的打法是把火炮排好，火炮先轰，飞机轰炸完了，步兵就上去。可是你们打仗怎么跑到我们屁股后面来了呢？怎么从后面打呢？我们从来也没有打过这样的仗呀！"

我说："你们打仗是平推，我们打仗是穿插、迂回、包抄。"

他说："我很讨厌这种打法。"

我说："那说明我军的战术有效。"

另一个连长说："你们的士兵勇敢。我们的士兵都是成群的，一个连，一个营的，你们怎么三五个人就干起来了？"

别的连长也有同感，说中共的士兵能独立作战。有个连长说："我们打仗讲集体，训练就是那么训练的，单兵作战的能力不如你们。"

还有一个连长说："打仗都是白天打，晚上休息呀！你们怎么晚上也打，闹得我们坐卧不安，防都不知道你们是从哪里出来的！"

我说："不管什么方法，能充分发挥我军特长，能战胜你们就很好嘛！"

由于我军连续两个月作战，极度疲劳，早在三次战役结束前彭总就曾有在适当时机休整部队的意图。所以，三次战役刚一结束，彭总即命令部队立即转入休整。自1月8日起，除以50军和38军112师以及人民军第1军团两个师位于汉江以南，负责警戒海防和汉江南岸桥头阵地，以42军第125师位于南汉江以东警戒当面之敌外，志愿军主力和人民军第1军团一部分别集结于汉城、高阳、东豆川、磨石隅里、加平及金化地区休整。人民军第2、第5军团除以一部兵力警戒当面之敌外，主力集结于洪川、横城以东地区休整。彭总给中央发电，说部队连续作战伤了元气，急需休整、补充。征新兵来不及，来了也没经验，所以要求从国内的一些军里抽老兵补充。在朝部队，需要就地休整，储备弹药，准备三几个月，才能再打，彭总在志司说：这次不是假休整，是真休整。

当时，金首相想亲自了解一下彭总下一步的打算。根据金首相的建议，1月10日晚上，金首相在我驻朝武官柴军武陪同下，来到君子里中朝联军司令部会见彭总。我也参加了这次会见。

会见开始后，彭总首先向金日成首相介绍前三次战役志愿军伤亡很重、运输困难、给养很差，部队迫切需要休整，交通需要加紧修复改善。敌伪军还有20多万，已在平泽、安城、堤川、宁越、三陟一线布防就绪。我们在这一线歼灭敌人，比把敌人压到釜山狭小地区有利。我方应做充分准备求得在这一线更多歼灭敌人，这点甚为重要。从各方面的情况看，不再歼灭敌人7—8万人，如无重大政治情况的变化，敌人是不会退出朝鲜半岛的。

彭总说完上述意见后，双方对下一步作战问题取得一致意见。即下一次战役放在两三个月后的春季进行。这一段时间抓整训部队。双方商定，于1月25日在君子里召开中朝两军高干联席会议。

1月25日，中朝两军高干会议如期在君子里举行。那里有一个很大的矿洞，有好几层，最下面是个大广场，可以坐近千人。但是我们布置不了那么大，桌椅板凳哪儿去搞呀！吃的也困难，所以开的是高干会，人少。开高干会也没什么坐的，有的是两块砖中间搭块板儿，有的是附近小学没炸掉的破桌椅，不成什么形状地摆在那儿。

参加会议的有金日成首相和朝鲜劳动党中央政治局主要负责人、志愿军司令员彭德怀和志愿军的其他领导人，有东北人民政府主席高岗，有志愿军直属各部、各军的主要负责人，19兵团来朝参观的领导干部，朝鲜人民军总部和各军团的主要负责人共122人。

为了便于总结经验，互相学习，志愿军和朝鲜人民军与会人员混编为6个组。

25日上午，大会首先由金科奉致开幕词，彭德怀司令员作《三个战役的总结与今后任务》的报告。25日下午至26日，朴宪永、邓华、杜平、解方、韩先楚和我先后做了专项发言。27日分组讨论。28日至29日下午，金首相、高岗讲了话。宋时轮、方虎山（人民军第5军团长）、刘海清（38军113师副师长）、张峰（39军116师副师长）介绍了作战经验。29日上午，彭德怀司令员作了大会总结。

彭总在大会报告中指出前三次战役胜利的重大意义。总结了我军以劣势装备战胜优势装备敌人的基本经验，分析第一次战役我们不进行追击而采取诱敌深入，第二次战役进行相机追击，第三次战役虽然大胜但不进行猛烈追击反而停止进攻的原因。他说：三次战役的经验证明：敌军的装备虽然占优势，我军依靠灵活的战役指挥和勇敢顽强的步兵作战相结合，是可以胜利的。在装备悬殊的条件下，我军应力求夜战（但在渗透敌人纵深或迂回敌后，或疏散的追击溃敌的条件下，白日作战仍是可能和必要的），力求大胆地迂回，包抄分割、勇敢渗入敌之纵深和后方。同时，组织精锐勇敢的小部队，袭击炮兵阵地和指挥所，混乱敌之部署，乘胜全面猛攻，使敌四顾不暇。他还指出：美帝国主义为了维护它的政治地位和扩张野心，而且迷信其装备优势，是不会自动退出朝鲜的，因此，我们必须做好准备，给敌人以更大的打击，才能取得朝鲜战争的胜利。他要求各部队要做好下一次战役的思想准备和物资准备，特别要搞好后勤保障。在朝鲜的作战中，后勤工作特别繁重、复杂而艰巨，必须加强后勤工作的机构和干部，进一步克服困难，提高工作效率，保证战争胜利。

我在关于后勤工作问题的发言中，回顾了3个月来的后勤工作情况。指出：志愿军后勤工作有很大成绩，存在的主要问题是物资供应不上，伤员抢救不及时，部队是在挨饿受冻的情况下打败敌人的。部队普遍反映有"三怕"：一怕没饭吃，二怕无子弹打，三怕负伤后抬不下来。主要是我们没有制空权，敌机轰炸破坏使后勤遭到严重损失。前三次战役共损失了1200多台汽车，平均每天损失30台。此外后勤力量不足，机构不健全也是一个重要原因。美军13个后勤人员供应1个兵。志愿军则是1个后勤人员大体要供应6—10个兵。没有充分的物资，没有足够的道路和交通工具，没有健全的组织机构，就谈不上后勤保障。因此我强调要搞好后勤工作，必须有强有力的后勤机构。必须组织多线运输。必须事先准备物资。必须加强对敌机的斗争。另外不能光靠后勤供应，还要依靠就地措粮，取之于敌。我还说，下次战役需要3400辆车搞运输，现在仅有1000多辆，怎么办？一是抢修铁路，加速火车运输；二是优先运输主要物资、必不可少的物资；三是除增加几个汽车团，加强汽车运输外，还要组织人力、畜力、大车参加运输。

高岗在讲话中说：我是一个志愿军的后勤工作人员。因为住在后方，对前方的情况不了解。关于战争准备问题，中心是把前方需要的物资运上来。历史上有好多部队由于供应不上而遭受挫败。为此，东北局已拿出6个委员，东北人民政府已拿出4个部长专门做后勤工作，以保证供应。为了解决这一问题，必须加紧抢修铁路；必须赶修机场；必须从各方面以各种办法与敌人的空军作斗争；必须增加汽车部队，改善管理，提高运输能力，按实际需要配备大车、手推车，弥补火车、汽车的不足；必须加强后勤部门。在以上工作中，应特别注意抓紧抢修铁路与机场，以及加强运输的计划性。

在前方开中朝两军高干会议的同时，东北军区在沈阳开志愿军第一届后勤会议。中央军委副主席周恩来率代总参谋长聂荣臻、总后勤部部长杨立三、空军司令员刘亚楼、炮兵司令员陈锡联、军委运输司令部司令员吕正操等同志，专程来沈阳参加会议。正在沈阳养伤的邓华同志也参加了会议。

这次会议在总结前3次战役后勤工作经验教训基础上，着重指明，抗美援朝战争把我军后勤工作推上新的阶段，后勤工作发生了深刻的变化。后勤必须以新的指导思想、新的供应方法、新的工作制度和工作作风，适应这一新的重大变化和现代化战争的要求。

第八章　运动防御　寻机歼敌

　　侵朝敌军退到了 37 度线附近，丢失了南朝鲜伪政权首府汉城，美国威信受到了严重损害。侵略营垒内部失败情绪日益严重。英、法等国对美国侵朝均已失掉信心。在 1 月上旬举行的英联邦总理会议上，英国公开提出：他们"不愿使美国政策把联邦牵累得太深"，主张同我进行谈判。在美国，麦克阿瑟等仍主张将战火引向中国。杜鲁门总统则是既不愿冒扩大战争的风险，也不愿意主动撤出朝鲜，双方矛盾更加尖锐。经过激烈的争吵，杜鲁门总统 1 月 12 日决定：除非联合国军由于军事上的原因被驱逐，决不自动撤军。与此同时，1 月 13 日他们还操纵联合国通过"立即安排停火"的五步方案（即先停火后谈判的方案）。

　　三次战役结束后，美国在军事上已经非常狼狈了，士气非常低落，第二次世界大战他们也没有打得那么惨呀！李奇微是美国第二次世界大战在诺曼底登陆时的空降师师长，资历比沃克浅，但他是有作战经验的。

李奇微被任命为第 8 集团军司令的当天上午，他从美国飞抵日本，晋见麦克阿瑟。见面后，他问麦克阿瑟："如果我发现战局于我有利，你是否反对我发起进攻？"麦克阿瑟说："第 8 集团军是属于你的，马特，你认为怎么好，就怎么干吧！"

李奇微为什么要这样问呢？因为他知道麦克阿瑟爱干涉下级的事。李奇微不想让麦克阿瑟干涉自己的行动，所以让麦授权给他。这样，他就可以机动处置。

李奇微得到麦克阿瑟的授权后，下午飞到朝鲜前线第 8 集团军司令部。

李奇微到朝鲜后，接受了沃克前几次失败的教训，采取了集中兵力，加大纵深，严格控制伪军，将伪军直接交给美军师指挥等办法，一面恢复和整顿他的建制，一面不停地向我发动进攻。这时，他原来的几条防线都被我们突破了，新的防线还没有形成。他就用进攻来代替防御。在进攻中调整部署。

同时，美国人还利用其良好的运输条件，迅速地从美国本土及驻扎在欧洲、日本的军队中抽调了大批雇佣的老兵补充其在朝的部队，加强了坦克和野战炮兵，改善了后方供应。还将原在釜山的美第 10 军调至三七线附近，加入了第一线的作战序列。这样，敌兵力已形成集中，地面部队已达 25 万多人。

李奇微的这次进攻，采用了一种所谓的磁性战术，就是在大规模交战之前，组织机械化的小部队，始终同我军保持接触，以消耗战的方式制约我军，防止我军忽然对其发起进攻，穿插分割、迂回、包抄他们。在对其有利时，他就对我发起进攻，抢占要点；在对其不利时，他就迅速收缩。

从 1 月 15 日起，敌人采取磁性战术，以 1 个加强团的兵力在水原至利川之间实施试探性进攻，每日采取多路小股的方式，在宽大正面进行威力搜索，不断地对我进行小的进攻。1 周之内敌人就 3 次进出乌山里，4 次进出金良场里，3 次窜占利川。自 18 日起，敌又以小股兵力向原州、宁越一带作试探性进攻。除此，李奇微还乘飞机到我军阵地上空亲自进行侦察活动。

李奇微了解到我运输线延长，已不能有效地进行作战。还发现我第 9 兵团没有向前推进，估计我军第一线番号与兵力均没得到补充，兵力不足，短时期内不可能发动大的进攻。因此，李奇微觉得在朝鲜尚可打下去，还不致遭到严重的危险。于是加紧作反扑准备，企图乘我军疲劳和补充困难之机，全力北犯，将我军压回三八线及其以北地区，重占汉城，实施其新的进攻计划。

1 月 25 日，敌人集中了 5 个军共 16 个师、3 个旅、1 个团共 23 万兵力陆续向我全线 200 公里的防御正面上发起了进攻。

敌人将其主力美第 1、第 9 军两个军共 6 个师 3 个旅，置于西线（汉江以西），向汉城方向实施主要突击。以美第 10 军和伪第 3、第 1 军共 8 个师、1 个团，在东线实施辅助突击。

敌人这次进攻在部署上的特点是：美伪混合编队，以美军

147

担任主攻，美军主要在西线，伪军主要在东线。为防止我军向其侧后迂回和吸取以往多路分兵、快速推进而被我军各个歼灭的教训，他们加大了战役纵深，并采取了主力靠拢，齐头并进，稳扎稳打的战法。他们的具体部署是：

西线：美第1军（辖3个师、2个旅），以土耳其旅、美第25、第3师，英第29旅为第一梯队，在野牧里至金良场里约30公里正面上展开，向汉城方向实施主要突击，伪第1师于乌山里地区为其预备队。美第9军（辖3个师，1个旅），以美骑兵第1师、美第24师、英第27旅为第一梯队，在金良场里至骊川约38公里的正面上展开。向礼峰山方向实施突击，以伪第6师位于院湖里地区为其预备队。

东线：美第10军（辖4个师，1个团），以美第2师，美空降第187团、伪第8、第5师为第一梯队，在骊州至平昌共67公里正面上展开，向横城、阳德院里、清平川方向实施突击；美第7师位于堤川地区为预备队。伪3军（辖2个师），以伪第7师为第一梯队，在乌洞里至北洞里约30公里正面上展开，向下珍富里、县里方向突击；伪第3师位于宁越及其以东地区为预备队。伪第1军（辖2个师），以伪第9师和首都师成一个梯队，在北洞里至玉溪30公里地段上展开，沿东海岸向北配合进攻。

另外，美陆战第1师，伪第11师分别位于义城、大丘地区为战役预备队。伪第2师在忠州、丹阳、永春等地区担任警备和掩护后方交通运输任务。

　　我们当时没有想到李奇微会这样快地把第 8 集团军恢复起来，会这么快地向我发起进攻。1 月 8 日我们停止进攻，他们 1 月 15 日，仅隔 1 个礼拜，就开始进攻了。

　　当敌人于 1 月 15 日开始向我进行试探性进攻后，我前沿部队组织小分队采取伏击、夜袭和打麻雀战战法牵制敌人，以察明敌人企图。当时，彭总和我们虽然也曾估计到形势的发展有可能迫使我军在 2 月份就打一仗，但是却没有料到敌人会这么快地发动这么大规模进攻，所以主要是把精力放在春季攻势的准备上。25 日，当敌人全面发动攻击，我们察明了敌人的企图后，彭总当即于 1 月 27 日决定电令各军停止休整，准备再战。并立即把正在召开的中朝两军高干会议也改为准备进行第四次战役的动员会议。

　　第四次战役，我们是被迫打的，彭总对此次战役的后果是很担心的，他在 1 月 31 日给毛主席的电报中曾明确指出："第三次战役即带若干勉强性（疲劳），此次战役则带有更大的勉强性，如主力出击受阻，朝鲜战局有暂时转入被动的可能。"

　　当时，我军已决定入朝的 19 兵团还没有到达。9 兵团尚在元山、咸兴一带休整，一时尚难立即投入作战。在前线能投入作战的部队，仅有刚刚参加过三次战役的 6 个军和人民军的 3 个军团。这样不仅在技术装备上敌优我劣，而且在兵力数量上我也失去了优势。在此情况下，如果我军立即向北转移，必将过早放弃汉城，这在政治上对我十分不利；但是，如立即反击，制止敌人进攻，也比较困难。

敌人进攻的重点主要在西面，在汉江和汉城这边，以美军为主，进攻比较快。李奇微先让美军进攻，然后把伪军带起来。东面以伪军为主，进得比较慢。在这种情况下，我们怎样才能稳住阵脚呢？

彭总、韩先楚、解沛然和我分析敌我态势后，决定力争阻止敌人前进，稳步打开战局，并从各方面加紧准备，仍做长期艰苦打算的方针。在此方针下，彭总决定派韩先楚到西线汉江、汉城方向组织一个指挥所，指挥 28、50 军和人民军 1 军团，阻击敌人的主要进攻集团。在东线则诱敌深入，尔后集中主力实施反击，争取歼敌一至两个师，进而向敌人纵深发展突击，从翼侧威胁西线敌人主要进攻集团，动摇其布署，制止其进攻。对于战局的发展，我们当时的估计是：如果我反击得手，可能使敌人停止前进或退回原阵地，但也有可能在敌人发现我西线兵力薄弱后继续在西线进攻，以迫使我在东线后退；如果我反击受阻，敌人将推进至三八线，如出现后一种情况，我军则准备在三八线以北坚决给予还击。另外，还向毛主席建议：第 19 兵团开往安东补充、整训，以便随时调赴前线。

汉江南岸的阻击，彭总要韩先楚尽量多争取一些时间，不要很快收缩。争取时间，以利我军补充给养弹药。

在西线尽量阻击敌人的同时，还要将部队东调准备反击。这时邓华回来了，彭总让他立即到东线去组织 39、42、40、66 军准备反击，邓指就是这么来的。东线让伪军突入进来，一个是想让他形成突出部，歼灭他们，同时，也想让这几个军有点时间补充，这几个军刚经过第三次战役，有好多连鞋都没补上，炒面都没补上，部队是在极困难的条件下投入战斗的。

在这几个军没开到时，人民军前线指挥官金雄先指挥第2、第5军团组织防御，掩护邓集团开进，尔后，在邓集团左翼同时实施反击。命令26军迅速向铁原地区集结，作为志愿军的战役预备队，为了防止敌人从后侧登陆，除由人民军部队继续担任东西海岸防御任务外，又令在元山一带休整的9兵团20、27军兼顾东海岸防御任务。

部署好了以后，邓华和韩先楚便分别带领着他们的指挥所前往东西前线（这两个指挥所，主要是代表彭总，协调前方各军的作战行动）。所谓邓指就是邓华和作战处副处长杨迪，外加两个警卫员，两个译电员，两个报务员和一部电台。韩指是韩先楚和124师的参谋长肖剑飞，外有两个警卫员，两个译电员。

这时，彭总还要靠前指挥，志愿军司令部又前进到金化。

在金化以北的大山里，到处都是很密的树林子。我们司令部选在了一条山沟里，挖了开掘式工事，再做些伪装，就住下了。开会到附近的金矿洞里去开。

2月7日，中央军委决定实行轮番作战锻炼部队的方针，遂令3兵团（12、15、60军）、20兵团（67、68军）和47军自3月起陆续入朝参战。入朝后，同即将入朝的19兵团（63、64、65军）共9个军27个师作为第二番部队。

中央军委还决定：加速装甲兵的参战准备，加速完成高炮

3 个师另 22 个营、战防炮 2 个师、火箭炮 9 个团、榴弹炮 3 个团的扩充和训练，决定改装在朝部队和即将入朝部队的轻武器，第一步先改装 36 个师。

1 月 25 日，西线的美第 1 军在野牧里至金良场里正面向我发起进攻，其主力沿水原至汉城公路两侧向汉城实施主要突击，紧接着美第 9 军也于 28 日在金良场里至骊州的正面上发起进攻。此次敌人进攻，改变了过去的那种主要沿公路进攻的方法，而是爬山头，控制制高点，施行正面多路进攻，每路约 1 个营至 1 个团的兵力，在飞机、坦克和火炮支援下，对我各防守要点同时实行攻击。

我担任西线防御的 50 军和 38 军 112 师，在天寒地冻、粮弹供应困难、工程器材极缺乏的情况下，依托野战工事进行坚守，战斗进行得异常激烈艰苦。所谓野战工事，实际上很多就是在雪堆上浇水做的工事。50 军和 112 师都打得很顽强，50 军是长春起义的国民党第 60 军改编的。这次正好和 38 军这样的主力配在一起，不甘示弱，打得非常英勇。军长曾泽生一直跟着部队在前线指挥。每一个点都要同敌人进行反复争夺，使敌人付出重大代价。

为此，彭总以志愿军总部领导的名义在 1 月 31 日通令表扬了 50 军特别是 148 师的全体指战员和打得最好的 443 团、444 团和 447 团。

至 2 月 3 日，敌人攻占了我修理寺山、军浦场、光教山、文衡里、发利峰、天德峰、梨浦里一线阵地。我军转至第 2 线阵地继续防御。此时西线我军已连续作战 10 昼夜，为继续在二线有力阻击敌人，韩先楚副司令员于 2 月 4 日决定将原归 50 军防御的南泰岭、果川、军浦场分界线以西 40 公里正面划归人民军第 1 军团防守，缩小了 50 军防御正面，加大了纵深。命令 38 军主力进到汉江南岸，加强该军 112 师的防御。彭总命令 9 兵团 26 军于 2 月 15 日进抵议政府、清平川地区组织纵深防御。

2 月 7 日，敌人在付出了重大伤亡后，突破了我人民军第 1 军团和 50 军的第 2 道防御阵地，此时，汉江已开始解冻。我军阵地离汉江并不很远，如果敌人打到江边，我们背水而战，就有全军覆灭的危险。因此，我人民军第 1 军团和 50 军除各留一部分兵力，坚守汉江南岸桥头阵地外，主力撤至汉江北岸组织防御。为继续隔断东西线敌人之联系，保障我东线部队翼侧安全，38 军继续留在汉江南岸抗击敌人。

50 军和人民军第 1 军团主力撤至汉江北岸后，从 2 月 8 日开始美第 1 军又向汉江逼近，并于 10 日占领仁川。美第 9 军之第 24 师、美骑兵第 1 师、英第 27 旅、希腊营和伪第 6 师等部，则在大量炮兵、坦克和飞机的配合下猛攻我 38 军。38 军在异常艰苦的条件下，前赴后继，不畏牺牲，坚守住了阵地，并大量杀伤了敌人。

汉江南岸的阻击打得很艰苦，很英勇。这时，我们要求东线邓华集团，尽快地组织反击。

在西线敌人对我韩指部队进攻后，为配合西线作战，从 1

月 31 日开始，东线敌人的美第 2 师和伪第 8、第 5 师也由汉江以东至原州、武陵里地区向砥平里和横城方向发起攻击，美第 7 师及伪第 7、第 9 师、第 3 师也分别向北推进。根据此情况，彭总命令邓指除以 42 军 125 师节节阻击外，迅速以该军主力和 66 军 198 师从加平、金化休整集结地南下，进至五音山地区，阻击美第 2 师、伪第 8 师。人民军第 5、第 2 军团就地于横城至芳林里地区展开防御，邓指主力 39 军、40 军和 66 军（欠第 198 师），于 5、6 两日分别向中元山、圣智峰、洪川南预定地区开进，人民军第 3 军团也迅速由金化前调。

至 2 月 9 日，西线进攻之美第 2 师 23 团及法国营被我阻于砥平里地区，伪第 8 师被我阻于横城西北地区，伪第 3 师和伪第 5 师被我阻于横城东北地区。伪第 2 师两个营和美空降第 187 团位于横城及其以南地区，伪第 7、第 9 及伪首都师进至大美洞、下珍富里及江陵一线。从整个战线上看，砥平里及横城以北之敌突出，造成了反击的有利态势。

针对这种情况，彭总、解沛然和我三个人紧急研究，并同邓华通过电报商量后，决定立即对东线之敌进行反击。怎么打呢？彭总认为，砥平里与横城两敌均已突出，有利于我军歼击，但是以我军现有之兵力，尚不能同时攻歼，只能先打一处，而先打何处，又各有利弊。先打砥平里之敌，可以直接震撼西线敌人的主要进攻集团，我东西两线亦可紧相连接。但该地敌人兵力集中，且已构筑了工事，不易迅速分割歼灭，如我不能在一两个昼夜之内歼灭该敌，则利川、骊州、横城等敌均可迅速来援，将使我军处于非常不利的态势。而横城以北敌军虽多，但多系伪军，战斗力弱，又处于运动中，位置突出，翼侧暴露，有利于我迅速围歼。

因此，彭总于2月9日决定，首先歼灭横城之敌，求得先歼灭敌人3个团，得手后再歼敌两三个团，以稳定局势。此时，敌人已发觉我军集结，为抓住战机，彭总决定反击于2月11日晚开始。

邓指设在横城西北、砥平里北的一个只有几户人家的小村子里。接到彭总的命令，邓华决定首先歼灭横城西北的伪第8师，以吸引美第2师来援，然后再集中主力从运动中歼灭之。尔后向原州和牧溪洞方向发展进攻。42军（附39军117师及炮兵25团1个营）以124师、117师向横城西北的鹤谷里、上加云里等地突击，切断伪第8师之退路。以125师前出至横城西南，阻击原州方向可能出援之敌，并策应66军作战。以126师配置于注邑山及砥平里以北地区，继续钳制砥平里地区之敌。以66军主力从横城西北插至横城东南，切断横城之敌退路并以一部准备阻援，尔后向横城方向突击。66军198师由五音山向横城以北突击。以40军配属两个炮兵营从正面向横城西北之丰水院、梨水亭、广田地区的伪第8师发起突击。以39军（欠第117师）为邓集团预备队，配置在龙头里东南地区。

朝鲜人民军前线司令官金雄指挥部（简称金指）以人民军第3、第5军首先歼灭横城东北的伪第5师一部，尔后向横城东南的鹤谷里、乌原里方向突击。第 2 军团配置于自立峰、泰岐峰地区继续防御，阻止伪第 7、伪第 9 师西援，待反击成功后向平昌、宁越方向发展。

2 月 11 日下午 5 时，邓指、金指各部按预定计划开始横城反击作战。经过一夜激战，邓指 40 军、42 军主力和 66 军198 师分别于 12 日晨将伪第 8 师部署打乱并切断了其退路。伪第 8 师在我猛烈攻击下，一部被歼，大部向横城方向逃窜。

12 日白天，39 军 117 师、40 军 118 师将伪第 8 师大部包围于加云北山、鹤谷里地区。40 军 120 师和 42 军 124 师也于广田地区包围敌军一部。经过一天激战，将伪第 8 师 3 个团全部歼灭。但是由于 66 军主力发展慢，未能及时到达指定位置——横城东南曲桥里、德高山地区切断敌人退路；同时 42军 125 师也未能及时渡过蟾江阻截逃敌，致使横城地区的美第2 师一部、伪第 8 师师部及伪第 3 师大部得以逃脱。金指第 5、第 3 军团反击开始后，歼灭了伪第 3、伪第 5 师各一部，于13 日进到横城东南之鹤谷里、下安兴里，有力地配合了邓指作战。

横城反击作战于 2 月 13 日晨结束。这次反击作战，打得很出色，歼灭了伪第 8 师 3 个团、美第 2 师 1 个营，美伪 4 个炮兵营及伪第 3、伪第 5 师各一部，共 12000 余人，其中俘敌7800 余人。

李奇微在他的回忆录《朝鲜战争》中是这样描写我军在横城的胜利的："在中共军队的进攻面前，美 2 师又一次首当其冲，遭受重大损失，尤其是火炮的损失更为严重。这些损失主要是由于南朝鲜第8师仓皇撤退所造成的，该师在敌人的一次夜间进攻面前彻底崩溃，致使美第2师的翼侧暴露无遗。南朝鲜军队在中国军队打击下损失惨重，往往对中共士兵怀有非常畏惧的心理，几乎把这些人看成了天兵天将。所以，过了很长的时间才使南朝鲜军队树立起抗击敌军夜间进攻的信心。脚踏胶底鞋的中共士兵如果突然出现在南朝鲜军队的阵地上，总是把许多南朝鲜士兵吓得头也不回地飞快逃命。"

我们在横城消灭伪8师，营以下消灭了，团以上的军官和机构逃跑了。虽然没能消灭它的头目和机构，但它的装备全都丢失了。伪8师是新装备的，刚刚补充新车、新炮。有的车只跑了百十公里。还有很多好吃的，都堆在横城以南。但是由于部队还要继续作战，顾不上打扫战场。

这时，横城地区的伪3师、伪5师大部及美2师两个团，空降第187团被迫退集原州、宁越地区，东面的伪7师、伪9师也分别向平昌、旌善撤退。只有西面的砥平里之敌未动。

彭总命令邓华立即消灭砥平里之敌。

砥平里是一个敌人固守的、突出的小镇，邓华由于担心敌人南逃，仓促地组织39军和42军各一部于13日晚采取对付一般野战阵地的打法进行攻击，企图迅速消灭砥平里之敌。当时，敌人已在此形成了一个坚固的防御据点，我攻击部队当晚没能攻破敌人防御工事。

由于我们没有制空权，白天敌人飞机轰炸得很厉害，我军

157

只能晚上调动。第一天晚上打了，第二天晚上才能调动（特别是炮兵），第三天晚上才能执行（进攻也只能在晚上）。而敌人是可以白天运动的。这样，无形中给了敌人两个白天调整他们的部署。

14、15 日，敌人援兵急速赶来，邓华分析当时战场的形势，认为再继续打下去已不可能，于是于 15 日下午 5 时 30 分命令停止了对砥平里之敌的攻击。同时命令部队在撤退前尽量打扫战场。因为在横城反击战中，敌人丢下了很多武器装备，很多新炮新车。当时，我军急着打砥平里，没怎么扫战场。美国人急着救砥平里，没顾上轰炸。现在要撤退了，要求部队把能开的车尽量开走，能带的东西尽量带走，不能开的汽车、不能带的东西统统炸掉，不留给敌人。

16 日拂晓前，邓指各部开始北移。

他对在砥平里未能围歼敌人主动向彭总作了检查。彭总见他承担了责任，便未再说什么。

在东线邓指实施反击的过程中，西线敌人仍继续对我留在汉江南岸坚守的 38 军和 50 军一个团进行猛攻。38 军始终守住阵地，钳制敌人主要进攻集团，有力地配合了我军在东线反击作战的胜利。为此，38 军获得了志愿军总部的通报表扬。

我军从砥平里撤出后，敌人马上尾追上来，整个战线又拉平了，没有突出部了。38 军和 50 军那个团的阻击任务已经完成，彭总遂命令他们先后于 16 日和 18 日撤至了汉江北岸。

第四次战役从 1 月 27 日—2 月 16 日为第一阶段。

2月17日，即第一阶段结束的第二天，彭总给各军并报军委的电报中是这样评价的："从此次敌人进攻中可以看出，不消灭美军主力，敌人是不会退出朝鲜的。这就决定了战争的长期性。同时，这次敌之进攻，比第一、第二两次战役时敌之进攻所不同之点是：兵力多，东西两线兵力靠拢；纵深大，齐头并进，相互呼应。经我韩集团顽强积极防御，23天毙伤敌万余，致敌未能占汉城，吸引敌主力于南汉江以西，并赢得时间，使我邓、金集团歼灭横城地区伪8师、美2师1个营及伪3师、5师各1部，共毙伤俘敌约12000人，取得反击战的第一个胜利。但胜利极不完满，未能适时切断敌之退路，使被围之敌大部逃脱。13、14日两晚，攻击砥平里之敌，虽有进展，但敌迅速纠集3个师增援。进至横城之敌虽被击溃和消灭，但原州敌纵深仍未打破。各个歼敌时机已慢了一步，遂将主力转移到上荣峰里、洪川线及其东西地区待机歼敌。"

2月17日，彭总与我、解沛然等就下一步作战部署，进行研究。彭总认为，我军第四次战役虽然取得了胜利，但消灭的敌人不多，还不能制止敌人的进攻，敌人还会继续北犯，以图破坏我军的补充休整，并利用其优势的技术装备，大量消耗杀伤我军。此时，我第一线部队已十分疲劳，兵员减少，准备补充的新兵和老兵尚未到达。战略预备队除19兵团已于2月15日入朝并正在向预定地区开进外，第3、第9兵团及其他部队要到4月初才能到达三八线及其以北地区。如果让敌人很快进至三八线及其以北地区，将使我陷于十分不利的地位。彭总决定：全线立即转入机动防御，准备争取两个月的时间，掩护第二批部队开进、展开及改善交通运输，囤集物资，诱敌深入，至汉江以北，再发起新的反击。

我军机动防御的具体部署是：

以人民军第 1 军团、志愿军 50、38、42、66 军及人民军第 5、第 3、第 2 军团共 8 个军为第一梯队，在西起汉江口，沿汉江北岸至下珍富里以西约 150 公里的正面上，构筑纵深 25—30 公里的第一道防线阵地。要求各军在此防御地区抗击敌人 1 个月时间。

以人民军第 1 军团第 19 师、志愿军 26、40、39 军共 3 个军又 1 个师，在西起汶山，沿议政府、青雨山、丰岩里地区构筑第二道防御阵地。在第一梯队任务完成后，继续在此线进行防御。

这以后，我军梯次撤退，边阻边退。彭总说：退是要退的，但我们不能退得太远了，只能退到三八线。退得太远了，第一不利于我们后面几个兵团向朝鲜开进。第二也影响我们士气。第三是最重要的，政治上对我们也不利，不好向民主阵营、向朝鲜同志交代。人家会责问：你们是怎么回事？上一仗打得那么好，一下子打到了三七线，怎么这一仗又一下子撤得这么远，撤到三八线以北了呢？所以，我们的机动防御也是受限制的，受三八线这条政治线的约束。我们不能像在国内打仗那样，大踏步地后撤。

由于不能退过三八线，我们给各军作了规定，一天只能退多少。敌人不进，我们不退。敌人退了，我们还可以进一点，形成犬牙交错的局面，但总的来讲还是在慢慢向后收缩。

2月中旬的一天下午，我正在自己住的矿洞里看前方和军委来的电报，忽然秘书气喘吁吁跑来对我说："洪副司令，你快去看看吧，彭总又大发雷霆了!"

我问："怎么回事?"

秘书说："钟羽一（后勤第4分部部长），没有把给9兵团的粮食送到。"

我急匆匆赶到彭总那里。还未等我讲话，他就说："战役即将开始，第9兵团（26军）急着要出发，让钟羽一给送粮食物资，他没有送，误了军机，我要严肃处理他。"

我说："老总，不要这样急，查清问题后再处理也不迟。"

彭总不吭气，我又说："这事肯定是出了什么岔子，老总让我处理吧，我一定会处理清楚的。"

说完，我马上回到司令部，对东北军区后勤部前指负责人杜者蘅说："你马上去4分部把这件事了解清楚。"

很快，杜者蘅把情况弄清楚了。9兵团要出动，让钟羽一从阳德这边往元山送粮食，交代的是送40汽车，昨天晚上送到。昨晚7点多，他们就送到指定地点。可是到了9点钟，也没找到人。部队尚未到达地点，找不到部队。送粮车走以前，钟羽一也没有交代清楚，找不到人怎么办。司机们一见没人，怕把粮食放在那儿丢失，又把粮食拉回去了。9兵团到达地点的第二天早上，没找到粮食，补充不了，无法出发，便打电话问志司怎么回事，彭总一听部队要出发了，粮食还没送到，误了大事，影响作战，一下子就火了。

我了解到这个情况后，马上向彭总作了汇报。彭总听完，火气消了一点，瞪着眼问："问题怎么解决？"

此时已到了这天晚上，我说："作战计划照常执行，9 兵团照常前进，第二天晚上保证给他们补充上，补充不上，你拿我是问。"

彭总高声说："军中无戏言。"

我说："自然。"

我回到自己的住所，马上给 2 分部部长王希克、政委李钢打电话，给他们下了死命令。我说："你们今天晚上组织 60—70 台汽车给 9 兵团运送粮食和物资，其他的车一律停运，一定要在明天晚上以前送到 9 兵团指定的地点。"

接着我又给钟羽一下了命令，我说："你昨天送的东西，明天一定得给我送到，你亲自带着车去。这次再送不到，可就真要拿你是问了。"

王希克和李钢他们用了很大的力量，连夜组织 70 多台车。第二天，还下着大雪呀，路上的雪好深呀！他们还是给送去了，除了在路上给敌机打掉了 6 台车，剩下的晚上全送到了。

钟羽一他们那些车呢？第二天晚上也送到了部队集结地方。可是部队又转移了。这次他们没敢回来，在雪地里等了一夜，第三天上午总算找到了队伍。粮食和物资完全补充了。

很快，宋时轮给志司发来了电报说："所有我们需要的东西，全部补齐。"

彭总这时微笑着对身边的同志说："洪学智这个人，说话还是有点准头儿，还是信得着的。"

2月19日，敌人先后又在汉江以东发起了攻击，我防御部队在粮弹供应十分困难情况下，仅依靠一般野战工事，节节抗击，迟滞敌人进攻，使敌人进展缓慢。至3月6日，经过半个月的时间才将其东、西战线基本拉平。此时西线敌人已完成了渡江准备。

这期间，彭总曾去北京向毛主席汇报了前线的作战情况并商定了下一步的作战方针。

3月7日，敌人集中5个军共14个师3个旅又2个团的兵力，在强大炮火的支援下，在全线发起了大规模进攻。企图以美第9、第10军为主要突击力量，从战线中央突破，然后与西线美第1军分别从汉城东北及西南两个方向围攻汉城，进而向三八线推进。我军对敌人展开了逐山逐水的节节阻击。开始，我军在敌人强大火力下，防御经验不足、战术上不够灵活、伤亡较大，针对这种情况，彭总指出：机动防御目的是为了掩护后面两个兵团上来，所谓机动，就是不死打、死拼。根据这一指示精神，志愿军司令部连续给一线各部队发出指示，要求各部队在兵力配备上必须贯彻前轻后重的原则，不应一个阵地堆很多部队，遭致过大伤亡，也不应死守一地。在火力组织上则应贯彻前重后轻的原则，宜将步兵火器尽量配属前梯队，加强前沿火力。夜间派出小分队对敌进行夜袭，疲劳杀伤敌人，集小胜为大胜。

3月14日，我军为争取主动，待机歼敌，主动撤离汉城，15日美第3师和伪第1师进占汉城。

3月16日以后，我第一梯队各军先后转移至三八线以北地区休整，第二梯队各军随即在预设阵地上与敌进行英勇顽强斗争。敌人继续采取"主力靠拢"、"等齐发展"和所谓"磁性战术"逐步推进，企图依靠其机械化装备和优势的火力同我进行消耗战。我军则在宽大正面上，采取重点设防，梯次配备，扼守要点，以点制面的部署和"兵力前轻后重，火力前重后轻"的原则，以阻击结合反击、伏击、袭击等各种手段，依托每一阵地节节阻击敌人，大量杀伤敌人。

3月23日，敌人占领高阳、议政府、加平、春川一线，并以美空降第187团在汶山伞降4000人及坦克、火炮，企图截断北移的人民军第1军团之退路，威胁我26军侧翼，但遭我26军抗击，企图未能得逞。到3月底4月初，我全线部队转移至三八线以北附近地区，继续迟滞敌人进攻。

4月10日，敌人推进至他们所称的"堪萨斯线"，即西起汉江口，沿临津江，再经三八线以北附近地区至襄阳一线。4月12日，敌人把进攻重点转到铁原、平康、金化地区（即铁三角地区）。

整个机动防御阶段，没有重大的战斗。我们暂时避免大打，因为我们未能得到整补，实力大减，我们要等后续部队上来；敌人兵力展开后，也没后劲儿了，也不能大打，就是用磁性战术缠着我军。我军就同敌人对峙着。他打他的磁性战术，我打我的机动防御，拖延敌人进攻时间，逐步向我预定攻击出发线靠近。他进一点，我退一点，他不进我也不退，他避免伤亡，我也避免伤亡。他避免消耗，我也避免消耗。就这样，前后又打了两个月，我军争取了时间，得到了补充。

这时敌人已经发现我们后续兵团开上来了，不敢再攻了。

李奇微于 4 月 18 日下令他的部队转入防御。只有中部还在进攻，但进攻的速度更加缓慢，至 4 月 21 日敌人终于被我阻止于开城芝浦里、杨口、杆城一线。

第四次战役在第三次战役后不久打响。由于敌人迅速发起进攻，我军在未得整补的情况下，仓促转入防御，在连续作战减员很大，粮食极缺的艰苦条件下，我军进行了坚守防御、战役反击和运动防御等多种形式作战，前后历时 87 天，使敌人每天要付出近千人伤亡的代价，才能前进 1.3 公里。我军却赢得了近 3 个月的时间，掩护战略预备队开进、集结，为下次战役准备创造了条件。

这次战役证明，依托一般野战工事抗击现代化技术装备之敌进攻，实行坚守防御作战是极其困难的，一般不宜采取。有时，为了集中兵力在另一方面上实施进攻，而在局部地区实施某种机动性质上的坚守作战，以牵制敌人，保障主力进攻的胜利，虽然是必要的，但付出的代价也是相当大的。我军在汉江南岸的坚守防御就说明了这一点。

在横城反击胜利后，在围歼砥平里之敌未能奏效时，决心撤出战斗是正确的。但是，由于我军在指挥上的一些失误，敌人机械化增援迅速，砥平里守敌顽抗固守得逞，使美军在此后的作战中才敢于在战术上固守一点，顽抗待援了。同时，我军没歼灭砥平里之敌，说明了对现代化装备的敌人的进攻，必须周密侦察，充分准备，步炮要密切协同，要有优势兵力、火力并迅速分割包围，予以全歼。朝鲜战场的狭窄以及我军运输补给系统需要保护等，给我军的运动防御带来了新问题。首先，我军擅长的机动性受到了限制，虽说是运动防御，却必须有相对固定的防线。其次，即使是实施运动防御，阵地也必须是纵深的、多层次的，而且要构筑比较坚固的工事，否则，在敌人猛烈的火力突击下，则难以达到预定的目的。

第九章　实施全线反击

1952 年 2 月底，敌人继续北犯。这时，毛主席的想法是：在敌之地面兵力占优势的情况下，我军暂不进行战役性出击。如敌逼我应战，拟让敌人进至三八线南北地区。在我第二番志愿军部队 9 个军到齐后再进行有力的新战役。毛主席估计，敌占领三八线以后的行动有三种可能：第一，趁我疲劳继续北进；第二，暂时（10—20 天）停止于三八线；第三，较长时间（两三个月）停止于三八线，进行永久筑城，待阵地大部巩固后再进。这三种可能以前两种可能为多。但敌发现我有大量援兵到达时，第三种可能不仅存在，而且可能发生另一种情况，即变为长期相持于三八线。毛主席认为我应力求避免这种情况。我军应在第二番部队入朝后，趁敌进至三八线以南地区立足未稳时，在 4 月 15 日—6 月底，两个半月内实施战役反击，在三八线南北地区消灭美伪军建制部队几万人，然后向汉江以南地区推进，最为有利。

这时，我们得到极为重要的情报：麦克阿瑟和李奇微到朝鲜战场东线进行视察，敌海军加强了对我元山、新浦、清津诸港的炮击、封锁和对沿海岛屿的侦察活动。同时，敌人正在增调援兵，拟将两个国民警卫师调赴日本，准备增援朝鲜战场。南朝鲜至少有两个师约3万人在日本加速训练，装备美械。种种迹象表明，敌人在加紧登陆准备。登陆地点可能在东线，东岸的通州、元山地区，以配合其陆上进攻，企图打到三八线以北，避免我军由东面山区向其出击。

3月中下旬，19兵团和3兵团已开进朝鲜，向预定作战地区开进。此刻，敌人开始全线向三八线进攻。我军则以机动防御，掩护后续部队开进和展开。

根据毛主席的设想和敌人可能登陆的情报，彭总开始考虑对敌人进行大规模反击，即进行第五次战役。

一天下午，彭总把邓华、我、解方、杜平几个常委找去，商讨第五次战役的作战方案。当时韩先楚仍在前头部队没回来。

会议一开始，彭总说："今天讨论第五次战役怎么个打法，你们发表意见吧。"

我说："我主张把敌人让到铁原、金化地区再打，如果在铁原、金化南面打，我们一出击，敌人一缩，不容易达到毛主席说的成建制地消灭敌人的目的。把敌人放进一些来，我们可以拦腰一截，容易解决问题。同时，刚入朝的部队也可以逸待劳，多一些准备时间。"

我刚说完，彭总马上说："我们不能再退了，把敌人放到这一线来坏处很多，铁原是平原，是很大的开阔地，敌人坦克进来，对付起来很困难。另外，让敌人打进来，物开里那儿还储存了很多物资、粮食，怎么办？不行，不能把敌人放进来，还是得在金化、铁原以南打！"老总讲了很多，中心的一点，就是不同意把敌人放进来。

彭总讲完了，邓华说："我倒是同意洪学智的意见，他的意见有道理。应该把敌人放进来打。眼下，第3兵团、第19兵团将进来，第9兵团也刚刚往前开进，地形都不熟悉，行动也很仓促。把敌人放进来，一是我们可以准备得更充分些，可以以逸待劳，另外也可以进一步把地形摸熟。"

老总问邓华："那么，物开里的物资怎么办？"

物开里有很多物资仓库，我军储存了很多物资弹药。我说："好办，我保证两夜之内将它全部向北搬完。"

解沛然和杜平也发言了，也都同意放进来打的意见。老总见我们都不赞成他的意见，有些不高兴，问我们："这个仗你们到底想不想打了？"

解沛然见此，说："我又想了想，觉得彭总的意见是有道理的，考虑得比较周到。"

我说："老总，打还是要打的，我们是做你的参谋的。参谋的责任是提建议，意见是供你下决心参考的。老总是战场统帅，最后的决心还是老总下。"

邓华也说："老总，你不是让我们提看法吗？我们就是这么看，采纳不采纳由老总定。老总定了的，我们坚决执行。"

彭总没作声。我和邓华又把我们的意见和理由说了一通。

彭总起身走了，起草电报去了，还是按照他的在金化、铁原以南的打法起草的。

这时，该吃中午饭了。邓华吃完饭，走了。只剩下我陪着老总吃饭。

我利用这个机会又说道："老总啊，当参谋的，有3次建议权，我已经向你提了两次建议，现在他们都走了，我再向你提最后一次建议，最后由你决定。"接着我把自己的想法又详细地给他讲了一遍。

彭总听了以后，沉思良久，叹了一口气说："你的意见也有道理，我就是考虑朝鲜战场狭窄，把敌人的坦克放进来不好办呀！"

我说："敌人坦克开进来固然不好办，可是我们打出去更不好办。我们往前进，敌人就要往后退，我们是靠两条腿，敌人是坐着汽车跑，我们的人又疲劳、地形又不熟，追不上敌人的汽车！另外，打远了怎么供应呀，供应线也接不上呀！"

彭总不作声，我也就没有再说。

后来，我听彭总说，他之所以没有采纳我们的意见，是担心时间拖长了，敌人有从我侧后登陆的危险。彭总的担心也是很有道理的。当时，我们开进去的部队都是按照正面发动进攻部署的。敌人想从我侧后登陆破坏我正面进攻。一旦发生敌人侧后登陆情况，我们又得调整部署。部队都配备在正面，几十万大军，调头很困难。所以彭总想赶在敌人未登陆以前发动，粉碎敌人的企图。

4月初，以总团长廖承志、副总团长陈沂、田汉率领的中国人民赴朝慰问团，抵达朝鲜前线。他们将全国人民对志愿军、朝鲜人民军和朝鲜人民的热爱、感激以及全国人民抗美援朝的坚强决心带到了朝鲜。他们所到之处，均受到志愿军和朝鲜人民军的热烈欢迎。这极大地鼓舞了志愿军和朝鲜人民军的战斗意志。

4月6日，彭总在金化的金矿洞召开志愿军党委第5次扩大会议，布置第五次战役。

参加这次会议的人有彭总、邓华、朴一禹、我、韩先楚、解沛然、杜平，9兵团司令员兼政委宋时轮，19兵团司令员杨得志、政委李志民，3兵团副司令王近山、副政委杜义德。

这次会议，先由邓华介绍前四次战役入朝部队的作战情况。

接着彭总讲话。他总结了我军前四次战役的基本经验。他指出第四次战役的经验教训主要有两条：在军事上，证明我对现代化装备的敌人坚持固守防御是困难的，积极运动防御是必须的。在政治方面说明，抗美援朝战争是长期的，以为突破三八线，取得汉城后，即可一帆风顺地结束朝鲜战争，是一种幻想。彭总还传达了党中央和毛主席关于"战争准备长期，尽量争取短期"的总方针。他说：在这个总方针下，我全国军队今年准备补充60万，全国以国防建设为主，经济建设要围绕国防建设进行。我军实行轮番作战，改善志愿军装备，加强后勤机构，努力准备空军、装甲兵部队参战，尽量争取短期结束战争。

彭总着重分析了战场形势，彭总说：战争仍处于艰苦紧张的阶段，各方面的情况及种种迹象表明敌军在第四次战役中进占三八线后不但还要继续北进，而且从我侧后登陆配合正面进攻的可能性也很大，其目的是为了占领39度线，即安州、元山一线。如果敌人这一阴谋得逞，我军的主要供应线就会被切断，这将对我造成极大的威胁。因此，对敌人登陆的企图要做充分的估计，做好充分的准备。为了粉碎敌人从侧后登陆以配合正面进攻的阴谋，避免陷于两线作战的不利境地，我军必须先敌发起攻击。彭总说，第四次战役打到此时，敌人已十分疲惫，伤亡、消耗尚未补充，预备兵力也尚未赶到，我军立即组织反击最为有利。但是，此时我军的战略预备队的集结尚未完成，因此还须再等一段时间，将敌大体放至金化、文登里、杆城一线再进行反击。如敌人进展快，我即于4月20日开始反击，如敌人进展慢，我便于5月上旬开始反击。彭总对在场的各位兵团司令说：这个仗怎么打，大家可以畅抒己见么。

这时，各位兵团司令们刚刚进入战场，都想大显一番身手。他们情绪非常激昂，纷纷发表意见，会场十分活跃。大家都表示赞同彭总的意见。

兵团司令们发表了看法以后，彭总进一步明确提出为改变朝鲜战局，需要消灭敌人五六个师。在第五次战役中，我们要争取成建制地更多地消灭敌人有生力量，粉碎敌人的计划，夺回主动权。实施反击的地域主要是西线汶山至春川一线。该地域有伪第1师、英第29旅、美第3、第25、第24师、土耳其旅和伪第6师。根据敌人战役布置纵深小，其援兵主要来自横的方向等特点，决定我军在战役指导上，实行战役分割与战斗（术）分割相结合，战役包围迂回与战术包围迂回相结合的方针。在兵力布置上拟首先以一部兵力从金化、加平一线，利用这一带的大山区劈开一个缺口，将东西线敌人割裂。与此同时，以3兵团由正面突击，以9兵团和19兵团分别从东西两翼突击并实施战役迂回，各个分割歼灭敌人，得手后再向纵深发展。东线人民军金雄集团和西线人民军1军团分别向当面之敌进攻，积极配合作战。

　　彭总特别就战役发起的时间，征求各位司令的意见。彭总问：20号左右行不行？部队集结，赶到攻击出发地和冲击位置能否来得及？几位司令都表示，没有问题，保证到时候可以开始。

　　为了确保战役胜利，彭总还做了如下部署：第一，即刻抓紧时间进行政治动员和战术教育；第二，组织第一批参战部队的干部向新参战的部队介绍作战经验，并派出顾问协助新参战部队指挥；第三，按照作战区域划分，严密组织战役侦察和战术侦察；第四，加强囤集粮弹物资，规定这次战役发起时各参战部队自带5天干粮，另由各分部再准备5天干粮，随部队跟进，同时须尽一切努力，克服南进时300里无粮区的困难，使部队能不断获得粮食、弹药供应;第五,要求卫生部门作好收容4—5万伤员的准备;第六,工兵部队立即着手抢修熙川经德岘里、宁边、孟山到阳德的公路,准备在敌一旦从侧后登陆,我西线交通被切断时,作为主要运输线。

彭总最后强调说:后勤工作再三重复一句,要特别认真对东线5个军的粮食供应。如一两天没饭吃,再好的(作战)计划都完了。如果这次打胜了,全体指战员的功劳算一半,后勤算一半。

4月10日彭总把他的设想和部署电告毛主席。

4月13日毛主席回电表示:(一)完全同意你的预定部署,望依情况坚决执行之。(二)为防敌从元山登陆,似须以42军主力位于元山城内及其附近,确保元山,请酌定。

4月11日和4月18日志愿军司令部向所属部队发出战役指导与战术思想的指示,强调只要我军能紧紧掌握集中优势兵力,各个消灭敌人的原则,在战役上把敌人东西割裂,并以足够兵力,把并进之敌割为几大块,集中绝对优势兵力、火力迅速分别歼灭,我们就一定胜利。此战役能否大量歼灭敌人,重要环节在于全军能否坚持白天作战。

政治部主任杜平和我商量起草了第五次战役的政治动员令,4月19日以彭、邓、洪、韩、解、杜的名义向全军发出。动员令中指出:这次战役是我军取得主动权与否的关键,是朝鲜战争的时间缩短或拖长的关键,号召全军动员起来,发挥艰苦奋斗的精神,以无比的勇敢和智慧,成建制地消灭敌人,争取每战必胜。

这期间，我新入朝的 19 兵团、3 兵团和前段时间一直在休整的 9 兵团已分别集结到了预定的地区。新入朝的炮兵第 2 师及炮兵第 8 师 1 个团、防坦克歼击炮兵第 31 师和高射炮兵第 61 师等均已配属到了各军。为保证铁路、公路畅通，军委又调铁道兵第 3 师和 4 个工兵团入朝，并指派公安第 18 师担任铁路、公路沿线的防空哨，负责对空监视。还成立了前方勤务指挥部，指挥 6 个分部，分别负责对 19、3、9，3 个兵团的后勤保障工作。

这时，志愿军在朝鲜已共有 14 个军、6 个炮兵师、4 个高炮师及一定数量铁道兵、工兵、公安、后勤等部队。其中除 38、42 军及新入朝的第 47 军在后方休整，并担任海防与抢修机场任务外，担任一线正面作战的部队已达到 3 个兵团 11 个军和 3 个炮兵师及 1 个高炮师。

召开志愿军第 5 次党委扩大会议那天，北犯敌人已进至距离志司驻地金化上甘岭只有几十公里了。敌机白天晚上不停地在志司上空飞旋、轰炸，不时有隆隆的炮声从南面的交战前沿传来。为了彭总和志司的安全，会议刚开完，我们便向位于上甘岭西北百余公里的空寺洞转移了。

为了防止一旦发生意外同时牺牲，我们总部的领导转移时分成了三批走。彭总是头一批走的，我是第二批走的，邓华是第三批走的。

彭总走后的第二天，天黑以后，我坐着一辆吉普车上了路。本来以为晚上敌机就不会来了，可没走多远，敌人的几架飞机嗡嗡嗡地叫着飞过来了。那声音真难听！敌机先是投了几个照明弹，接着又俯冲下来，撂了几个炸弹。

我们为了防空，在又狭窄又凹凸不平的路上像跳舞似的左拐右拐，一下子没拐好，就给颠到路边的沟里去了。不过还算不错，车没翻，人没摔坏，车也没摔坏。一会儿，飞机飞走了，我和两个警卫员下了车，往上推啊，弄啊，由于沟很深、很陡，推了好半天，也没有弄上来。

就在这时，我们后头又开来一辆大卡车，见我们掉在沟里，停下来，在我们的车前面挂了个绳子，慢慢往上拉，我们在后面往上推，一拉一推，弄了一阵子，终于把车弄上来了。

我们刚把车弄上来，后面又开来了一辆吉普车，由于怕飞机炸，那车也没敢打灯，可能是天黑没看清吧，那辆吉普一下子又把我的一个警卫员给撞了，撞得伤还不轻。我看了看，他们那个车上没什么人，就让他们把那警卫员拉上，赶紧往医院里送。

那车走了以后，我们又继续赶路。大约走了1个多小时，来到一个岭上。那是个什么岭，我记不清了。敌机又嗡嗡嗡地飞来了。当时我们是上岭，我们对面往下驶过来了一辆大卡车，那卡车忽然打了一下车灯。也就是打了那么一下，敌机就发现了，朝着他们又是扫射，又是投弹，轰轰隆隆，噼哩啪啦地炸了一顿。那个卡车司机慌了，关上灯就拼命地朝下跑。由于天黑，又由于山道净是拐弯，一直等那车快开到我们跟前时，我们才发现它。

我是最先看到那车的，我一发现，就着急地大喊了一声："前面车来了！"

我一喊，我们开车的司机老郑就赶紧往边上打方向盘，紧打慢打，还是和前面那辆车撞上了。由于那辆车的速度太快了，没躲得及。撞车后，我们的车猛地震了一下子，我虽然双手扶住了前面的扶手，腿却重重地撞在了车帮上，当时就紫了一大片，试了试还不怎么疼。不过到第二天、第三天就不行了，肿得很厉害。

撞车以后，我下车看了看，那个撞我们的大卡车倒没什么事，可我们的车头却全撞坏了。保险杠给撞弯了，发动机壳子也给撞扁了。司机发动了几下，也没发动着。我因为急着赶路，就说："要是不行了，就让那个大车送我们吧！"

我们那吉普车是刚刚缴获的美国新车，撞成那个样子了，我挺心疼的。以后，司机又鼓捣了几下子，竟给发动着了，司机对我说："没问题，还可以走！"

我一听能走，心里很高兴，大声说："那就赶快走吧！"

那个大车上带车的是 40 军后勤部的一个财务科长。他听出了我的声音，吓坏了，赶紧下车跑过来说："哎呀，真不得了啦，把首长给撞了。怎么样啊？"

我说："腿给撞了一下，不碍事！"

他说："把首长的车撞坏了，首长先坐我们的车走吧！"

我说："行了，我们的车能走，你走你的吧，赶快走！再开车小心点儿！"

我们是后半夜赶到空寺洞的。

那个财务科长回到部队后，向部队报告了，说今天晚上坐车赶路撞车了，把洪副司令给撞了。第二天，部队发电向我慰问，问撞得怎么样。我回电说："没问题，挺好。"

朝鲜这个地方有个特点，到处有金矿，到处有一些金矿洞子。我们司令部进到朝鲜以后都是住的金矿。大榆洞是金矿，君子里是金矿，金化是金矿，现在来的空寺洞是金矿，最后转到桧仓，也是金矿。为什么老住金矿？原因是金矿有洞子，好防空。

空寺洞这个地方，也有很多洞子，山上面有，山下面也有。但是，这儿与金化君子里不同的是，这儿的矿洞里经常滴水，很潮湿。所以彭老总就是不愿意住洞，他除了嫌洞子里潮湿、憋闷，还嫌洞子里黑暗，白天也得点蜡烛。正好，那山下有几间房子，还是很好的，还没被敌机轰炸过，所以他就要住那个房子。管理处的同志安排他住了，但是在靠他那个房子的门口又给他挖了一个小防空洞，直对着他那个房子，一旦敌机来轰炸，他一出门就可以进那个洞子。

我到了空寺洞，天刚亮就去检查彭总的住房和防空洞。我发现那个洞子不行，很不安全。那洞是直的，直筒子，很浅，外面的口还是敞开着的。敌机扫射，直接就可以扫到洞子里面去，很危险。当天晚上，我赶紧叫工兵连连夜把洞子加深，并在那洞口用沙袋堆了个三角形的隐蔽墙，一进门拐几个弯进去，这样就可以防敌机扫射了。

我和解沛然、杜平住在了彭总那个大房下面的山坡上一间小房子里。小房子侧边是一条山沟。在我们的房子后面也挖了一个防空洞，以备急需。

我到空寺洞后的第 3 天，邓华也到了。他到的时间是午夜 1 点钟。彭总住的那个房子是一溜 3 间，对着门一间，东西两侧各一间。彭总住在了东面的那一间，把邓华安排在了西面的那一间，让他和彭总住在一起。

邓华一看，把他一个人安排和彭总住在一起，就问管理处的人："洪副司令住到哪去了？"

管理员说："他住在下面的那间小房里去了。"

邓华说："我同他住一起吧。"

管理员说："他们几个人住在一个房子里，已经很挤，没别的房子了。"

邓华说："那我也得去。"

他硬是搬了一张行军床，挤在我们住的那个屋子里睡下了。

第二天早上 5 点多钟，天刚蒙蒙亮，太阳还没升起来，我忽然听到一阵清脆的防空哨枪响，紧接着又听见了嗡嗡嗡的飞机轰鸣声，我立即意识到这是敌机袭击来了，猛地一个鲤鱼打挺从床上跳了起来。解沛然和杜平也起来了。我再看看邓华，他还"呼呼"地打着呼噜，睡得正香呢。他太累、太困了。昨天他睡下时，连衣服和鞋也没脱。

这时，我朝邓华大吼一声："飞机来了，朝这边来了！"

邓华还没醒，我急了，一下子把他的行军床掀翻了。邓华醒了，明白了是怎么回事，立即爬起来，同我们一道急急忙忙地跑出屋子。

我们跑出屋子没有进防空洞，因为钻洞还要拐到房子后面去，还要拐一个弯，我们怕来不及了。我们是一直往前跑，跑到屋子侧边的那条小山沟里。我的腿被撞肿了，下那个小土坎子是警卫员和邓华扶着我下去的。说时迟、那时快，我们刚刚进到那沟里，敌机的火箭弹就发射了。我们眼看着彭总住的那房子被打中了。

我们非常焦急，赶快让警卫员去看。一会儿，警卫员跑回来说，彭总已进洞了，我们这才放心了。彭总也关心我们的安全，让秘书杨凤安来看我们，一看我们都没事，他也高兴了。

敌机飞过去以后，很快又超低空地飞过来，用机关枪劈劈啪啪地猛扫了一阵子，然后飞走了。这时，我们上去一看，彭总房子已被打坏了，彭总住进去的防空洞门口堆的草袋子上打了足足有70多个子弹眼。敌人的飞机发现洞口有个大包，是挖出的新土，看出了那是新挖的防空洞，专门朝着这个洞和房子打。幸亏彭总进了洞子，而且堵了沙袋子，要不然，还真危险哪！我们住的那间房子，没被炸弹炸到，却被机关炮扫射到了。原来安排邓华睡的那个地方被打了好几个洞，他那张行军床，也被打了个窟窿。

邓华开玩笑地说："老哥，今天不是你，我大概早已上西天了。"

敌机袭击后，彭总和我们原来住的房子都被打坏了，不能住了，也太危险了，我们就住进了矿洞。洞里又潮又阴又冷又黑，我们就又在洞口外给老总挖了个小洞，敌机没来的时候，他可以到洞口去挂地图，白天不点灯也可以。那以后，敌机几乎天天都来光顾，见着一点亮就狂轰滥炸。这以后彭总也比较注意防空了。

一天晚上，我和韩先楚在另外一个小洞口上坐着，点了一支蜡烛，一面下象棋，一面等电报。我们正下得带劲儿呢，敌机来了。

离我们不远处的沟里是个伙房，那儿支着一口烧饭用的大铁锅，烧锅的火没有完全扑灭，还有火星，给敌机发现了，敌机便朝我们这边飞来了。由于敌机飞得很低，离地面很近，带起的风呜呜地响，声音大极了。很快，敌机投弹了，投了五六枚弹，那炸弹下落的声音，尖涩凄厉，难听极了。我以为把那厨房打掉了，后来一看，没打掉，炸弹擦着我们的洞飞过去，落在山沟里。敌机从我们头上俯冲过去，很快又打了个转儿，朝我们洞口这个方向俯冲过来。老韩一见，喊："不行了，炸弹都对着洞口来了！"

说完，我俩扔下象棋就往洞里头跑。那洞也不深，大约有三四米。我躲到洞子尽里头，对韩先楚说："老韩，这个厨房可是造孽了！"还好，最后我们俩谁也没伤着。

不过,又过了一天,还是出事了。我们司令部住的那个矿洞很大,东面有个大洞口用沙袋子给堵住了,西面还有个小窟窿,很小,没有堵东西。

那天晚上,有个侦察参谋,点着蜡烛在离那个小洞口几米远的洞里整材料,敌机飞来了。参谋自以为是在矿洞里,没有注意。敌机大概是发现了亮光,对着亮光猛扫了一阵机关枪,结果把那个参谋给打死了。

以后在成川香枫山志后,卫生部有个科长,也是晚上在洞子里点着亮被美机用同样的办法打死了。敌机善于从很远的地方对着小亮点扫射,打得很准。

3月下旬,我军在四次战役后期采取机动防御,逐次北撤,敌人将战线推进到三八线附近后,美国统治集团内部对侵略朝鲜的策略曾再度发生争吵。

杜鲁门总统、艾奇逊国务卿、马歇尔国防部长等主张在不扩大战争范围的前提下,依靠其强大的技术装备优势,稳步向朝鲜北部推进,待占据有利地位后,再以实力政策为基础,或与我进行谈判,或继续其军事行动,以保持其在朝鲜和亚洲的地位。

3月20日,美国参谋长联席会议把国务院起草的呼吁谈判的杜鲁门声明通知了麦克阿瑟。声明说:"侵略者已被赶回它发动战争的三八线。联合国军欲击退北韩及中共对韩国侵略的主要任务已达到。联合国关于韩国统一和建立自由政府的目标应该而且可能不用流更多的血予以实现。为解决朝鲜停战及有关主要问题，特呼吁中共进行谈判。如果中共拒绝谈判，联合国便不得不将目前的军事行动继续下去。"

3月24日，麦克阿瑟发表声明说："以军事指挥官的权限，准备随时同敌军司令官在战场会晤，寻求不再继续流血而实现联合国在朝鲜政治目标的军事途径。"但同时，他又说："如果联合国决定改变它为了把战争局限在朝鲜境内而做的容忍的努力，把我们的军事行动扩大到赤色中国的沿海区域和内陆基地的话，赤色中国一定会遭到迫在眉睫的军事崩溃的危险。"

麦克阿瑟的声明，引起了美国内部更大的混乱。杜鲁门气愤地表示，这是"对宪法赋予总统权力的挑战"，"也是对联合国的藐视"。杜鲁门为了缓和其内部矛盾，执行其既定的政策，于4月11日断然决定，解除麦克阿瑟的一切职务，任命李奇微接替他担任美国远东军总司令和"联合国军"总司令，任命范弗里特接替李奇微当了第8集团军司令。

李奇微担任新职后，为贯彻杜鲁门的既定政策，再次越过三八线，并计划以侧后登陆配合正面进攻，在朝鲜蜂腰部（即元山至平壤一线）建立新防线。他认为这条线正面狭窄（只有170公里），地形对他有利，进可攻，退可守，又是朝鲜的腹地，占领这条线，不仅在军事上，而且在政治上也是有利的。

这时候，敌人空军对我后方交通、物资囤集地和部队集结地进行了空前猛烈的轰炸。敌海军也加强了对我元山、新浦、清津诸港的炮击、封锁、侦察和袭扰活动。杜鲁门还派马歇尔

"访问"日本，允许李奇微可以动用美驻日后备力量，并将美第 40 师、第 45 师由美国本土调往日本，还加速整训伪军在日本的 3 个师，扩建釜山、金浦等空军基地，加紧进行登陆作战准备。

不过，这时敌人由于连续两个月的进攻，兵员疲惫，损失严重，对我军大批新部队开进朝鲜、准备向他们发动新的攻击也十分畏惧。

第五次战役部队快要出动时，60 军忽然给志愿军总部发来电报说：他们已进入战役发起前的待机地域，可是有的部队已没粮食吃了，有的部队已经拿大衣和老百姓换粮食吃了，请赶快补给，等等。

彭总看了电报，很生气，问我说："你这个洪学智，怎么搞的?"

我说："怎么回事呢?"

他说："60 军那边明明缺粮食，都拿衣服换粮食吃了，你怎么说他们不缺粮呢? 部队马上要出发作战了，这仗还打不打? 你误了我的军机呀!"

我说："彭总，他们的电报不准确。粮食都送到了，最少可以保证 5 天，多的可以保证 1 个礼拜，他们的粮食是有保证的，没有问题。"

接着，我又把哪天哪天给 60 军发了多少辆车，发了多少粮食，发到了什么地方都向彭总说了。

彭总仍然不相信地瞅着我。

我说："老总，可以派人去调查嘛，如果真的有问题，我负责任。"

彭总说："当然要派人调查了！"

彭总说完，我随即派参谋刘洪洲去60军调查。

彭总不放心，他怕我派去的参谋回来报假情况，又把他的随从秘书杨凤安也派到了60军调查。杨凤安去60军，彭总没有告诉我，我也不知道杨去了。

第二天，杨凤安从60军给彭总发回电说：他已亲自问了60军的军长韦杰和政委袁子钦。他们告诉他：洪副司令讲的完全是实情，粮食早已送到了，请彭总放心。不是部队缺粮食，是有的单位违反纪律，拿大衣和毛巾换老百姓的酸菜和鸡吃。起草电报的参谋连情况都没搞清楚，道听途说了一些风言风语，就急急忙忙地发了电报，反映的那个情况不对。

我看了这个电报，本想追究他们谎报情况的责任，后来一想，算了。战争期间情况搞不准，也情有可原。

彭总看了杨凤安的电报，知道我说的情况是准的，部队不缺粮，很高兴。第二天吃早饭时，他找到我，拉着我的手笑着说："你看看，前天错怪了你，对不起呀！"

我笑着说："老总呀，你怎么讲这个话呢，这我可担当不起呀！"

这时，桌子上放着一个梨，老总拿起梨，递给我说："赐你一个梨！吃梨，吃梨。给你赔个梨（礼）！"

我说："彭总作为统帅是从全局出发看问题的，你是怕部队饿肚子，影响打仗，是高度的革命责任感。如果我们没弄好，就应该受批评，现在问题弄清楚了就很好嘛，没什么要道歉的。"

彭总笑着说："算了，算了，不说了，下盘棋吧！"以往彭总批评我，批评错了，为了打圆场，就说下盘棋。

我说："下棋好呀，咱们得先讲好拴不拴绳子。"

彭总说："我哪回拴过绳子呀！"

所谓拴绳子，就是吃了子不算，又捞回去，悔棋。彭总严肃，有些同志不大敢接近他。那时他工作很紧张，也没什么可以消遣的，旁的没什么爱好，一天到晚就想着作战问题。唯一的爱好就是下下象棋。他的军事指挥艺术高明，棋艺却不大高明。下不赢，就悔棋。所以，每次下棋之前，我总爱开玩笑地说："老总，下棋可以，不准拴绳子。"他说："你这个人哪，什么拴绳子不拴绳子的，不拴！"这次又说了，说完我们就又下了起来。

不过我想，他旁的事情也不搞，不拴绳子，老赢他，也不好，达不到消遣目的，有时也让他赢两盘。

在君子里，过春节那天，事少一点，他对我说："怎么样，咱们今天下三盘，定输赢！"

我说："好呀，三盘就三盘！"第一盘，我可以赢的，让了他一盘，他不知道，很得意。第二盘我赢了。第三盘他说这是最后决战，我想赢不赢他呢？后来想，让老总高兴高兴吧。结果他赢了，高兴极了，叫道："啊，今天过年了，我赢了，你不行呀!"

这一天，我们下了两盘，一比一，平局。

4月19日，美军第24师、25师进至铁原附近。这两个师在敌军整个战线上形成了突出态势，有利于我军对其实施攻歼。当晚，彭总做出决定：第五次战役于4月22日黄昏发起。

敌人不摸我意图，继续向前推进。

21日其先头部队已进到开城、高浪浦里、杨口、杆城一线。

美第1军指挥伪第1师、美第3师、美第25师位于汶山至古南山及其以东地区，并以伪第1师青年团及前进支队活动于开城、石柱里地区。军指挥所及预备队美第3师第15团位于议政府。

美第9军指挥美第24师、伪第6师、美陆战第1师位于芝浦里至大利里一线。英第27旅为预备队位于加平地区。军指挥所位于清平川。

美第10军指挥美第2师和荷兰营及法国营、美第7师、伪第5师，位于九万里至元通里一线。军指挥所位于新岱。

伪第3军指挥伪第3师位于元通里至寒溪岭一线，伪第7师位于县里地区为预备队。军指挥所位于下珍富里。伪第1军指挥伪首都师、伪第11师在寒溪岭至杆城一线组织防御，伪第9师位于江陵为预备队。军指挥所位于堤长街洞。

美骑兵第 1 师、美空降第 187 团、伪第 2 师为第 8 集团军预备队分别位于春川、水原、原州等地。

我军仍按彭总的预定计划，以 3 个兵团共 12 个军（含人民军第 1 军团）在西线实施主要突击，以分割北汉江以西敌人为目的。以第 3 兵团为中央突击集团，从正面突击，以第 9、第 19 兵团为左、右突击集团，从两翼进行战役迂回。首先分别歼灭伪第 1 师、英第 29 旅、美第 3 师、土耳其旅和伪第 6 师共 5 个师(旅)。然后，再集中兵力会歼美第 24 师和第 25 师。东线人民军第 3、第 5 兵团积极钳制敌人，并相机歼敌。

我军的中央突击集团 3 兵团指挥 12、15、60 军配属炮兵第 2 师两个团、防坦克炮兵 1 个团，从三串里至新光洞 15 公里的正面上突破。首先歼灭美第 3 师、土耳其旅，尔后向哨城里、钟悬山地区实施突击，与 19、9 兵团主力会歼位于永平、抱川地区的美第 24、第 25 师。

右翼突击集团的 19 兵团指挥 63、64、65 军及人民军第 1 军团，配属炮兵第 8 师 1 个团，从右翼突破，在扫除临津江以西之敌后，在德岘洞至无等里 31 公里的正面上突破临津江，首先歼灭英第 29 旅，尔后向东豆川里、抱川方向实施突击，协同 3、9 兵团会歼美第 24、第 25 师。64 军突破临津江后，迅速向议政府实施战役迂回，断敌退路，阻敌增援。得手后以一部向汉城推进，并相机占领。人民军第 1 军团首先歼灭开城、汶山地区守敌，尔后向高阳、汉城方向实施突击，占领汉城后担任该城守备任务。

左翼突击集团的 9 兵团指挥 20、26、27 军及 39、40 军，配属炮兵第 1 师 5 个营、炮兵第 2 师 1 个营和防坦克炮兵第 31 师 1 个团从左翼突击。以 20、26、27，3 个军在古南山至伏主山 27 公里的正面突破，向万世桥里及机山里、抱川方向实施主要突击。首先歼灭美第 24 师、伪第 6 师各一部，尔后协同 19、3 兵团会歼美第 24、第 25 师。40 军在上实乃洞至下万山洞 6 公里的正面上突破，向加平方向突击，切断春川至加平公路，割裂东西线美军联系，并以一部前出至华川、春川间，断敌后路，配合 39 军歼灭逃敌和阻援。39 军以一部兵力于华川以北钳制敌人，主力向论味里、原川里方向实施突击，钳制美陆战第 1 师、骑兵第 1 师不得西援，保障战役主要突击方向的左翼安全。

人民军第 3、第 5 军团，以一部兵力于杨口以北地区积极钳制美第 2、第 7 师，主力从榆木洞至牛卧里地段突破，向伪第 3、第 5 师接合部西湖里、麟蹄地区实施突击。得手后向平昌、江陵方向发展。

4 月 19 日，我军各突击集团奉命分别隐蔽地进入了进攻出发地。

4 月 22 日昼间，西线敌人继续向铁原、金化方向进攻，其他方向之敌则处守势。是日黄昏，我各突击兵团，按照预定计划向敌发起全线反击。

这次战役参战的炮兵都是一开始就入朝的老炮兵，很有战斗经验，他们按照战役前的部署，按时按点实施炮火准备的。

炮火准备完毕后，由于我们个别部队还在进攻出发地呢，距离进攻冲击位置，距离火炮射击点还有好远，炮兵轰击后，步兵冲击没跟上去，未能很好地利用炮火袭击的效果。有些部队是跑着从进攻出发位置向冲击位置运动的。

我军进攻是靠晚上进行的。一个晚上能有多少时间？往冲击位置运动就占去了不少时间，到了冲击位置部队还得展开呀，展开也得要时间。展开了，突破了，天也快亮了。一个晚上完不成突破，白天突破就受到限制。

攻击命令下达时，有的部队问领导："怎么我们还没到冲击位置，就让我们发起攻击了？是不是可以推迟一下再攻击呀？"

答复是："别问了，执行吧。"

我们一些同志还没有打美国兵的经验，把在国内打国民党军队的那一套，特别是三大战役后打国民党军队那一套拿来了。总觉得我军一下子上来这么多部队，打他们还有什么问题？

这次，战役设想是很圆满的，3兵团从中央突破，然后向两边一转。9兵团、19兵团从两翼突破迂回包抄，当天晚上，3个兵团都冲破了敌人的防线。但是，由于有的部队穿插迂回动作缓慢，未能按计划到达指定位置，形成了从正面平推，所以没有更多地包围歼灭敌人。

彭总有个习惯，战役发起时，他就让秘书不断地在地图上插小红旗。他要清楚地了解，哪个部队突破了，是什么时候突破的。各部队行进到什么位置。

右翼的 19 兵团，在扫清了临津江西岸之敌，突破临津江后，63 军便向当面之敌英 29 旅及美第 3 师一部进行攻击，于 23 日晨，攻占了绀岳山要点及其附近地区，突破敌人前沿，歼敌一部。64 军于 23 日攻占长坡里、马智里后被阻，第 2 梯队 65 军两个师又相继投入战斗，结果 5 个师的部队拥挤在长坡里、高士洞、马智里以北、临津江以南约 20 平方公里狭小地区内，遭敌炮兵、航空兵火力猛烈轰击，伤亡较大。人民军第 1 军团，于 22 日晚占领开城，24 日渡过临津江逼近汶山。

担任中央突击的 3 兵团，突破后虽在炭洞、粟隅地区包围了美第 3 师 1 个团，但该团在敌飞机、坦克掩护下南逃。这以后，该兵团于 24 日晨前出至三八线附近的花峰村、炭洞、板巨里地区，与敌形成对峙。

左翼 9 兵团突破敌防御后，40 军迅速向敌纵深猛插，至 24 日晨，完成了割裂东西敌人联系的任务。39 军也提前出到芝村里、原川里，将美军陆战第 1 师阻隔于北汉江以东，使其不得西援。26、27、20 军 23 日突入敌纵深 18—20 公里，并在龙华洞、白云山附近歼灭美第 24 师及伪第 6 师各一部。

此时，敌人在我连续两日猛烈突击下，仍以伪第 1 师、英第 29 旅在汶山、弥驰寺、神岩里地区顽抗，掩护美第 1 军主力及美第 9 军撤至磨叉山、哨城里、钟悬山、姜氏峰、玉女峰、龙华山地区组织防御，并迅速调英第 28 旅及加拿大第 25 旅两个营和美骑兵第 1 师第 7 团增强加平地区防御，堵塞被我军打开的战役缺口，阻止我 40 军向其暴露的翼侧发展。

我军为发展胜利，右翼 19 兵团根据联司关于迅速向议政府方向实施战役迂回的指示，经过激战，于 25 日 18 时突破了敌伪第 1 师、英第 29 旅主要防御阵地，占领了汶山、直川里、七峰山等地，歼灭伪第 1 师一部及英第 29 旅一部共 4000 人。该兵团 64 军先遣队前出至道峰山，突入敌纵深 25 公里，对敌侧后造成威胁。63 军第 189 师于土桥场包围敌人两千余人，但因断敌退路仅 1 个营，兵力单薄，致使敌突围逃走。中央 3 兵团 25 日进至哨城里、宝藏山地区，歼敌一部。15 军一个营在哨城东南大田里歼灭美第 3 师两个连。左翼 9 兵团 25 日晚占领清溪山、云岳山和中板里、永阳里地区，并歼敌一部。

我军连续作战 3 昼夜后，虽在加平方向打开了一个战役缺口，对敌翼侧造成了严重威胁，但因未能断敌退路，分割包围敌人，战役发展形成平推，歼敌不多，敌人主力于 25 日撤至锦屏山、县里、春川第二线阵地继续抵抗。

4 月 26 日，我军继续向敌防御纵深发展进攻，并于当日占领了敌锦屏山、县里、加平等二线阵地。28 日，我右翼 19 兵团占领国祀峰、梧琴里、白云台地区。人民军第 1 军团于梧琴里歼灭伪第 1 师 1 个营大部，并于 29 日前出于汉城近郊的北岳山区；该兵团 63 军曾在乐道山包围美第 3 师 1 个团，因未能断敌后路，致敌南逃。中央 3 兵团于 28 日进至自逸里、富坪里地区，29 日一部前出到间林、退溪院里地区，逼近汉城，控制了汉江北岸。左翼 9 兵团 40 军 20 日于加平北击退美骑兵第 1 师第 7 团、英第 27 旅反击后，占领加平。39 军主力进至春川地区后，以一部渡过昭阳江进至九峰山、坪村里，将美陆战第 1 师迫退，胜利地完成战役保障任务。该兵团 28 日攻占铸锦山、祝灵山、清平川地区后，29 日一部前出到金台里、磨石隅里地区，逼近汉江。

西线我军发起攻击后，东线人民军第 3、第 5 军团向麟蹄以北之伪第 5、伪第 3 师各一部发起攻击，并在西湖里地区歼灭伪第 5 师第 36 团大部。

28 日，敌人在我军连续突击下，将主力撤至汉城以南及北汉江、昭阳江以南组织抵抗，美骑兵第 1 师西调汉城后，在汉城周围组织了绵密的火力控制地带，企图诱我攻城，给我以大量杀伤。

彭总鉴于在汉城以北歼敌的机会已失，遂于 29 日命令停止了攻击。

第五次战役第一阶段的攻势，从战役部署上看，口子张得大了，想一下子消灭敌人五、六个师，过后看起来，是不可能的。再加上战役发起时出现的误差，没能突破后插入敌人侧后形成迂回包抄，所以打了个平推，所形成的包围圈，也多是战术的，没能形成大的战役包围。没能大量地歼灭敌人有生力量。我们在这次战役中仍然是靠自己身上背的那点粮食、弹药，所以还是礼拜攻势。

五次战役第一阶段打完了，没能取得大的胜利。兵团司令和军长们都有点不甘心，还想再好好打一仗。彭总也有这种想法，也想让新上来的部队再施展一下，再多消灭一些敌人的有生力量，所以又决定调整部队，打五次战役第二阶段。

第二阶段，彭总和我们几个人研究的战役部署，还是正面突破，向两面夹击，但突破地点东移。因为西面主要是美军，东面主要是伪军。决定3兵团和9兵团从伪军这个方向突过去，3兵团往东靠。3兵团和9兵团两个兵团突破伪军防线后向西转，插到美军侧翼和侧后。西面19兵团从正面临津江突破。

第二阶段，我们还是想多消灭一些敌人。命令3、9兵团稍事整补后即隐蔽东移。在杨口、麟蹄线发动新的进攻，要求歼灭伪军两三个师及美第7师一部，以利尔后作战。同时，为了迷惑与钳制西线敌军，还令人民军第1军团在汉江下游（汉城以西），令19兵团在汉城以东实施渡江佯动，令39军主力南渡昭阳江，进至春川、洪川间掩护3兵团、9兵团东移。

4月30日，敌人为查明我军动向，破坏我军进攻准备，掩护其调整部署，开始以一部兵力向我发起攻击。至5月8日，敌先后进占高阳、禾也山、龙浦里一线地区。敌人判断我军可能向中线进攻，遂即转入防御，将美第7师西调北汉江以东的楸谷里、龙头里和禾也山、鼎排里地区加强中线兵力。

5月6日，彭总正式下达战役第二阶段预备作战命令，决定以9兵团和人民军金雄集团（由9兵团统一指挥），首先歼灭县里地区的伪第3、第7、第5、第9师，尔后视情况继续歼灭伪首都师、伪第11师。以3兵团割断美、伪军联系，阻止美第10军东援。19兵团在西线积极行动，钳制美军主力，配合东线作战。

我军实施第二阶段作战的命令下达后，西线 19 兵团和人民军第 1 军团即在汉城方向和汉江下游实施佯动，开展积极的战斗活动，不断袭击敌人，摆出我军要迂回汉城渡江南进姿态，人民军第 1 军团还曾以一部在汉城以西渡过了汉江。

我 3、9 兵团经过 10 天整补后，于 5 月 9 日在 39 军掩护下挥师东向，至 15 日相继隐蔽地进入春川至兰田里（麟蹄西南）间的北汉江、昭阳江两岸地区，人民军金雄集团亦同时进占麟蹄及其以东地区，按时完成了战役展开和进攻准备。

5 月 16 日下午 18 时，各突击兵团按计划先后向敌人发起猛烈突击。

这次各兵团不仅都到了进攻冲击位置，而且突破口的选择、炮火的组织都搞得很好。3 兵团和 9 兵团都突破很快，16 日一个晚上就完成突破，然后猛往纵深插。3 兵团 12 军和 9 兵团 27 军都插得很远，12 军一直插到三七线，其 91 团前插 300 余里，一直插到三七线南。

不过伪军已有逃跑的经验，他们对我们的进攻，实行了有准备的撤退。他们坐着汽车撤得很快。

我们由于集中的队伍太多，兵力太密集，战役向纵深发展有困难。开始突破时需要兵力密集，突破后，穿插迂回，部队拥挤、互相交叉，不好运动。朝鲜东部地形都是纵向的山脉，就那么几条纵向公路，横向公路很少，不利于部队展开、迂回穿插。许多部队都因为横着无法行动，只好干脆一直往南开。

27 军和 12 军就都是一条直线往南直插的。

20 日,西线敌军为减轻我对美第 9、第 10 军的压力,开始以美第 1 军 3 个师又 3 个旅的兵力向我展开进攻。我 19 兵团遂转入防御。这时,东线敌军在我连续 5 昼夜突击下已撤至三七线附近九城浦里、苍洞里、仁邱里一线布防。

这时,美军看到我们东边的部队突进很深了,怕自己翼侧又暴露,被我们迂回包抄,遂让美第 10 军的两个师迅速横向东移,插断我们东面的部队的前后联系。

这时我军经过连续作战,部队极度疲劳,供给难以为继。而且这次战役又未能消灭敌人的建制师团。在此情况下,我军再前进,不仅难以消灭敌人,而且还会徒增困难。所以,彭总决定于 5 月 21 日结束第二阶段作战。命令部队向北转移。

第五次战役第二阶段结束后,彭总为争取主力集结休整,总结作战经验,造成尔后有利战机,即在停止作战的当天做出决定,各兵团留 1 个师至 1 个军的兵力,从现在位置起,采取机动防御、节节阻击、杀伤消耗敌人,掩护各兵团主力转移至渭川里、文惠里、元通里一线及其以北地区进行休整。

命令 65 军于议政府、清平川地区,60 军于加平、春川地区,27 军 1 个师于春川、大同里地区节节阻击敌人,掩护 19、3、9 兵团主力分别转移至渭川里、涟川以北地区,铁原、金化地区及金化以东、华川以北地区休整。

为避免我军部队转移时过分拥挤,令担任 3 兵团预备队的 39 军提前于 22 日黄昏转移。3 兵团未经志司批准,亦令 15 军提前于 22 日黄昏开始转移。

5 月 23 日晨，敌人在我主力尚未转移之时，即利用我军行动缓慢补给困难的弱点，开始了大规模、有计划地猛力反扑。他们集中了 4 个军 13 个师的兵力，而且改变了战法，各师均以摩托化步兵、炮兵、坦克组成"特遣队"，并有大量飞机和远程炮的支援，沿着公路向我纵深猛插，割裂我军部署，主力则从正面推进，给我军的后撤，带来了很大的困难。

这次指挥战役的撤退同第四次战役时不同。第四次战役时志司直接指挥到军，一个梯次一个梯次撤退转移。这次因为有了兵团这一级，志司没指挥到军。志司只下了撤退命令，由各兵团自己组织撤退。

撤退困难的主要是东线。西线 19 兵团突进不远。东线部队不但往南插得太深、太远，而且部队太多，互相交叉。这时，指挥员既要组织部队撤退，还要调动部队组织防御，防止敌人进攻，掩护撤退。由于各兵团各个军内部交叉不好指挥了，只好抓住哪个部队就让他堵在哪儿。有的部队本来是让他占领阵地阻击的，他一看其他部队往后撤，他也就往后撤了。

27 军插得很远，9 兵团开始很着急。当时，9 兵团和 27 军还保持着联系，着急是因为敌人已经到他们后方了。3 兵团 12 军也插得很远，插到 37 度线以南了。有的部队如 91 团完全和上级失掉了联系。3 兵团开始也很发愁，这些部队插得太远了，而且联系不上，担心他们回不来。但是这些部队很有战斗经验，冷静沉着，最后成建制把部队带回来了。

我军往后转移，本来是主动采取的行动，但是由于担任掩护的部队，有的未能及时进入防御地区；有的虽然已进入了防御地区，但又未能有效地控制要点与公路，组织有效的交替掩护。致使全线出现多处空隙，敌人的"特遣队"得以乘隙而入，插入我纵深，给我军转移初期造成了混乱被动的局面。

23 日，西线 19 兵团主力按计划向北转移。人民军第 1 军团在敌人连日攻击下，逐步撤至临津江附近（汶山至高浪浦里段），使 65 军右翼暴露，而负责其左翼阻击的 60 军也尚未进入防御阵地。65 军因两翼过早暴露，未能完成在议政府至清平川地区阻击敌人 15—20 天的任务，仅 4 天就撤至哨城里、永平地区，迫使 19 兵团主力过早展开，进行防御。东线 3 兵团转移时，因掩护的兵力不足，未能阻止敌人的进攻，致使敌很快进至春川、富坪里地区，将我 9 兵团主力及 12 军隔于于论里以东县里地区，迫使其绕道杨口以东转移，因而使 9 兵团在春川、大同里地区阻敌任务不能执行。3 兵团有 8000 伤员尚未后运，60 军第 180 师及 179 师主力奉命在原地阻击敌人，掩护伤员转移，故不能进入指定区域阻击敌人。

24 日，美第 24 师、伪第 6 师进占济宁里、城隍堂及江村里并控制了该处渡口，美第 7 师进占春川，致使我 60 军在北汉江南岸的部队三面受敌。

25 日晨，180 师渡过北汉江，继续阻击敌人，黄昏后奉命向芳确屯地、新岱以北地区转移，因山高路窄，运动困难，加上该师自带伤员 300 余名，当夜未能到达指定地域。此时，美第 24 师攻占间村。美第 7 师攻占梧口南里。伪第 6 师进到芝岩里地区。我 180 师被隔于芝岩里以南之北培山、驾德山、梧月里地区。

26、27 两日，60 军先后以 181 师、179 师从华川以东两次接应 180 师，皆因兵力过小，通讯中断，而未奏效。3 兵团司令部转移途中，遭受空袭，一度与所属各军失去联系，指挥中断。

27 日，敌人进占了汶山、永平、华川、富坪里、麟蹄一线，仍企图向铁原、金化、杨口进攻（伪第 1、第 3 军仍在沿东海岸北犯）。彭总为稳定局势，决定部分军停止休整，立即转入防御。迅速将 63、64、15、26、20 军及人民军第 5、第 2、第 3 军团主力展开于临津江、汉滩川以北的芝浦里、华川、杨口、杆城地区进行防御。这时我 12 军主力已绕过杨口向金化转移，他们被隔绝在三七线附近较深远敌后的三巨里地区的第 91 团，主要领导干部不畏艰难，率领全团绕道突围而出，从下珍富里以东越过雪岳山同主力会合。9 兵团 27 军最后转移时，敌人向富坪里空降，企图切断该军退路，但是该军能紧紧掌握情况，适时修正决心，改变道路，同样也顺利地实现了转移，绕过杨口到了金化。

28 日，我 65 军、20 军、27 军向进占涟川以南、华川以北及麟蹄以东之敌进行了坚决反击，歼敌一部并收复了华川。

5 月 29 日晚上 7 点钟，大雨如泼，铺天盖地，闪电雷鸣震得人耳朵嗡嗡作响。我正在楠亭里东后前勤也就是新成立的志愿军后勤司令部办公室一个潮湿阴暗的矿洞里，电话铃忽然响了。我拿起听筒，电话里响起了彭老总那沉重而沙哑的声音："你是洪副司令吗？"

我说："是我，彭总，有什么事吗？"

彭总说："当然有事情，你立即回来，有重要事情。"

我一听这话，心里暗暗一惊。我是昨天才从空寺洞志司到楠亭里"志后"来的。眼下第五次战役就要结束了，各部队正在往预定位置撤，组织指挥，粮食弹药的供应都有很多困难。由于前方部队伤亡很大，几天前，韩先楚副司令被彭总派回国去要兵去了。韩走后不久，邓华副司令也因夜间行军把头撞在吉普车挡风玻璃上，面部撞伤，回沈阳治疗去了。我呢，党委决定，让我兼志愿军后勤司令，到志后去主持工作。这时我想，邓和韩都不在，如果我再走了，志司就剩下彭总一个人了，万一有什么事，他连个帮手也没有，想等邓或韩回来一个再走。

昨天上午，彭总找到我说："既然已经定了你兼后勤司令了，你就到那边去吧，那边还有好多事等着你去办呢！"

昨天晚上我冒着倾盆大雨连夜赶到了楠亭志后司令部。怎么才来一天，就又让回去呢？于是我就问："昨天晚上刚来的，才住了一个晚上怎么就让回去？有什么重要事情？"

彭总不耐烦地说："你别问了，让你回来，你就回来，马上回来！"

说完他就撂了电话。

我二话没说连忙吩咐司机发动汽车。几分钟以后，我和警卫员已坐上了汽车，冲进茫茫夜雨之中。雨下得那个大哟，下得一塌糊涂。好像天漏了似的，哗哗的声音很响，隔几步就看不清前面的东西，沿途的道路上都是水。河沟子涨得满满的。

半路上过一条河时，由于水漫进了吉普车发动机，熄火了。我坐在车里，眼看着河中的水一个劲儿地往上猛涨，把我们的车冲得直摇晃，水要是再大些，车子弄不好就要被冲走了。这时，司机、警卫员下去又推又弄，还好，汽车嗡的一声又启动了，一下子就冲了出去。驶上河岸后，我回头看了看河中被洪水冲得乱滚的石头，心里暗想："好险哪！"

楠亭里离空寺洞有100多里路，雨大天黑，山高路险，再加上怕敌人空袭，还不敢开大灯，车走得很慢，等我们到了空寺洞，已经是半夜两点多了。

我刚下车，就急步走向彭总住的洞子。一进洞，见里面点着洋蜡，老总一个人在那儿，他只穿着一条短裤，打着赤膊，满头大汗，正在焦急地、来回地踱着步子。看来他也是一夜未睡觉。他听见动静，停下脚步，抬起熬得发红的双眼看着我说："噢，你回来了？"

我说："回来了。"

"你看！"他一边说着一边递给我一份电报，"你看看，从来没有过的事情都出现了。"

我忙问："怎么？"

他说:"60军出问题了,那个180师同军部,同3兵团和志司都失去了联络。电台怎么也联络不上。韦杰(60军军长)昨天说,这个师还在行军,还在往回撤,可派部队去找呢,又找不到。"他一边说一边连声叹气,停了一会儿又说:"现在让哪个军去接应呢?有的军离它不远,可是电台忽然又不通,接它也没法子接了。"老总急得不行。

我看了看电报,有3兵团发来的,也有60军发来的。都说同180师联络不上,而且无处寻找。我看了也很着急,说:"我们的部队正在往后撤,敌人正在跟踪追击,这样联系不上,不会出了什么问题吧?"

彭总斩钉截铁地说:"还得想办法继续联系,整整一个师,不能就这么白白地丢了。"彭总停了一下又说,"3兵团和60军的领导太犹豫,迟疑不决,联系不上就干等着,也不赶紧派人去找,去接应,把好几天的时间白白地耽误过去了,怎么能这样呢?"说着,他又递给了我一份电报说:"刚才,我又给他们发一份紧急电报,命令他们立即派人紧急救援180师。"

我看了看电报,是这样写的:

应即以181师、45师解180师之围,60军并15军首长并王王:

至现刻止,无反映我180师被消灭。据悉:27日有2个营袭击美军指挥所,被其援军赶到未成。另悉:在纳实里,退洞里获得我一部分武器。据上判断:我救援部队

如是坚决，一定可以救出该师，如再延迟不决，必严重
损失……

彭德怀

1951 年 5 月 30 日 1 时

我看了电报没说什么，眼下也只能这样了。

停了一会儿，彭总又说："这事就先这样吧，现在邓华、
韩先楚他们都不在，你回来了，我们一起研究一下，看看下一
步怎么办。"

我和彭总一起走到地图前，他指着地图说："你看，敌人
已经分几路向北进攻，金化、铁原这边也来了不少。"

我一看，这个地方正好对着空寺洞志司，也就是六七十公
里的距离，而且前面也没有我们的部队，如果敌人真是一个劲
儿地追上来，志司这个位置就危险了，彭总就危险了。可彭总
直到这会儿，还跟没事儿似的。看到彭总这样不注意自己的安
全，我说："不行，得赶快调部队到铁原这前面来，来守住空
寺洞前面这个口子，不然，空寺洞司令部就危险啦！"

彭总说："各个部队正在一边阻击敌人，一边后撤，任务
都很重，伤亡都很大，调哪个部队呀？不好调呀！不好办啊！"

"那也得想办法调，赶紧想办法！"

我一边说，一边看地图，目光忽然停在空寺洞后面 100 多
公里的阳德那个小红圈上。42 军现在已撤至阳德，在那儿整
顿。于是我就说："不要让 42 军休整了，让他们来这儿吧！守
住铁原通往空寺洞的这个山口，保证总部安全。"

彭总沉思了片刻说:"算了吧,他们也是刚刚到阳德,不要让他们再上来了。"

我说:"刚到也不行,刚到也得来。这事你别管了。我通知他们,让他们全军来,连夜来。"

彭总见我十分坚决,说:"来也可以,但不能全军来,来1个师吧!"

我说:"1个师太少,来两个师吧,让他军部带来。"

彭总想了一会儿说:"也好,就这样吧!"

研究定了以后,我起草电报发给42军,让军部带两个师连夜赶到铁原来。

42军接到电报后很快就赶到了。来了以后,就堵在铁原那个口子上。在那里构筑工事,防守。42军来到的第二天,敌人也到了,也进到了那个山口。一看这儿有我们的部队守着,也就没再继续进攻。空寺洞这才算是稳住了。

同日,我47、42、20、27军于新幕、伊川、鸡雄山、黑云吐岭一线构成了纵深防线,完成了全线防御部署,使整个战局基本稳定。这以后,我军又在积极的阻击中杀伤与消耗敌人,将敌人阻止于汶山、铁原、金化、杨口、明波里地区。

至此,敌我双方已逐步形成了均势,双方都转入了防御,第五次战役遂告结束。

五次战役第二阶段,60军在东线的最西面,插得最浅。美军猛插我军以后,我们本想让60军很好阻止一下,掩护东面的 3 兵团主力和 9 兵团撤回来，让 60 军断后。180 师又是在 60 军的最西面，所以要 180 师掩护该军的侧翼。撤退时，180 师过了北汉江到了北培山和驾德山之间，正好赶上美军在山中一条斜的公路上插过去。他们就隐蔽在山里。敌人并没有发现他们，没想那儿会藏着 1 个师。180 师师长叫郑其贵，他看见白天公路上有敌人的坦克轰轰隆隆地开过很多，就以为是被包围了。其实他那个地方离我们控制地区很近，就隔了一条公路，他们完全可以在晚上撤回来。但是师长害怕了，他怕敌人测向，测出他们位置，就命令把电台砸了，把密码烧了。这样军、兵团和志司就都同他联系不上了。他们藏的那个山很大，树林很密，他们不发信号，也不知他们藏在哪儿，也就无法派人去接他们。以后 180 师师长又命令干部扔下战士分散突围。最后，除了师长及少数跑散了的同志陆续回来了一些，其余大部失散未回。这是我军入朝以来，损失最严重的一次。

180 师师长的做法是极端错误的。他如果不命令分散突围，是可以把部队撤回来的，因为敌人并没有发现他们，只是把他们同我们大部队隔断了。另外，美国的机械化部队晚上是不敢行动的，他们完全可以利用夜晚往回走嘛。12 军的第 91 团，也被包围在了敌后，插到敌后，脱离大部队已经 100 多公里了，还一直同师部保持着无线电联系。这个团比 180 师插得远多了，孤军深入，还是很有秩序地，完整地撤回来了。180 师师长只看见公路上敌人汽车、坦克不停地过，就慌了，做出了错误的决定。这次被俘的人员，是我们志愿军被俘人员的大头，这对我们以后的停战谈判中有关战俘问题的谈判造成了很大不利。

彭总对这件事很生气。那个师长回来以后，3 兵团曾报告说："师长回来了。"

彭总正在火头上，要把他军法处置。

以后，彭总火消了，还是宽恕了他。

五次战役结束后，6 月中旬，志司在空寺洞开了一个军长、政委参加的会议。我们在树林里搭了一个很大的掩蔽棚，很宽，很长，军长、政委们都可以坐下。棚子是用粗木搭的，上面盖上土，搭上树枝，从空中看不见，可以防敌机扫射。

会上，彭总总结了第五次战役的经验教训，当讲到 180 师的情况时，当着那么多军长、政委的面，把韦杰叫起来了。

彭总说："韦杰，你们那个 180 师，是可以突围的嘛，你们为什么说你们被包围了？你们并没有被包围，敌人就是从前面过去了。晚上还是我们的天下嘛，后面也没有敌人，中间也没敌人，就是过去了吗，晚上完全可以过来嘛，为什么要说被包围了？哪有这样把电台砸掉，把密码烧掉的？"接着，彭总问："你这个韦杰，军长怎么当的？命令部队撤退时，你们就是照转电报，为什么不安排好？"这时，会场上鸦雀无声，除了彭总讲话的声音，再没有别的声音。

这时，邓华找我商量，问怎么办？这时，陈赓和宋时轮已被任命为志司的副司令。陈赓参加了 3 兵团的总结，刚到志司。我看见陈赓坐在门口，就对陈说："陈司令，你说说吧。"

因为我们都知道，陈赓资格老，陈讲话，彭总不会向陈发火。陈赓听了，站起来说："老总，该吃饭了，肚子都饿了。"

彭总看了陈一眼，停了一会儿说："好，吃饭。"

这样，这场批评才算结束了。

五次战役中，在 180 师受损失的问题上，我们有不少经验可以总结。

首先，没能认真地总结经验。只注意研究战役中我们怎么向敌人进攻，而对第一、第二阶段部队收缩时会出现什么问题，敌人会不会反扑，如出现问题我应采取什么办法总结不够，想得少。

其次，撤退时的处理也不好。第二阶段收缩时，3 兵团曾向下属发了一道命令，"就地停止掩护伤员转移"，命令是下了，可是究竟怎么掩护，掩护到什么时间、什么程度再继续撤都没讲，另外，就地停止，也总得选个有利的地形呀，这也没讲，结果命令发到军，军照转到师，师又往下照转，费了时间，没起作用。180 师接到兵团和军的这个电报后，刚好撤到北汉江以南，就停止了，其实他们应该是撤到北汉江以北再停止的。在北汉江以南一是背水作战，二是当时已到夏天，北汉江水涨，涉渡越来越困难。

60 军 181 师撤退时遭到敌人猛烈炮火群一段一段地封锁，反复封锁，炮弹密得像雹子雨一样。当他们撤到指定地域华川后，连炒面都没得吃了。这时他们接到 3 兵团和军的命令，让他们南返解 180 师之围，这实际上已经根本不可能了，弹药已没有了，天上是敌人的飞机群，该师 1.4 万人已剩下了几千人，但是兵团、军的命令还得执行呀，所以又顺着华川公路往回走。可没走多远，又与美军的坦克部队相遇了。这时，他们又接到了军的命令，解除原来的解 180 师之围的命令。因为这时 180 师已把密码烧了，已无法联系了。

其三，180 师在被敌人截断以后，本应争分夺秒组织火力突围的，那时每一小时，甚至每一分钟都关系极大，可是他们犹豫不决，一再延误，以致失去了突围的机会。即使到了这样的情况下，拼死打出一条路也是可能的，就算不可能，经过与敌人拼搏，壮烈牺牲也是很光荣的。可是他们却采取了烧密码、砸电台、解散队伍的错误做法。

第五次战役自 4 月 22 日—6 月 10 日历时 50 天。我军共投入 15 个军（含人民军 4 个军团），歼敌 8.2 万余人，粉碎了敌人妄图在我侧后登陆、配合正面进攻、在朝鲜蜂腰部建立新防线的企图，摆脱了我军在第四次战役中的被动局面，我新参战的部队取得了对美军作战的初步经验。同时，经过这次战役的较量，也迫使敌人对中朝人民军队的力量重新作出估计，不得不转入战略防御，并接受停战谈判。

第五次战役，我们虽然胜利了，但不很圆满。第一，准备仓促。这次战役由于急于破坏敌人的登陆计划，提早发起了攻击，我战略预备队刚刚集结，只作了仓促的准备就投入了战斗，特别是新参战的部队，刚到朝鲜，对敌人的特点及地形情况还不够熟悉，尚无直接与美军作战的经验，战术准备不足，粮弹储备不多，使得作战行动受到很大影响。第二，在朝鲜那样多山而且山脉大都为南北走向的地形条件下，与具有现代化装备的美军作战，采取正面突破的方法，分割包围敌人是困难的，不易切断敌人的后路，因而形成了一面平推，未能更多地歼灭敌人的有生力量。第三，战役收尾，主力部队后撤时，我掩护部队的组织和协同都不够好，再加上180师领导指挥的错误，致使我该师遭受严重损失。

我记得回国后，在一次介绍抗美援朝经验的会议上，参加的人都是高级将领。会议是由彭总主持的。邓华讲的朝鲜战场作战经验。朝鲜战场的后勤经验是由我讲的。我讲话时，叶帅有些插话，其中有一句我还记得，他说："这才是真正亲临现场的经验。"

那次整个抗美援朝的总结是彭总作的，在总结到第五次战役最后吃了亏的不利情况时，彭总说："关于第五次战役的打法，洪学智曾向我提过意见，我没有采纳。现在看来，洪学智的意见是正确的。"

6月中旬，空寺洞这儿虽然稳定了，但作为指挥部这个位置不适宜了。离敌人太近，而且空寺洞四面环山，只有前面一个口子可以进出，万一敌人从这个口子里攻进来，把这个口子堵住，志司转移都困难，很不安全。所以我和邓华都劝彭总把司令部往后迁。他就是不同意。他喜欢指挥靠前。我看没办法，就又带着人去勘察，发现山后有一条走人的山道，很窄。

我赶快调了一个工兵团来，把道路加宽了，修了修，小汽车、指挥车可以通过了。主要是防备万一敌人封锁了，可以从这条小路撤出去。

以后，我们又多次劝彭总，让他把司令部往后挪。我对他说："你在前面，靠敌人这么近，万一敌人进攻，有情况，出了问题怎么办？就是在前面，你也不能直接到前沿去看哪！不也是靠电话、电报吗？"彭总这才同意了，我们又把司令部从空寺洞移到了桧仓。

桧仓这个地方，靠平壤近了，靠金日成同志近了，与朝鲜方面联系比较方便；另外也比较稳定，指挥位置比较适中。从那时起，整个朝鲜战争的战局便由战略反攻阶段转到战略防御阶段。战线基本上固定在三八线附近，志司以后就长时间地驻在了桧仓。

第十章 志愿军后方勤务司令部成立

　　1951 年 1 月底，第四次战役打响后，前方供应很困难，负责志愿军后勤工作的东北军区后勤部长李聚奎到金化志司了解供应情况。

　　当时东北军区后勤部离前线很远。"东后"在前线只有一个指挥所，由张明远、杜者蘅带着几个人和一部电台跟着我们，力量太单薄，适应不了现代化的大规模战争需要。李聚奎是个老后勤，是"东后"的主要负责人，他来到前面后，彭总找我商量，想把他留在前面，让他在前面直接指挥，以便加强前线的后勤指挥。

　　李聚奎到了前面不久，有一天，坐车出去视察。因公路被敌机炸得坑坑洼洼，汽车颠得很厉害，他把腰闪了不能动。只好把他送回东北了。

　　当时，要是李聚奎的腰不闪，我们是下了决心把他留在前面的。在这前后，彭总曾几次向我谈起想成立志愿军后方勤务司令部的设想。李聚奎没能留在前面，更加促使彭总下决心组织志愿军后方勤务司令部。

4月下旬，第五次战役第一阶段后期的一天，我正在楠亭里第2分部检查督促物资前运工作，忽然接到了彭总的电话，让我马上回志司。我放下电话，便匆忙赶到志司所在地——空寺洞。这时，天已经擦黑了。一走进彭老总的矿洞，他就大声对我说："老洪呀，你马上回国。"

"回国？"我感到很突然。

彭总倒背着手，在洞内踱了几步，烛光把他的身影投射到洞壁上。

"党中央、政务院、中央军委对志愿军后勤供应工作很关心"，他转过身，目光炯炯地看着我说："你回去一趟，向周副主席汇报一下我们前线后方供应的情况。"

我心想，让党中央、中央军委了解一下前线后勤的实际情况，实在太有必要了。

当时，正如我前面已讲过的，美军正依仗其空中优势，对朝鲜北部的城镇、工厂、车站、桥梁等重要目标进行毁灭性的轰炸，还以少架多批的战斗轰炸机，依山傍道，昼夜不停地超低空搜索扫射，不放过一人一车，一缕炊烟。朝鲜北部山多河多，铁路多在沿海，腹部地区铁路很少。公路纵线多，横线少，盘山跨水，弯急坡陡，又多与铁路并行，往往一处被炸，铁路、公路各线受阻，道路布局不适应战时运输的要求。志愿军后勤运输主要依靠汽车，而敌人把破坏我战区后方交通作为重要手段，使我后勤运输陷入极度的困难之中。第 3 分部汽车第 4 团刚入朝时，因经验不足，车辆待避过于集中，一次就被敌机打毁了 73 台。再加上战况复杂多变，部队推进迅速，第一次战役打到清川江，第二次战役延伸到三八线，第三次战役插到了三七线，运输线迅速延长，第四次战役后和第五次战役中参战兵力又成倍增长，后勤跟进供应十分困难。

志愿军党委针对面临的严重困难，采取了各种应急措施，陆续增加战区的后勤力量，调整后勤保障单位的部署，主要是沿袭国内解放战争后勤开设兵站线的经验，通过兵站线实施跟进保障。由于敌机的狂轰滥炸，为了抢时间、争效率，尽量减少损失，志愿军各级后勤都把主要工作转入到了夜间进行。但是，因为敌人破坏严重，部队前出深远，后方供应仍十分困难。现在，彭总让我回国向周副主席汇报情况，使中央领导直接了解前线的情况，以便从人力、物力、财力等方面获得全国人民的支持，真是太及时了。

这时，彭总又说："你回国后，把我们决心成立志愿军后方勤务司令部的想法也和周总理汇报一下。"

我说："知道了。"

我简单收拾行装后，带着警卫员，当夜就坐吉普车出发了。路上车多、人多，经常堵车。由于夜黑，路窄，不准开灯，汽车险些翻到沟里。天亮时，敌机又俯冲下来，向吉普车扫射，幸亏山头的高射炮兵部队及时开炮，我们的车才得以安全通过。

到北京后，我先到帅府园中央军委驻地。聂荣臻代总长对我说："周副主席正等着你呢，快去吧。"

当时，我穿着志愿军的单军装，由于日夜兼程，浑身泥污，但是也顾不了许多，就急急忙忙地赶到了中南海周副主席办公室。

周副主席已站在门口等我了，我向他敬了礼，他紧紧地握住我的手说："洪学智同志，你一路上辛苦了！"

我说："周副主席辛苦。"

周副主席工作很忙，他显得很憔悴。

当时，由于敌机轰炸，部队白天不能生火做饭，晚上又要行军作战，做饭条件极困难，只好吃炒面。为了给部队供应更多的炒面，周副主席在繁忙的工作之余，还亲自同机关干部一起炒炒面。前线将士知道此事，感动得无法形容，真是吃一把炒面，长一股劲呀！

周副主席让我坐下，关切地问："前线作战情况怎样？"

我向周副主席简要地汇报了前线的基本情况，然后说："几次战役打下来，我们吃亏就吃在没有制空权，敌机的轰炸破坏使我军遭到了极大的损失。敌机经常一折腾就是一天，见到人就猛冲下来嘎嘎地扫射，扔汽油弹、化学地雷、定时炸弹、三脚钉……晚上是夜航机，战士们叫'黑寡妇'，也不盘旋，炸弹便纷纷落下，到处是大火。主要是阻滞我军的行动。"

周副主席十分严肃地说："美帝国主义欺负我们，疯狂到了极点。但是他们没想到，在他们的海空优势下，我们却打到了三八线。美军这是第一次在世界上吃败仗。不过，志愿军要想不吃亏，就得研究对付敌机轰炸的办法。"

我说："志司在后方的支援下，已经加强了高炮部队，并已在关键点上增设了防空哨。现在我军主要是靠勇敢精神，比如运输车遇到敌机轰炸时，有的就开足马力，猛跑一阵，带起数百米尘土，搞得敌人不知怎么回事，惊呼共军汽车施放了烟雾弹。"

周副主席笑了，说："战士们的勇敢精神，打掉了恐美病。同志们付出了鲜血，但教育了4亿人。"说到这儿，他沉思了一会儿说："美国会不会登陆中国？现在还不能肯定。但是，前线我方胜利越大，登陆的可能性就越小，所以，前线一定要打好。中央军委考虑，要尽快出动飞机。当然，我们的飞机有限，只能给敌机制造一点混乱，振奋一下士气。"

我说："前线将士都盼望我军出动飞机。"

周副主席说："中国有飞机，许多与我国有伟大友谊的国家有飞机，但是飞机参战还不是时候，这个你当副司令的，应该是很清楚的。"

我一想，也确实如此。飞机要吃汽油，如果用朝鲜战场现有的运输力量来供应，就是把一切军需弹药都停运，也不见得行呀。后方供应制约着战役的规模，这是一点也不假的。

接着，周副主席又问："供应主要是什么问题？"

我汇报说："志愿军没有防空力量，公路运输线长达数百公里。第三次战役时，前面兵站与后面的兵站相距三四百公里，形成中间空虚，前后脱节。另外，后勤高度分散，也没有自己独立的通讯系统，常常联络不上。"

周副主席说："所以，外国的军事家说，后勤是现代化战争的瓶颈。志愿军后勤必须加强，中央军委考虑，要给志愿军后勤增派防空部队、通信部队……"

我说："军委的决策太正确了。后勤现存的主要问题是供应不及时。前三次战役，部队是在挨饿受冻的情况下打败敌人的。如果供应得好，胜利会更大。现在战士有三怕，一怕没饭吃，二怕无子弹打，三怕负伤后抬不下来。"

周副主席神情严肃地听着，点着头，不时地用铅笔在纸上写几个字。

"现在敌人参战的飞机已由 1000 多架增到了 2000 多架，并由普遍轰炸转向破坏我运输线。特别是凝固汽油弹对我地面仓库、设施危害最大。敌人还派遣大批特务潜入我后方指示目标轰炸。4 月 8 日，敌机向我三登库区投掷的大量燃烧弹，一次就烧毁了 84 节火车皮物资，其中有生熟粮食 287 万斤，豆油 33 万斤，单衣和衬衣 40.8 万套，胶鞋 19 万双，还有大量其他物资。后方供应的物资只能有百分之六七十到前线，百分之三四十在途中被炸毁……"

周副主席听到这里，脸上露出了十分严峻的神情。

我又说："我们志愿军也采取了些积极预防措施。"

周副主席以询问的目光注视着我。

我说："每次战役发起前，除汽车装满、马车装足外，人员还加大携带量，一个战士携行量达六七十斤。在部队运动迅速、供应困难、后勤跟进不及时的情况下，这是一线作战部队生存和战斗的必要保障手段。"

周副主席说："我们的战士辛苦了。"

我说："战士虽然苦一点，但感到还是这样保险一些。"

周副主席问："听说美军常常把丢弃的作战物资炸毁呀？"

"是这样的，所以在前线，取之于敌十分困难。正因为如此，志愿军采取的第三条措施就是与朝鲜政府协商，开展就地借粮。"

"这可以解决一部分问题吧？"

"可以。但是在三八线以南至三七线一段地域，不行。这里原为敌人占领，经过敌人反复搜刮，而且当地人民对志愿军也不了解，就地筹措非常困难。形成了 300 里的无粮区。"

周副主席焦急地问："对此，你们采取什么措施没有？"

我说："采取了。彭总让尽量想办法解决。我们主要是改进运输方法，组织多线运输，并由成连成排运输，改为分散运输跑单车。另外，实行分段包运制。这样各汽车部队可以熟悉本段敌机活动规律和道路情况。再就是在沿线挖掘供汽车隐蔽的掩体，这可以减少人员、车辆的损失。"

周副主席问："这样做有效吗？"

我说："大大提高了运输效率。"

周副主席说："抗美援朝战争，对我军后方供应提出了许多新的问题。你们要好好研究一下现代战争后勤工作的特点。

美帝国主义者气势汹汹，不可一世，扬言去年'圣诞节'就结束朝鲜战争。事实上，不但没结束，我军反而打到了三七线。我们以劣势装备打败了有海空优势、装备先进的美国，这对我国人民和世界人民都是很大的鼓舞。对世界各国人民反帝斗争也是很大的支援。过去，美国南北战争时，北美的装备比南美差，也是北美打败南美。我分析美国不敢在中国大陆登陆。英法怕扩大战争，说：'进攻中国就是战略上失败。'我们同朝鲜人民一道，克服困难，不怕牺牲，一定能打败武装到牙齿的美帝国主义。"

周副主席后来又问后方去的司机怎么样，能否适应前线的形势。我告诉周副主席："这些司机很有勇敢精神，但由于不熟悉情况，伤亡大，所以，先让他们担任司机助手，慢慢积累通过敌机封锁的经验，逐步过渡到当正式司机。"

汇报到这儿，周副主席问我：

"你还有什么问题要讲？"

我说："彭总还让我向你汇报一个重要问题。"

周副主席："什么问题？"

我说："成立志愿军后方勤务司令部的问题。"

"啊？"周副主席很感兴趣地问，"说说你们的想法。"

我说："从朝鲜战争中彭总和我们都逐渐认识到了现代化战争中后勤的作用，现代战争是立体战争，在空中、地面、海上，前方、后方同时进行，或交叉进行，战场范围广，情况变化快，人力物力消耗大。现在欧美国家都实行大后勤战略，

50 里以前是前方司令部的事，50 里以后就是后方司令部的事，战争不仅在前方打，而且也在后方打。现在，美国对我后方实施全面控制轰炸，就是在我们后方打的一场战争。这场战争的规模，不仅决定了我们在前方进行战争的规模，而且也决定了前方战争的成败。我们只有打赢了这场后方的战争，才能更好地保证我们前方战争的胜利。后勤要适应这一特点，需要军委给我们增派防空部队、通信部队、铁道部队、工兵部队等诸多兵种联合作战，而且需要成立后方战争的领率机关——后方勤务司令部，以统一指挥后方战争的诸兵种联合作战，在战斗中进行保障，在保障中进行战争。"

周副主席一边听，一边点头，说："你们的这个想法很好，很重要，军委一定尽快地加以研究，尽快地采取措施。"

汇报结束，我站起身要走时，周副主席说："马上就到'五一'了，你准备一下上天安门吧。"

我看看自己一身破旧的军装，笑着说："我这个样子，怎么上天安门呀？"

周副主席说："怎么不能上，穿这衣服好呀，你代表志愿军么！"

我还是笑着推辞。周副主席说："这样吧，我告诉杨立三，给你做一套新军装。"

"五一"节，北京市人民举行了盛大游行，体现了国家空前的团结、强大。

我上了天安门城楼以后，工作人员通知说："毛主席要接见你。"

我问："什么时候接见？"

他说："你等着，到时候我来带你。"

不一会儿，我就被带进了天安门城楼休息室。毛主席和中央领导同志接见了我。我见到毛主席，敬了个礼，毛主席对在座的领导同志说："洪学智同志是志愿军的副司令员，是从朝鲜前线回来的，是志愿军的代表。"接着毛主席问，"彭总的身体怎样？"

我说："彭总身体很好。"

毛主席又说："你们打的敌人有飞机、坦克、大炮和海军的优势，是武装到牙齿的敌人。"

朱总司令说："你们打的是一场真正的现代化战争。"

毛主席说："你们每打一仗都要很好地总结经验。"接着又问我，"你回来汇报的问题解决了没有？"

我说："已经向总理汇报了，总理已做了安排，他还要找我谈一次。"

我临回朝鲜以前又到总理那去了一趟，将前线需要解决的问题，又进一步做了落实。

这次返回前线时，中央军委让我与陈赓和甘泗淇一道走。陈是去任志愿军副司令的，甘是去任副政委兼政治部主任的。我和甘泗淇一起从北京出发。陈赓当时正在大连养病。我和甘到大连见了他，他的病还没痊愈，我就和甘泗淇一起回到前线。那天早上6点多钟，天刚亮，我们到了平壤南面的十二里

220

铺，打算吃了饭再走。我们刚走到一座大桥旁，敌机就飞过来了。我想，坏了，敌机要是把桥炸坏了，还不好走了呢。这时，朝鲜人民军的高射炮响了，一阵猛烈的炮火射击，把敌机打掉4架，其余的飞走了，桥没炸坏，我们赶紧过了桥，往前赶路。

回到志司后，我将在北京见毛主席和周总理的情况，向彭总和志愿军常委进行了详细的汇报。

四、五次战役期间，是我志愿军后勤最困难、最艰苦、最复杂的时期，也是志愿军广大指战员忍饥挨饿最多，人员损失最严重的时期。我到北京向周总理汇报后，军委对这种情况十分重视。五次战役后期，军委专门派总后勤部部长杨立三、副部长张令彬、空军司令刘亚楼和炮兵司令陈锡联等同志到空寺洞志司，具体了解后勤困难，研究如何加强对志愿军后勤的支持，如何加强志愿军的后勤建设。当时，五次战役打得正紧，敌人又向北进。

彭总对杨立三、张令彬、刘亚楼、陈锡联等同志说：现在最困难、最严重的问题就是后勤供应问题，就是粮食供应不上，弹药供应不上的问题。要解决这个问题，就要加强后勤建设。而当务之急呢，就是要迅速成立志愿军后方勤务司令部，不解决这个问题，其他的问题都不好解决！这个问题我4月份已让洪学智向周总理反映了，现在我再反映一下。

也许有人要问：既然这个问题这么重要，为什么在刚入朝时不成立志愿军后勤部，而偏要等过了半年多才提出成立呢？

这里面原因很多，既有客观上的原因，也有主观认识上的原因。其中，主要的有以下几点：

我们刚到东北时，后勤是由东北军区后勤部管的。志愿军入朝，是 1950 年 10 月初才正式定下来的，到 10 月 19 日入朝，中间也就半个多月的时间，在这么短的时间里，组织一个为 30 万大军出国作战提供后勤保障的志愿军后勤部，显然是来不及的。

东北军区后勤部也是朝鲜战争爆发时，为保障东北边防军的后勤供应才于 1950 年 8 月初匆匆成立的。"东后"成立时人员就严重不足，机构很不健全。到志愿军成立时，东北军区后勤部及所属分部、兵站共缺干部 1560 多名，占编制总数的 54%。在东后的人员尚如此严重不足的情况下，军委显然也没有力量再马上成立志愿军后勤部。

志愿军出国前，原定作战地区距离我国边境很近。后来敌人占领了平壤等地，分兵向中朝边境疾进，战线距离我国边境就更近了。后勤由东后代管，问题不大。

正因为上述原因，毛主席 1950 年 10 月 8 日给志愿军的命令中才明确规定志愿军后勤由东北军区负责。

根据这一命令，东北军区抽调了军区后勤部副部长张明远和东北人民政府农林部部长杜者蘅带领少数人员组成了东后前方指挥所（简称前勤），随志愿军总部出国，负责作战地区后勤供应。

半年多来，随着战争的发展变化，逐渐证明了这种领导体制与战争的要求很不适应。

志愿军刚入朝时，敌人投入朝鲜战场的各种飞机有1100余架，其中除一小部分直接用于支援其地面部队，大部分用于破坏我军后方。志愿军入朝时共有运输车1300多台，第1个星期就损失了217台即总数的1/6，其中82.5%是被敌机打毁的。在前3次战役期间，"东后"前运的大批物资，由于敌机轰炸，大部分被积压在鸭绿江边和铁路沿线，不能及时运到部队。第四次战役开始时，敌参战飞机由1100架，增加到了1700架，由对后方的普遍轰炸，转到重点破坏我运输线。鸭绿江上仅有的辑安、长甸河口、安东3座大桥先后被炸，朝鲜境内的大宁江、清川江、大同江等主要桥梁更是经常炸了修，修了炸，车辆和物资损失更是严重。这样，原先设想的交通运输方便的有利条件也已不复存在。

第三次战役后，中央确定部队轮换入朝。开始是补兵，后来考虑朝鲜这个战场，要使我军都能去锻炼，一面轮换打仗，一面锻炼，取得现代战争的经验。这样在第四次战役过程中，我军大量部队先后入朝，到4月中旬，我军已达16个步兵军共48个师，7个炮兵师，4个高炮师，4个坦克团，9个工兵团，3个铁道兵师和两个直属团，再加上其他机关部队，总兵力已达95万人，比刚出国时增加了3倍还多。特别是由于技术兵种增加，弹药、油料的消耗大幅度增加。显然，这样百万大军的后勤供应，再靠"东后"来代管，已力不从心。

第四、五次战役，我军主要在三八线以南至三七线之间120—150公里的地域内作战。彭德怀司令员在4月6日志愿军第5次党委扩大会上指出："三八线以南300里无粮区的困难如何克服，是一个大问题。"第五次战役后期，部队主要是防御作战，缴获也少，有些缴获的武器装备，由于新入朝的部队已改为苏式装备，也不能利用，一切都要靠后方统一供应。五次战役中，我军日消耗物资量为550吨，我军的供应力仅能达此1/2，因此，第一、二阶段，均因缺粮少弹，不得不中止进攻。战役第二阶段在县里歼敌后，部队曾停止进攻两天等待补充。

当时，我们已明显地看出敌人不仅要在前方与我们进行战争，而且要在后方同我们进行战争。为了打赢这场后方的战争，成立志愿军后方勤务司令部显得越来越必要。

杨立三、刘亚楼他们认为彭总和我们的意见很有道理。回去后，向毛主席和周总理、徐老总、聂老总等军委领导作了汇报。军委很快表示同意我们的意见，并给我们发出指示，决定"在安东与志司驻地之间，组织志司的后方司令部"。

5月初，志愿军党委在全面总结战略反攻阶段后勤经验教训的基础上，于5月3日，作出了《关于供应问题的指示》，是我负责起草的。指示充分肯定了后勤在现代战争中的地位和作用，指出："战争是人力、物力的竞赛，尤其是对于具有高度技术装备的美军作战，如果没有最低的物资供应，要想战胜敌人是不可能的。必须认识到在敌人掌握了制空权，我军车辆又不够，而百万大军包括飞机、大炮、坦克、工兵等等，一切物资都需从国内运来的情况下，后勤工作是极为困难复杂的，没有全军的协助，仅仅依靠后勤部门同志的努力，要完成此种艰巨任务也是不可能的。后勤工作是目前时期我们一切工作中的首要环节。"

5月14日晚，夜色昏黑。晚上8点多，在空寺洞满是矿洞的山坡下的一座木板房里，彭总组织志愿军党委常委的同志邓华、我、韩先楚、甘泗淇、解方、杜平开会，研究志愿军后勤司令部的机构设置、干部配备等问题。

会议一开始，彭总就说："有一个事情，咱们得先定一下。中央决定成立后方勤务司令部时，说志后在志司首长的意图和指挥下进行工作。现在中央又给我发来电报，要求志后司令要由志愿军一个副司令兼任。现在我们就先定一下，谁来兼这个后勤司令。"

我一听彭总这话，就预感到八成得由我来兼了。因为一进到朝鲜，后勤就是由我兼管的。我们的副司令一共4个，朴一禹是朝鲜人不能兼，邓华和韩先楚原来也都没分管过后勤，我不兼，谁兼？可是，从我内心讲，并不愿意兼这个后勤司令。我不愿兼的原因有两个：一是因为我长期以来一直是做政治工作和军事工作的，我对军事工作和政治工作，特别是军事工作更熟悉。第二是朝鲜战争的后勤工作太难搞，我担心搞不好，搞砸了，没办法交代！我不想兼，又不好提别人兼，就闷在那儿，不吭气。

我不吭气，别人的发言倒是满热烈的。邓华、韩先楚、解方、杜平，你一言，他一语的，都说老洪兼好。

我憋了一会儿，憋不住了，开腔道："我不能兼这个后勤司令。"

彭总不解地问："为什么？"

我说："前一段让我管，我就没管好。现在再让我兼这个后勤司令，还不是弄不好呀！我旁的什么事情都可以干，就这个事不能干，还是让别人干吧！"

彭总听了，显得有些不太高兴，问："你不干，谁干？"

我说："邓华同志兼嘛，他水平高呀！"

邓华马上说："我又要协助彭总管作战，还兼着副政委，还要兼管政治工作，再兼后勤司令，怎么兼得过来？"

我又说："那让韩先楚同志兼吧！"

韩先楚听了也马上反驳说："我老往前面跑，到一线去督促检查，兼个后勤司令，怎么干？我也不能兼！"

我说："那让后面派人来嘛！"

彭总显得更不高兴了，皱着眉头说："后面派谁呢？"

我说："李聚奎（当时任东后政委）同志、周纯全（当时任东后部长）同志都可以嘛！"

彭总听了摇了摇头说："后面任务也很重，他们主要管那头。"

我紧接着又说："那还可以让杨立三派人来嘛，我可以当副手。"

彭总见我这么固执，拍着桌子大声问："你不干？行啊！你不用干了！"

我说："那谁干呢？"

彭总继续吼道："我干！你去指挥部队吧！"

我见彭总发了这么大的脾气，口气也有些软了，说："老总，你讲这个话，可是将军的话了。"

"是我将你的军，还是你将我的军，啊?!"彭总气冲冲地质问。

这时，邓华发言了："老洪，还是你干吧，你一来就一直兼管这事。现在让别人管，也插不上手呀，不好办呀！你说是不是？"

我说："我管是管过，可是没管好呀！"

"你看看，你又来了！"邓华也有些生气了，大声说："你没管好，别人也不一定能管好呀！"

我一看这事实在推不掉了，再推下去非搞僵不可。于是就开始讲条件了。我说："这个后勤司令我可以兼，但是得有个条件，允许我这个条件，就行。"

彭总见我同意了，语气马上缓和了，问："什么条件呀？"

我说："条件很简单，第一个是干不好就早点撤我的职，早点换比我能干的同志；第二个，我是个军事干部，愿意做军事工作，抗美援朝完了，回国以后，不要再让我搞后勤了，还让我搞军事！"

彭总听了以后，笑着说："我当是什么呢，就这条件呀？行！赞成！同意你的意见！"

接着他又问邓华他们："你们几个看行不行？"

他们几个也都表示同意我的条件。

我说："既然老总和党委常委的同志们都同意我的条件，那我就同意兼后勤司令。"

就这样，在这个会议上，志愿军党委正式作出了由我兼任后勤司令的决定。会后又将决定上报了中央军委。

6月，志愿军后方勤务司令部在原东北军区前方勤务指挥所基础上成立。当时，我对作战处副处长杨迪说："你给我推荐两个人，跟我到后方勤务司令部去。"杨迪说："刘洪洲和赵南起是我们处很棒的两个参谋，让他俩跟你去吧。"这样，他们两个人就跟我一块儿到后方勤务司令部去了。

志愿军党委的决定以及《关于供应问题的指示》上报军委后，军委很快批准了。

5月19日，中央军委做出《加强志愿军后方勤务工作的决定》。《决定》命令：

着即成立志愿军后方勤务司令部，负责管理朝鲜境内之一切后勤组织与设施（包括铁路、军事运输在内）；

志愿军后方勤务司令部，直接受志司首长领导；

凡过去配属志愿军后方勤务部之各部队（如工兵、炮兵、公安、通信、运输、铁道兵各部队、工程部队等），其建制序列及党、政、军工作领导，指挥与供给关系等，今后统归志愿军后方勤务司令部负责；

中央军委任命洪学智兼任志愿军后勤司令员，周纯全为政治委员，张明远为副司令员，杜者蘅为副政治委员，政治部主任漆远渥（后为李雪三）。

中央军委的决定，从理论和实践的结合上阐明了后勤在现代化战争中的地位和作用，扩大了后勤工作的职权和范围，标志着后勤由单一兵种向诸军种合成的重大转变，是志愿军后勤发展史上一个重要的指导性文件。

随着抗美援朝战争的发展，特别是志愿军第二番部队大规模入朝，我军急需大量武器装备。1951 年 5 月 25 日，第五次战役后期，毛主席派总参谋长徐向前率代表团赴苏联与苏联政府谈判购买 60 个师的苏联武器装备问题。谈判从 6 月上旬开始，持续到 10 月中旬，最后双方达成协议，由于苏联运输力量有限，1951 年只能解决 16 个师的装备，其余 44 个师按每年 1/3 计算至 1954 年完成。

运动战时期，志愿军后勤工作继承国内解放战争后期的经验，由各分部按照作战方向部署兵站，通过兵站线的延伸对部队实施跟进保障。由于战场狭窄，分部与兵团后勤、军后勤之间缺乏明确分工，形成后勤机构重叠，供应层次不清，战役后方与战术后方互相交叉，不利于发挥各自的主动性和积极性，甚至出现了互相依赖或重复供应等混乱现象。

转入阵地作战以后，志愿军后勤负责供应的部队陆续增加到 17 个军、6 个炮兵师、4 个高炮师、1 个坦克师，另有骡马 6 万多匹。部队的技术装备也不断改善，后勤供应的任务大大加重，矛盾更加突出了。彭总对这种状况很着急，我更是寝食不安。采取什么形式和方法组织供应呢？

我跑了一些军、师、团后勤机关，还跑了一些前沿阵地，在总结运动战时期建设兵站运输线和开设供应站经验的基础上，根据战略方针和后方对敌斗争的要求，以及转入阵地作战后，战线相对稳定，各分部的力量得到了很大加强、交通运输条件有所改善、存积的物资日益增加等基本情况，提出了一种分区供应与建制供应相结合的供应体制方案。我向彭总汇报后，彭总认为这种改变很好。命令立即执行。

这种供应体制把整个战区后方地域划分为战役的和战术的两个层次。从鸭绿江边至一线各军后勤之间为战役后方，构成志愿军后方地域。从军后勤至前沿阵地之间为战术后方，构成部队后方地域。

战役后方由志愿军后勤根据总的作战方针、作战方向、部队部署和地形、道路等条件以及后勤自身的力量，划分供应区，开设兵站线，负责对本区的部队实施供应。

战术后方取消兵团后勤，以军后勤为主体，仍按部队军、师、团系统实施建制供应。

这两种供应方法结合起来构成了分区供应与建制供应相结合的供应体制。实践证明，这种供应体制，适应朝鲜战区的地理、交通条件和作战要求，在战争中充分显示了它的优越性。

朝鲜是个半岛，美帝又占有海空绝对优势和第二次世界大战时以及朝鲜战争中登陆作战的经验，所以敌人随时都有实施两侧登陆，形成两面甚至三面作战的可能。实行分区供应，各供应区互相联系，就在整个战区后方由南到北，从东到西，形成了前后、左右两个供应纵深，既能保证正面部队作战需要，又能解决两面或三面作战的后勤供应。

分部直供到军，取消兵团后勤，军后勤不需要在分部管区内设置供应机构，避免了在朝鲜这样狭窄的战场上展开过多的重叠的后勤机构。各分部和各军都有自己的行车道路，减少了行车的拥挤。

实行分区供应，各供应区相对稳定，部队在作战时，可以就近得到供应区的支援。在转移时，沿途均可以得到补给。到新区后，可以迅速得到供应。战线前伸或后缩，兵站线亦可随之伸缩。这样，部队在行军作战中不需携带过多的物资，便于作战部队机动。

实行分区供应，各分部受部队行动的影响小，能够保持相对的稳定性，便于各分部掌握该区敌机、敌特的活动规律，便于熟悉当地的环境、地形、道路、资源等情况，集中力量进行仓库、医院、道路和防护设施等后方建设。

同时，军以下部队实行建制供应，军后勤成为一级供应实体，有利于作战指挥与后勤工作的统一，有利于保持战术后方的机动性。

第十一章　战争相持　谈判开始

战争，从来不单是孤立的军事行动，总是同外交斗争紧密结合的。

第五次战役刚刚打完不久，美国便向我正式发出了和谈的信息。1951 年 6 月 30 日，"联合国军"总司令李奇微奉美国国家安全委员会之命向我方发表声明，表示愿意同我方举行停战谈判，并建议谈判在元山港的一只丹麦伤兵船上举行。

时隔两天，即 7 月 1 日，朝鲜人民军最高司令官金日成首相和中国人民志愿军司令员彭德怀便以声明的形式答复了李奇微，同意派代表与美方代表会晤，并建议会晤在三八线南我方控制区开城举行。

李奇微的声明似乎发表得很突然，我方的答复也似乎异乎寻常地快。其实停战谈判的问题不但早就提出了，而且已酝酿很久了。

1950 年 10 月 2 日，美军悍然越过三八线，向朝鲜北部发动进攻时，苏联等国就曾向第 5 届联合国大会提出和平解决朝鲜问题的提案。我国政府也发表声明支持这项提案。但是美国却操纵联合国否决了这项提案。

1951 年 1 月 11 日，美国突然又向我提出了停战谈判的建议，并操纵联合国通过了"联合国朝鲜停火三人委员会"提出的解决朝鲜及其远东问题的五项原则意见：要求在朝鲜立即安排停火，以各种措施实现"联合国"在朝鲜建立统一"政府"的决议，由英、美、苏、中 4 国代表讨论解决远东问题。

这时我志愿军已经连续进行了 3 次战役反攻，将美军赶到了三七线，解放了汉城。美国战略重点在欧洲，它不愿也无力再向朝鲜投入更多兵力，担心再打下去，不仅可能失败，而且可能被撵出朝鲜半岛。为避免彻底覆灭命运，美国急于停火谈判。

美国的这一立场，在 1 月 12 日美国国家安全委员会做出的决定中体现得更明确。这个决定分析，当时美国最根本的利益和最大的危险仍在欧洲。美国必须在欧洲部署大量军事力量，并鼓励北约盟国也采取同样做法。美国的根本利益决定了它绝不可能陷入亚洲一场持久战，消耗掉原应部署在欧洲的军事力量。这很可能正是克里姆林宫所希望的。在这个分析的基础上，杜鲁门政府制定了对朝作战政策：必须把战争限制在朝鲜，保持对海空力量的限制，不再派任何增援部队，尽可能稳住三八线附近的战线，然后寻求停火，达成停火协议，使朝鲜恢复到 1950 年 6 月 25 日以前的状况。

美国政府在强调除非"联合国军"在朝鲜半岛由于军事原因被驱逐，决不自动撤军的同时，还做了如果顶不住就撤出第8集团军去保卫日本的准备。

彭总作为我方战场统帅，既明了敌人的情况，也明了我军的情况，美军放出和谈信号后，他认为这时谈判形势对我方有利。可以多占地方，同时还可以少牺牲许多同志。彭总作为战场指挥员，把这些情况和自己想法向中央作了反映。

当时，毛主席有自己的考虑，不想谈，考虑到敌人和谈没有诚意，是缓兵之计，同时也想争取更大的胜利。以后调去了19兵团、3兵团、20兵团、47军、16军等，又组织了大的反击，经与敌人在三八线上反复争夺，最后把战线稳定在了三八线附近。

到1951年6月，志愿军和人民军并肩作战，已进行了5次战役，歼灭敌人23万余人，其中美军占11.5万人。虽然和三次战役后相比，在第四、五次战役中敌军又往北推了一些，但总的来说，我们还是将敌人从鸭绿江边赶到了三八线附近。

美国在一年的侵朝战争中遭到了沉重的打击。据悉，他们的兵员和物资的消耗比他们在第二次世界大战的头一年消耗多1倍。其物资消耗平均每月为85万吨，几乎相当于当时美国援助北大西洋公约组织1年半的数量。本来美国全球战略重点在欧洲，可是它却在侵朝战争中动员了全部陆军的1/3，空军的1/5，海军的1/2，还动员了英、法等国一部分军队，由我军入朝时的42万，增至69万。这在战略上是轻重倒置，主次倒置。虽然如此，仍感兵力不足。美国的战备预备队，只剩下在日本的美军两个师和伪军3个师以及在美国国内的6个半师，再往朝鲜增兵已十分困难。英、法等国则更不愿意再往朝鲜增兵。美国付出代价如此巨大，胜利却十分渺茫。这不仅引起美国人民强烈不满，反战、厌战情绪日益高涨，而且使美国统治集团内部矛盾也日益激化。

面对军事和政治上的不利局面，美国陆军副参谋长魏德迈哀叹道："朝鲜战争是个无底洞，看不到联合国军有胜利的希望。"美国统治集团感到单纯靠军事手段打败我军，解决朝鲜问题已不可能。5月16日，美国国家安全委员会遂做出"通过停战谈判结束敌对行动"的决定。6月初，美国又通过联合国秘书长赖伊多次透露愿意通过谈判结束敌对行动的意图。美方之所以先倨后恭，完全是被我们打的，和谈局面完全是我们打出来的。美方在表示愿意和谈的同时，军事上也暂时放弃了全面进攻，改为在三八线附近构筑防御阵地，转入战略防御。

我军经过5次战役，虽然把敌人赶到了三八线，扭转了朝鲜战局，虽然步兵占有很大优势，炮兵、坦克和后勤保障力量也得到了加强，但是与敌人相比，技术装备仍处于非常悬殊的劣势。此时，我军的兵力已由入朝时的30万，增至77万，人民军由11万增至34万，我方总兵力已达112万。敌我兵力之比为1∶1.6，我属优势。但是技术装备呢？敌人有轻迫击炮以上火炮3560余门，坦克1130余辆，飞机1670余架，舰艇270余艘。我军仅有少量坦克和飞机。火炮的数量质量亦远远不如敌人。制空权、制海权完全掌握在敌人手里。我军虽然步兵数量多，战斗力强，占有较大优势，但是由于我军仍无白天行动的自由，部队机动和物资供应均受到很大限制，此种优势很难充分发挥。这种情况下，我企图消灭敌人重兵集团也是有困难的。我要在军事上解决朝鲜问题，关键是消灭敌人有生力量。这就需要时间，需要有个敌我力量消长的过程，需要一个改善我军技术装备，提高我军现代化作战能力的过程。这样，战争的长期性就非常明显了。既然速胜是不可能的，那么当客观上出现了和平解决朝鲜问题的可能性时，我们当然应抓住这个时机，一方面准备持久作战，一方面与敌人举行停战谈判，争取和平解决朝鲜问题。

因此，美方在5月底放出和谈空气后，金首相便于6月初到达北京，同毛泽东、周恩来商谈了有关停战谈判的方针与方案。

6月23日，苏联驻联合国大使马立克在联合国新闻部举办的"和平的代价"广播节目中发表演说。马立克说："维护和平的事业是可能的，朝鲜的武装冲突目前最尖锐的问题也是能够解决的。而要做到这一点，就必须各方有和平解决朝鲜问题的意愿。苏联人民认为，第一个步骤是交战双方应该谈判停火与休战，而双方把军队撤离三八线。"

马立克的这个讲话，代表了朝中方面的观点。6月25日，我《人民日报》发表社论说：中国人民完全支持马立克的建议，并愿为其实现而努力。中国人民志愿军参加朝鲜反侵略战争，其目的就在于求得朝鲜问题的和平解决。

同时，杜鲁门在美国田纳西州发表政策演说，一方面叫嚷要继续进行侵朝战争，另一方面又表示愿意参加朝鲜问题的和平解决。

接下来的就是我们前面讲到的李奇微的声明和金日成首相、彭德怀司令员的答复声明了。

在金、彭发表声明的前一天，金首相曾给毛主席发出电报，除提出朝方对和谈内容、地点和时间意见外，还希望彭总代表志愿军出席谈判会议。志愿军领导经过研究认为彭总是我方统帅，不宜直接出面。彭总同意这个意见，提议由第一副司令员邓华代表他去谈判。决定解方同志和邓华同志一道去。我们把这个意见报告给中央军委后，毛主席于7月2日回电，同意。并电告我们我方谈判代表团的李克农、乔冠华等同志于当日动身来朝。

7月8日，双方联络官商定，朝鲜停战谈判7月10日上午10时在开城来凤庄举行。

7月10日，朝鲜停战谈判正式在开城来凤庄举行。我方出席代表为朝鲜人民军参谋长南日将军、中国人民志愿军副司令员邓华将军、朝鲜人民军前线司令部参谋长李朝相将军、中国人民志愿军参谋长解方将军、朝鲜人民军第1军团参谋长张平山将军，对方代表为美国远东海军司令乔埃将军、美军远东空军副司令克雷奇将军、美国第8集团军副参谋长霍治将军、美国巡洋舰分队司令勃克将军以及南朝鲜的白善烨将军。

在敌我力量相对均衡，从军事上不能迅速解决朝鲜问题的情况下我党中央在政治上采取和谈方针，在军事上也及时制定了"持久作战，积极防御"的相应方针。

5月份，解方同志回京向毛主席汇报朝鲜战况时，毛主席提出了对朝鲜战局的长期性、艰苦性要有充分认识与准备的意见，解方向毛主席汇报歼灭战不能张口太大，应采取不断轮番，各个歼灭敌人的方针。毛主席很高兴，把这种方针形象比喻为"零敲牛皮糖"。这个"零敲牛皮糖"的方针以后就成了我军在战略防御阶段歼敌的主要方针。

6月上旬，毛主席在接见回京汇报的邓华副司令员时，根据敌我双方的基本情况和我们的战争目的，更加明确地提出了中共中央关于朝鲜战争要"充分准备持久作战和争取和谈达到结束战争"的总指导方针和"持久作战、积极防御"的战略方针。

为了贯彻中央的指导方针和战略方针，邓华返朝后，在彭总的主持下，志司于6月25—27日召开了志愿军常委会议，即6月高干会议。

在这次会议上，传达了毛主席和中央军委关于持久作战，积极防御和准备同敌人进行谈判的指示，总结了我军入朝以来5次战役经验，对今后如何坚持"持久作战、积极防御"战略方针进行了部署。要求部队在全体指战员中进行长期作战的思想教育，克服速胜思想。要求我军必须坚持38度线至38.5度线地区，并在该地区构筑3道防御阵地。今后我军作战方式为运动防御与反击相结合的拉锯形式。在作战指导上，采取"零敲牛皮糖"即打小歼灭战的方针。要求以成建制地消灭敌人为主，每次战役的企图不要太大，以每一战役平均 1 个军能歼灭美军 1 个营，对伪军则要求每军平均能歼灭敌 1 个团为原则。积小胜为大胜，逐步向打大歼灭战过渡。在两三个月内不进行大的反击战役。在停战谈判开始后，准备坚持以三八线为界划分军事分界线，如敌坚持现在占领区，我即准备 8 月反击。在部署上，为照顾海防和供应情况，决定以 18 个军分两批轮番作战。第一线 9 个军担任正面作战。第二线 9 个军分置于东西海岸与阳德、谷山地区进行休整训练，防敌登陆；以两个军位于我东北地区作战役预备队。一、二线部队每两三个月轮换一次，如伤亡过大，短期难以恢复者，视情况可调回国内，由新部队接替，即以轮番和换班相结合的方针，坚持长期作战。联司从志愿军和朝鲜人民军各抽若干部队组成游击支队，深入敌人后方，开展敌后游击战，配合正面主力作战，分散与钳制敌人。

我军还采取了一系列措施，在前沿构筑绵亘不断的有一定纵深的坚固阵地，增调 20 兵团（辖 67，68 军）入朝，加强东线防御力量；组织部队轮番休整，补充兵员，加强训练，提高战术与技术水平，改善部队的技术装备，加强防空和防坦克火力；调 23 兵团入朝与 50 军第 149 师一起修建机场，做好空军配合地面部队作战的准备；修建公路、仓库，改善交通运输和后勤供应。同时，在国内开展支援抗美援朝运动，发起捐献飞机、火炮运动，至 8 月底，全国人民所捐款项可购买飞机

2398 架，大炮 254 门，坦克 5 辆，为志愿军坚持持久作战做出了巨大贡献。

从此，朝鲜战争便开始了军事斗争与政治斗争交织进行的边打边谈的相持局面。

停战谈判开始后，李奇微提出在元山港的美军军舰上进行谈判，我方没有同意。因为，我们认为在美国军舰上谈判，来往不方便。我们提出在我方控制的开城谈判，这儿离他们控制区很近，来往比较方便。李奇微同意了我们的意见。为了有一个明显的标记，以防他们的谈判代表被误伤，李奇微提出他们的联络官乘坐的每一辆吉普车上都将悬挂一面大白旗。对此我们也同意了。

谈判会谈了几次以后，美联社的一个记者写了一篇东西，说堂堂的美国代表，代表联合国军总司令去谈判，车上挂着白旗，太不光彩了，这简直是投降嘛！这么一讲，引起了轩然大波。原来说打白旗是为了安全，是保护他们的标志，美联社记者这么一讲，他们不干了，不打白旗了。后来又说在开城谈判也不行了，理由是开城没有中立气氛。他们中止了谈判，要求将谈判地点由开城移到双方军事接触线上的板门店，否则就不恢复谈判。我方为了扫除对方阻挠复会的借口，同意了他们的要求，以后会谈就挪到了板门店。

谈判谈到战俘问题时，接替李奇微任第 8 集团军司令的范弗里特提出，他有个儿子是个美军中校飞行员，一天夜晚曾驾驶一架 B-26 飞机到我方物开里轰炸，被我方打下来了，是死是活也不知道。他让我们帮他找儿子。

物开里那时属于志后 3 分部管辖。邓华和解方把这个情况转告我，让尽量寻找。以后，我们满地地找呀！物开里的同志证实说，是打下了一架 B-26 飞机，但是没抓到飞行员，可能在飞机上就被打死了。打下来时，谁也没注意飞行员的事。我们派人找了一段时间，也没有找到。后来把查找情况告诉邓、解，他们又通知了美方，范弗里特听到这个消息，非常伤感、失望。

现在保留下来的 1951 年的志司的作战计划中，还有一个第六次战役的计划，可是实际上第六次战役并没有打，计划打第六次战役目的是什么？为什么又没有打呢？

第六次战役，志愿军的领导确实酝酿过，目的是想把三八线以北被敌人占据的土地完全夺回来。

第五次战役以后，我方和美方的军事控制线大体是沿着三八线的，但又不完全是。美伪军在东面攻过了三八线，在东海岸这边占了一块山区。在西海岸，我们占了三八线以南包括开城和板门店在内的一块平原和延安半岛、瓮津半岛。东面美军占领的三八线以北山区，从地形上讲，对我们是有军事威胁的。美国人不是老说以三八线划界吗？所以在和谈开始时，我方代表就提出了以三八线为军事分界线的主张，要求美国把东面的那块山区划给我们，我们把西面那块平原划给他们，完全恢复原来的三八线。可是美国谈判代表不干，他们说如果以三八线为界，根据地形看，美方在东线后撤之后，难以重新攻取。朝中方在西线后撤之后，则易于重新攻取，所以这种方案不公平。

在谈判中，美方不但不同意以三八线为军事分界线，反而以他们所谓的海空军优势，要在军事上得到补偿为借口，无理要求将军事分界线划在三八线以北我方阵地内，企图不战而攫取我方12000平方公里的土地，从而使谈判陷入了僵局。

这期间，志愿军总部的领导曾经酝酿了几次，准备发动第六次战役，打到三八线位置，这样以后和谈也更好谈。

后经我们反复权衡，感到东线山区虽然在军事地形上有利，但那边都是光秃秃大山，比较贫瘠。西线平原虽然不太好守，但比较富饶，离汉城也近，从军事上讲对我们也有利。

当时交战双方已形成势均力敌僵持局面。而且当时，我方已准备同意以实际接触线为军事分界线的方案了。基于上述种种原因，我们考虑，既然美方不同意换，也就作罢。因此，第六次战役也就没有打，计划只停留在了纸上。

第十二章　粉碎夏秋季攻势

1951 年 7 月 20 日，朝鲜北部连降大雨，山洪暴发，河水漫溢，泛滥成灾。一般河流水位上涨 3—4 米，最高达 11 米。水流速度达到每秒 4—6 米，最高达 7 米。洪水所至，交通中断，堤防溃决，房屋坍塌，物资冲走，装备毁坏，人畜伤亡，其水势之猛、之急，持续时间之长，危害范围之广，为朝鲜近 40 年来所罕见。

在洪水破坏下，志后的主要物资集散地三登附近变成了一片汪洋，仓库、医院和高炮阵地全遭水淹，许多电线杆子都被洪水淹没。安州、鱼波车站及平壤附近全部被洪水吞没。后方几乎所有的路面全被冲坏，路基被冲塌，205 座公路桥梁全被冲垮，无一幸免。栗里至逍遥里的沿河公路交通中断 20 余天。

不少桥梁都是修好了又被冲毁，冲毁了又被修好，反复多次。主要铁路桥如京义线上的大宁江、西清川江、南大同江桥；满浦线明文桥；平元线东大同江、东沸流江桥均被冲毁，每座桥平均被冲坏 3 次，东清川江桥先后被冲毁竟达 9 次。德池川桥中断通车时间达 45 天。秃鲁江桥中断达 13 天。整个铁路运输线被割成数段。能断断续续保持通车的线路只有价川至新安州，新义州至孟中里，球场至顺川，顺川至长林段。

在三登有一个高炮营。洪水突然暴发时，他们没来得及撤出，干部战士被逼得上了高压线。他们没经验，上高压线后不是顺着高压线慢慢疏散，而是挤成一坨，结果高压线断了，淹死了 167 人，炮也被水冲跑了。大量的库存物资被冲走，有些待避的汽车也被冲走，露天存放的物资几乎全部被冲走。

对这次洪水的防汛工作，志后及铁路有关部门事先是有准备的。月初在沈阳召开了防洪会议，研究部署朝鲜铁路运输的防洪抢修问题。但是，由于洪水提前到来，所以造成如此巨大的损失。

一个是激烈的战争，一个是特大洪水，雪上加霜，困难上加困难。我作为兼后方勤务司令员，日不能安，夜不能寐，心急如焚！为战胜洪水灾害，保证运输畅通，保证前方物资供应和兵员，我和志后其他领导采取了一系列措施。

首先是把不通的桥梁和能通的公路连接起来。西清川江、东大同江和东沸流江桥被冲毁后，由于敌人昼夜不停地轰炸，加上地势险要，桥梁短期难以修复。志后研究后，决定集中 4 个大站和 1000 多辆汽车，采取倒运办法。在西清川江桥头倒运了 600 多车皮的物资，在东大同江桥头倒运了 1100 多车皮物资，在东沸流江桥头倒运了 270 车皮物资。这就是抗美援朝战争史上著名的"倒三江"。这种倒运、漕运、接运办法是在洪水泛滥、敌机轰炸情况下创造的一种特殊的运输形式，它达到了路断、桥断而运输不间断的目的。

当时，前方战事甚紧，急需粮弹。只靠后勤工兵部队的几个团修被破坏的铁路、公路，再修半年也是修不好的。那时邓华不在前线，回国去了。陈赓已经到了志司，担任第二副司令员，我就找他商量。

我说："陈司令，修路工程量太大，只靠后勤修，力量不够呀！修得太慢了！"

陈赓问："你有什么想法？"

我说："得全军动手才行，除了一线部队，不管是机关也好，部队也好，勤杂人员也好，都要上。另外，朝鲜群众也得上，因为人民军也要补充呀，道路不通，大家都困难呀！"

陈赓听了说："这个办法不错，开会研究一下吧。"

于是，他组织我们几个领导开了个会。

会上，大家都觉得这个方法可行。

陈赓让我谈谈具体方案。我说："统一布置，合理分工。每个军、每个师、每个团明确包哪一段，限期完成。1个月之内无论如何也要全部通车。"

有人觉得工程量太大，不好完成。

陈赓严肃地说："这同打仗一样，是战斗任务。白天干不完，晚上干，夜以继日，全力以赴。"

他对我说："你把方案起草出来。然后，咱们向彭总报告去。"

于是我把哪段是什么兵团，哪段是什么军，哪段是朝鲜老百姓的，哪段是后勤机关的，哪段是工兵团的都分好了。方案起草完了，我送给陈赓看了看，他说："好！"

我们就一路去了彭老总那儿。彭总看了方案很高兴，说："我正为运输线发愁呢！这办法好！按这个方案下命令吧！"

9月8日，在志愿军党委会上，彭总又针对这项工作说："这是战斗任务，所有部队都要集中力量搞。要迅速恢复冲毁的公路，要普遍加宽公路，修几条标准公路，有战略价值。"

会后，志愿军二线部队11个军、9个工兵团和志后3个工程大队，共数十万人，在朝鲜人民军和朝鲜群众的支援下，冒着敌机的轰炸扫射，掀起了一个规模巨大的抢修公路热潮。由于实行了分段包干负责的方法，加快了工程的进度。结果，只用了25天，就把道路全部修通了。这样，全军后勤运输供应就渡过了最关键、最危险的难关。

在单线通车的基础上，修路大军还新开辟了许多条迂回公路，使公路联结成网，东方不亮西方亮，条条道路通前线。同时，拓宽狭窄路面，排除危险路段，疏通失修的水道涵洞。在公路沿线修了大量汽车掩体，从根本上改变了我交通状况。

对被洪水和敌机破坏的铁道和铁道桥梁，抢修部队根据先通后固、先易后难、确保重点、预有准备的原则，顶洪冒炸，不怕牺牲，日夜抢修。对于修复困难的桥梁采取修迂回桥、简便桥的办法。有些新修复的铁路桥承受能力低，承受不了火车头的重量。可是车皮没有火车头，无法移动，怎么办呢？志愿军铁道兵发挥聪明才智，想出一个好办法，在桥的一边用火车头把装有物资的车皮推过江，上百吨重的火车头不登桥，顶过桥的车皮，再由等候在那边的火车头拉走。这样，一列列满载军用物资的火车便可以平安通过随时可能被压垮的便桥，将物资运往前方。这种方法，在当时被称为"顶牛过江"。

停战谈判开始后，美国毫无诚意。

一方面，他们积极备战，从美国本土运来 10 多万兵员补满缺额，增加炮兵、坦克部队，美空军第 116 师、第 136 师两个战斗轰炸机联队进驻日本，美第 40、第 45 师由日本调入朝鲜，增加其陆、空军作战力量，将英第 28、第 29 旅和加拿大第 25 旅、新西兰炮兵第 16 团组编为英联邦第 1 师，扩大了大丘机场，新开辟原州、水原等十几个海空军运输补给基地，修建东豆川里、永平、麟蹄等十几处前沿机场。还抓紧修筑道路，运输作战物资，出动大批飞机轰炸志愿军交通运输线和后方基地。

另一方面，又在谈判桌上，节外生枝，仅讨论议程问题就拖了半个多月，讨论军事分界线时，美国借口其同我军比较有"海空军优势"，必须在陆上取得"补偿"，提出将分界线划在志愿军阵地以北约 38—68 公里的开城、伊川、通川一线，企图不战而攫取我方 12000 平方公里的土地。

这一政治讹诈理所当然地被我中朝方面严词拒绝后，美方公然说，那么"让炸弹、大炮和机关枪去辩论吧"！

李奇微也狂妄地声称："用我们联合国军的威力，可以达到联合国军代表团所要求的分界线位置。"

8月18日，敌人趁我遭受特大洪水灾害和"绞杀战"危害的极端困难之机，集中美伪3个师的兵力，在航空兵、装甲兵支援下，向北汉江以东至东海岸约80公里的人民军防御正面发动进攻，发起所谓"夏季攻势"。8月22日，他们轰炸扫射了中朝代表团住所，谈判被迫中断。美国企图以军事压力逼迫中朝方面接受其在谈判中提出的不合理要求。

敌人向人民军发起攻击后，朝鲜人民军在粮、弹供应不足的困难情况下，利用野战工事，进行了顽强阻击和积极的反击。激战3天，敌仅占人民军部分前沿支撑点。8月21日，敌被迫转入重点进攻，战斗更为激烈，有的阵地人民军与敌反复争夺达十余次。朝鲜人民军2、5军团为了打击进攻之敌，趁敌疲惫之际，夺回部分阵地，决定于8月25、26两日，先后对敌进行局部反击。第5军团以第6师、第12师各两个团，反击进占杜密里以北地区之敌，第2军团以第27师在第5军团第6师一部配合下，反击大愚山之敌。战至27日夜，第5军团先后收复了983.1高地、773.1高地、752.1高地、三台洞、阵岘、鸠岘等阵地。第2军团对大愚山之敌的反击，当夜未解决战斗。此时，敌我双方为加强各自的兵力，都迅速地调整了部署，准备再战。

9月1日，敌人又重新发起了进攻，每日不断地以营、团的兵力，向我人民军的项岭、杜密里以北773.1高地（敌称该线为"血岭"）、大愚山以北加七峰、1211高地及加田里以北的阵地攻击。战至9月8日，敌伤亡惨重，仅占我部分前沿阵地。9月9日，伪8师每天以1个多团的兵力，在大量飞机和猛烈炮火支援下，向黄基至松鱼月4公里我防守地段连续攻击，防守该地段的人民军第3军团的1个团顽强抗击，昼失夜反，与敌人激战4天，阵地屹立未动。14日敌又将进攻重点集中在道味岘至芦田坪4公里地段上，每天以4—5个营的兵力进行轮番攻击，人民军3军团顽强防守，又激战4天，敌仍寸步未进。至9月18日，敌除了在杜密里以北851高地至1211高地继续保持进攻并一直持续到10月中旬外，其他地段均已被迫停止进攻。敌因攻击851高地，伤亡惨重而无所获，所以他们把该地称为"伤心岭"。至此，敌人在朝鲜东线发动的夏季攻势，终于被我英勇的朝鲜人民军所粉碎。

在东线朝鲜人民军粉碎敌人夏季攻势的过程中，我志愿军64、47、42、26军各以一部分兵力，先后向德寺里、399.1高地、西方山、半流峰等敌人阵地发起了攻击，占领了西方山、斗流峰要点，改善了我军平康平原的防御态势。

在夏季战役中，中朝两国军队全线共歼敌7.8万余人（内有美军2.02万余人），敌人在东线费了九牛二虎之力仅突入我阵地2—8公里，占领我土地179平方公里。我胜利地粉碎敌人的夏季攻势后，美国参谋长联席会议主席布莱德雷也说："这次的攻势是没选好时机，没选好地点，没选好敌人的败仗。"

敌人的夏季攻势被我军粉碎后，仍不甘心，又在西线发动"秋季攻势"。他们这次改变攻击重点，集中攻击志愿军防御阵地。10月3日，敌人集中英联邦师和2个美军师，于西线进攻我64、47军正面防御高地。以后，敌人又转向东线，集中两个师向我68军防御阵地进攻，集中美军两个师和伪军两个师，向我67军防御正面进攻。

进攻我64军防御正面之敌，是英联邦第1师和美骑兵第1师第5团一部，其进攻重点为高旺山、马良山。敌每天以一两个团的兵力向我猛烈攻击，激战至4日下午，我守高旺山及其以西227.0高地的部队主动撤离了。10月5日，敌将进攻重点指向马良山及其西南216.8高地，每天敌均以1个多团的兵力在大量飞机和猛烈的炮火支援下，进行多梯队的轮番攻击。我马良山阵地曾5次失而复得。我防守216.8高地的一个连，依托坑道式的掩蔽部，即由两个"猫耳洞"贯通的马蹄形防炮洞，1天内连续击退敌20多次的冲击。而我以很少的代价大量地杀伤了敌人，初步显示了坑道工事的优越性。激战至8日，因敌伤亡过大被迫停止进攻。

防守天德山及418高地的47军141师1个营，每天抗击敌人两个步兵团的猛攻，平均击退敌人十余次冲击，阵地被炸为焦土，只剩下1名副团长率十余名轻伤员，顽强地守住了阵地。

这次敌人发起的秋季战役又进行了将近1个月，我军打退了各路的进攻之敌，东西两线共歼灭敌人 7.9 万余人，敌我伤亡为 3：1。敌人在西线仅前进约 3—4 公里，东线仅前进约 6—9 公里，共占我土地 467 平方公里。

敌人这次是东西线同时进攻，攻势十分猛烈。我军有 4 个军同时投入战斗。后勤保障任务很重，弹药消耗急剧增加。战斗激烈时，西线部队平均每天消耗迫击炮弹 4 个基数，山野炮弹 2 个基数。在激战的 10 天内，东线部队平均每天消耗弹药 126 吨。志愿军后勤部队在克服洪水灾害，开展反"绞杀战"斗争的同时，仍然千方百计保障了部队反击作战的需要。

敌人连续发动夏秋季攻势，不但没有达到预期目的，反而遭到巨大伤亡。美方深深感到，在谈判桌上得不到的东西，在战场上也难以得到，不得不被迫返回到谈判桌旁。

10 月 25 日，双方在商定的新会址板门店恢复谈判。这时敌人虽然放弃了攫取我 12000 平方公里土地的要求，却又提出了将开城地区划入美占领区，要求我方退出 1500 平方公里土地的要求。

为了打击敌人气焰，显示我方的力量，彭总同我们志愿军其他领导决定向敌人发起反击。以 64、47、42、26、67 军各一部，先后对敌人营以下兵力防守的 26 个目标进行反击，经与敌反复争夺，这次我方巩固地占领了敌方 9 个阵地。

这时，特大洪水对我后方造成的破坏业已消除，敌人"绞杀战"也遭到我严重打击，后方运输供应情况已明显好转。因此，我对部队反击作战的后勤供应比较充分。64 军马良山战斗，是此次反击作战规模较大的一次。战前，志后即将其弹药补足 10 个基数以上，粮食补足 20 日份。战斗中，军后勤又开设了前进兵站和伤员收容站。这次反击作战，不仅军事上获得重大胜利，后勤也初步摸索出了依托坚固阵地，对野战阵地防御之敌进攻的后勤工作经验。

在正面各军对敌进行小的局部反击的同时，为了解除西部沿海岛屿敌特武装对我侧后的威胁，配合我在板门店"关于岛屿部队撤退问题"的谈判，我们还以 50 军 148 师、150 师各一部在清川江口至鸭绿江口之间的朝鲜西海岸附近进行了 4 次渡海作战。炮兵第 47 团第 2 营进行了远程火力支援。航空兵首次配合步兵作战，第 8 师、第 10 师出动飞机轰炸敌人守岛部队。先后攻占了椵岛、炭岛、大小和岛、牛里岛等十余个岛屿。

参战的师、团后勤发动群众用高粱秸、葫芦、木材等制成水上救生器材，用木板、木杆、雨布等制成"海滩搬运工具"和"泥船担架"，这些土办法对保证渡海作战起了一定作用。

这次攻岛作战规模虽然不大，意义却不小，我们不但出动了步兵，还出动了空军、海军（有登陆艇参战），是小规模的陆海空三军联合作战，这在我军历史上还是第一次。

敌人发动夏季攻势时，向我东线进攻十分猛烈。但由于特大洪水和敌人的"绞杀战"，道路、桥梁全被冲毁、炸坏，粮食等物资大部分运不到前面去。东线杨成武 20 兵团粮食处于极端困难的境地。

彭总给我打来电话了，说："洪学智，我告诉你，20 兵团要断粮了，再困难也要保证东线部队有 5 天的粮食。"

我很清楚，彭总这是给我下的命令。我们想了许多办法，一个是找一些会水的人把粮食顶在头上，运过清川江，一个是夜间渡口架桥板，白天拿掉，敌机来了一看，桥断着呢，就不管了，夜间连接起来抢运过去。还千方百计找了些木船、橡皮艇运。另一个是把打湿的粮食烤、炕、晒干了再继续前运。当时，志后用于翻晒粮食的就有 30 万人次，还发动朝鲜人民群众分户翻晒。同时，动员二线部队、机关节约粮食支援一线。

当时，粮食已经紧张到后面部队几乎要断绝的程度了。这个情况，只有我们几个领导知道。

我每天把粮食的情况向彭总报告两次，包括后方起运了多少粮食，运到没有，送到前线部队有多少。

有的部队与当地朝鲜政府协商向朝鲜老乡借粮食，有的还采取了其他各种措施。总之一句话，东线的粮食一定要保证，5 天的存粮一定不能少。这个时间大概有个把月吧，是最困难的了。

9 月份，洪水退了，可是敌人的"绞杀战"又开始疯狂地轰炸我新安州、西浦、价川间的铁路"三角地区"，使得大批粮食、物资积压在价川、新安州以北，前运很困难。

一次，我去找彭总，请示能否向朝鲜政府筹借一部分粮食，彭总同意了。

9 月 18 日，我从志后驻地香枫山前往平壤，拜会金日成首相。

在拜会中，我把志愿军粮食极度缺乏的情况向金首相作了介绍，说："希望朝鲜政府能帮助志愿军筹措一部分粮食，以供一线部队作战之急需。"

金首相说："尽管由于洪水和敌人的破坏，我们自己也很困难，但是凡是朝鲜能解决的问题，我们一定设法解决。"

这样，从 11 月开始，朝鲜政府在黄海道的轨宁、信州、定州、新院里、温井里拨粮食 4 万吨，在平安南道的江西郡拨粮 4000 吨，在咸兴南道的咸兴、永兴拨粮 1 万吨，在咸兴拨盐鱼 1000 吨，在平康以北农场拨青菜萝卜 3000 吨和两个月的马草、烧柴给志愿军。

会见时，金首相要求志愿军在朝鲜开设一部分商店。

他说："可以用物资吸收一部分朝币，一方面能解决志愿军在朝鲜境内购买一些日用品和副食品经费问题，另一方面也支持了朝币。"

我很同意金首相的意见。

经过协商，决定志愿军在平壤、沙里院、阳德、成川、球场、安州、定州、熙川、德川、伊川设立供销社，向朝鲜人民出售从我国国内运去的生活必需品，回笼朝币，解决部队需要的部分经费（朝币）。

1951 年秋天，阴雨连绵，天气一天天凉起来了，朝鲜北部的大地渐渐褪去了绿装，落叶松也开始掉叶了。换冬装的日子就要到了。

对季节的变化，敌我双方都敏锐地注意到了，都在盘算着。

敌人一心想抓住我军前运冬装的时机，配合秋季攻势，加强对我后方的轰炸，把我军的冬装全部毁于途中。

彭总和我们志后领导考虑的是怎么战胜敌人的轰炸，及时把冬装运到前线。这在当时成了关系到我军能不能取得最后胜利的关键问题。

这样，在战场的后方，一场抢运与阻拦的智斗开始了。

志后从组织上健全加强了防空、警戒、通信联络和工程保障部队的力量。要求沿途防空部队密切注视敌机活动情况，加强报警工作，加强警卫部队，对装卸点附近、库区周围反复搜剿，肃清敌特，工程桥梁部队加强对重要桥梁和路段的维修和保护。

这次还接受了上半年在三登发生的夏装被炸教训，规定由火车、汽车载运的冬装一到转运站或分发地，立即发放各单位，来不及拉走的，则迅速组织搬运力量，力争当夜藏入附近坚固的仓库，隐蔽保管，不给敌机发现和破坏的机会。

夜晚发放极易搞错。为避免在无照明情况下发放错误，保管人员战前多次练兵，事先熟悉各种不同包装的式样，作出不同记号。

9月10日，彭总发出命令："后方机关及无战斗任务的部队，应集中一切力量运棉衣，求得9月底10月初发齐。"

这时，"三角地区"（新安州、价川、西浦）内敌人的轰炸破坏在疯狂地进行着。志愿军后方勤务系统按照彭总的指示，紧张而有秩序地展开抢运冬装工作。各特种兵组织汽车到安东自运。其余955车皮用火车采取"片面续行法"运到朝鲜，再由二线部队组织力量到铁路运输终点接运，然后人背马驮，把冬装从卸车点运回部队。由于组织严密，不但运送快，而且损失小，只占全部冬装143万套的0.52%。到9月底，志愿军指战员全部穿上了棉衣。

当身着崭新棉军装的志愿军战士出现在谈判地点板门店时，敌人的停战谈判代表都惊呆了，叹为奇迹。因为志愿军竟比"联合国军"提前穿上了新冬装。

他们的代表说："没想到轰炸得这么厉害，你们还能穿上棉衣，比我们还早。"

敌人陆军对他们的空军说："你们的阻隔战术失败了。"

10月20日，金首相打电报到楠亭里志愿军后方勤务司令部，要我到他的指挥所去一趟，说是有要事与我商量。

金首相的指挥部在平壤附近。

接到电报后的第二天早上，我便出发了。同去的还有志后军需部长张乃川，我坐了一辆美国吉普车，车篷放下，进行了很好的伪装。

大约中午时分，我们行驶到了三登。

三登是个不大的镇子，镇子上有一条小街，街西北头是一座大桥。我在三登没停。张乃川跟在后面。我的车子已驶出了大街，上了桥。那座桥离地面很高，很长，没被敌人的飞机炸毁。

我的车子刚走到桥中间，4 架美国飞机忽然从南面飞过来，飞机直冲着我的汽车俯冲了下来。

我心里想：正好在桥中间，躲也没地方躲呀！看来要"交待"在这儿了。

就在飞机直着往下冲时，忽然听到"咚咚咚"的高射炮声和"嗒嗒嗒"的高射机枪声。我抬起头，但见两面高山上高射炮和高射机枪正猛烈地吐着火舌，射击后冒出的白烟满天飘着。那 4 架敌机见有高射武器，也没来得及撂弹、扫射，就慌忙拉高，往上蹿，接着就掉转方向，往南逃走了。

我高兴极了，但又觉得很纳闷，这里怎么会有高射炮呢？发洪水时，这里的高炮营调到别处去了。今天这里怎么又有了高炮部队呢？

这时，附近的兵站和仓库的一些领导，知道我来了，跑来见我。我向一位兵站站长问了问，才弄清了情况。原来三登兵站的火车站昨天晚上进来两列车粮食，由于粮食太多，人手少，车一时卸不完，疏散也疏散不了。1 分部连夜临时从其他地区调来 1 个高炮连、1 个高机连。阵地还没弄好呢，见敌机来了，他们就打了起来。

在我后方，敌人安插了许多特务。那 4 架飞机也可能是得到了三登正在卸粮的密报后，来炸运粮车的。不然怎么这样巧呢？但是，敌机没想到这儿来了高炮。

我对三登兵站的站长说，今天幸亏你们这儿来了高炮，不然，运粮列车会受大损失。我恐怕也报销在这儿了。

三登遇险后，我们不敢猛跑了，走一会儿，停下来，听一听，有什么动静没有，有飞机声响没有，没有再跑一段，跑一段再停下来，听听，没有飞机再跑。一直跑到天黑，才到了平壤附近。

当时，敌机经常轰炸平壤。朝鲜政府、金首相指挥部、中国驻朝大使馆都在城外的山沟里。我先去了大使馆，那儿离金首相的指挥部很近。大使倪志亮同金首相联系后，对我说，安排在第二天晚上会见。

我和倪志亮大使很熟悉。这次见了面，倪大使很高兴，弄了野鸡肉给我吃。

大使馆有防空洞，我们嫌潮没有住，住进了外面的一间房子。屋子里有一个新盘的火炕，还没完全干，还在用煤火烘烤。门也没有安装。由于防空怕光线泄露出去，门窗都用黑布帘子捂得很严实。

我自己睡了一间屋子，4 个警卫员和司机住在了另一间屋子里。睡到半夜，我醒了，觉得头晕眼花，胸闷得透不过气来。我觉得不对劲儿，挣扎着爬起来，下了床，想出去，但没走两步就跌倒了，头一下子磕在了门槛上，然后就昏头昏脑地什么也不知道了。

　　大约到了早晨五六点钟，我醒来了，睁开眼一看，自己躺在地上，头枕在门槛上，不觉吃了一惊，心想，我怎么躺在这儿呢？仔细回忆了好一会儿，才想起自己是晕倒了。我跌倒时，把门洞上挂的棉布帘子给撞开了一道缝。我想，自己怎么会晕倒的？是不是敌人放了毒气了？后来又想了想，八成儿是中了煤气了。我挣扎着爬起来，头也渐渐地清醒了。

　　天亮后，倪志亮来找我吃早饭。

　　我说："我头晕，恶心，不想吃东西。"

　　倪大使连忙关切地问："怎么回事？"

　　我把昨天晚上的情况一讲，倪大使一拍大腿说："哎呀，准是中煤气了。那是新盘的炕，准是被煤气熏着了，赶紧弄点药吃吧！"

　　这时，我已经缓过来了，所以也没再吃药，不过真够险的。屋里只有我一个人，要是一直睡在炕上，也就完了。起来后，要是不把门帘子撞个缝儿，也完了。

　　第二天晚上，我去金首相指挥部见了金首相。

　　一见面，金首相说："洪副司令，又要给你添麻烦了。"

　　我说："要说麻烦，还是我们麻烦了你，志愿军还向朝鲜政府借过粮食嘛。"

　　金首相爽朗地笑了。

　　我说："金首相，有什么事情，你尽管说。"

　　金首相焦虑地说："现在前线敌我相持，已进入了阵地战。

敌人飞机大炮对我方战区的轰炸、扫射很厉害，战区的老百姓生命财产受到很大损失，也没有什么粮食吃，所以我们想把他们疏散到后方来。但是由于前线的老百姓人数很多，光靠我们朝鲜政府和军队的力量，困难很大，因此想请志愿军往前方送粮食弹药的汽车，回返时把前线的老百姓接回来。今天请你来，就是想和你商量一下，这样行不行？"

我说："这没问题，我们可以承担。"

金首相思考了片刻又说："你们接那些老百姓时，只要是能带的财物，尽量让他们带回来，这样他们到了后面，他们也能生活。"

我说："请金首相放心，没问题。"

金首相高兴地说："我代表战区的老百姓向你表示衷心的感谢。"

我说："这是义不容辞的。"

接着，我们又商议了落实的具体办法。

我在金首相那儿待了几个小时，吃了一顿饭，晚上，还是住在大使馆。

第三天下午，我们往回返。倪大使一个劲儿地挽留我说："你再住两天，休息休息再走吧！"我因为家里工作很多，放心不下。另外，我对他那个房子也发怵了，就说："算了，再也不敢在你这儿休息了。"

倪大使和我都笑了。

回返时，我们走的是小路。走出了大约 10 里远，路边上碰见了一个十几岁的朝鲜小男孩，他手里拿着一把刀，见了我们，也不说话，先是把刀一个劲儿地往天上指，接着又指指我们。我觉得这里头肯定有名堂，马上让司机把车开进了路边的一个小树林里。停车后，我们进入树林边的河沟子里。

没几分钟，只见二十几架野马式飞机从山后面飞了出来。它们在我们头上盘旋了好几圈，没有发现目标，飞走了。

飞机飞走后，司机和几个警卫员都说："首长的命大呀！"

我说："是命大呀，连着3次遇险，都没死掉。"

10月29日，秋风瑟瑟，草木枯黄，一转眼，我们入朝作战已经1年了。

这天清早，我从志后驻地香枫山驱车来到志司驻地桧仓，参加志愿军党委会议。

这次会议的主要内容是传达中央关于精简节约的方针，研究部署志愿军的整编工作，总结夏秋季防御作战经验，研究部署局部反击和攻岛作战。

会议一开始，彭总传达了党中央的方针和毛主席、周总理的讲话。彭总发言时，他胸前佩戴了一枚硕大的勋章，闪闪发光，十分引人注目。那是一个星期前，朝鲜最高人民议会常任委员会，为表彰中国人民志愿军在援助朝鲜人民反抗美国侵略与保卫远东及世界和平事业中建立的伟大功勋，特地于中国人民志愿军出国作战1周年前夕授予彭总的。为了接受勋章，前几天彭总还亲自到平壤去了一趟，他的勋章是朝鲜最高级的一级国旗勋章，是朝鲜最高人民委员会授予的。

彭总传达完中央领导的讲话后，我们就开始研究讨论。我坐在彭总身边，仔细地盯着他的勋章看了又看，说："好漂亮的勋章呀！"

彭总感慨地笑了笑说："抗美援朝已经1年了，1年来，我们付出了巨大的牺牲，但也取得了巨大的胜利，把敌人赶到了三八线，迫使他们同我们举行谈判。朝鲜人民感谢我们，给我们受勋。我彭德怀去接受这个勋章，是作为志愿军的代表去接受的。"

说到这儿，他停住话语，意味深长地看了看我，又看了看在座的党委成员们，接着又认真地说道："但是如果真要论功行赏的话，得勋章的，前面应该是洪学智同志，后面应该是高岗同志。"

听了这话，我连忙说："彭总，你可不能这么说，可不能这么说！"

在座的同志们都笑起来了。

彭总接着说："我为什么这么说呢？因为这两个都是为我们志愿军搞后勤的，他们的工作是最艰苦的，他们做了大量的艰苦工作，没有他们的大量的艰苦的后方保障工作，我们就不可能取得这样大的胜利。"

1959年反对所谓"彭黄反党集团"时，这也成了我的一条"罪状"。批判我的人说："彭德怀为什么要把功劳归于你洪学智?!"说实在的，在朝鲜时，挨彭老总批评，我最多，像往球场给 39 军送粮的事，给 9 兵团送粮的事，司令部汽车被炸的事，60 军谎报情况的事，三登物资被炸的事，这些事他都批评过我。有的是批错了，我理解他是出于高度的事业心、责任心，我没有任何怨气。但是，另一方面，他对我的表扬也多。彭总毫无私情，他是看工作成绩的。像 39 军要粮的事，9 兵团要粮的事，还有一些别的事情，在最困难的情况下，我都把这些问题妥善处理了，所以他对我的表扬也多。

彭总说：洪学智这个人能任劳任怨。

我说：老总呀，我不任劳任怨怎么办？老总批评我批错了，我还能和你吵架？我也不能背着背包走哇！

彭总笑了。

1951 年冬，我从朝鲜前线回北京总后勤部汇报情况。一天晚上，毛主席接见了我，我是晚上 7 点多钟去的。

开始，毛主席向我详细地询问了部队进入相持阶段后的作战情况、生活情况和后勤保证情况。当我谈到朝鲜前线供应上存在的问题，毛主席听到有的部队由于营养缺乏，不少人得了夜盲症时，毛主席脸上不禁露出了焦虑的神色，关切地说："应该给战士们增加营养，给战士们每天吃一个鸡蛋，这我们还是可以办得到的吧？"

我说："鸡蛋我们还是有的，但往前线运送很不容易，不但要转几次火车汽车，而且敌机轰炸得也很厉害，弄不好，就打碎了。"

毛主席说:"你们想想办法嘛。"

我说:"好吧。"以后我们经过研究决定,从国内往前线运送鸡蛋粉,供应部队。

在谈到朝鲜战局时,毛主席明确指出:"朝鲜战争,要做持久打算。"

毛主席还说:"你回去以后对彭总讲,你们要经常向金日成同志请求汇报。如果彭总工作太忙,走不开,邓华和你就去汇报。"

汇报中间,毛主席身边的工作人员两次进来催促说,时间不早了,请主席休息。主席都没同意,一直同我谈到了晚上11点多钟。

第二天,我又去了陈云同志家。谈完了情况,他留我吃饭,我一看饭,说:"还不够我一个人吃呢!"他说:"还能不让你吃饱呀?尽你吃,吃饱。"陈云同志当时管经济,他对志愿军的后勤供应和后方交通运输很关切,焦急地向我询问了有关的情况。他说哪些问题你们在前面可以解决,哪些问题你们在前面解决不了,需要我们后面解决,都要及时提出来。他还详细询问了前方敌我双方的态势,和我军一年多来作战的经验教训。他对我们志愿军总部的作战指挥很满意,连声说:"不容易,你们在这么短的时间里,就扭转了朝鲜的战局,做到了这一步,不容易啊!"

第十三章　粉碎"空中封锁"

朝鲜战争转入相持阶段以后，美军由于兵力严重不足，缺乏足够的后备力量，面对着兵员有着巨大优势且已构成 200 多公里绵亘防线的中朝军队，从前方地面部队已无力像战争初期那样长驱直入，即使突破我军某一防线，也十分困难，也要付出很大的代价。

但这时候美国还迷信他们的海空优势。

1951 年 7 月，他们乘朝鲜北方发生特大洪水之机，对我发动夏秋季攻势的同时，在我后方发动了一场大规模的"空中封锁战役"——"绞杀战"。

"绞杀战"是美军仿照 1944 年 3 月盟国空军在意大利境内以德军使用的铁路线为主要攻击目标而发动的一次空中战役而炮制的。那次战役，最初被称为空军协同攻势。后来被称为"绞杀战"。朝鲜半岛的地形、交通线的构成以及美军空中封锁的计划都同在意大利进行过的"绞杀战"极为相似。所以，美军把他们的这次行动亦得意地称为"绞杀战"，想把朝鲜半岛变为昔日的亚平宁半岛。

"绞杀战"的具体做法是在横贯朝鲜半岛的蜂腰部划定一个阻滞地区，以绝大部分空军和海军航空兵进行长时间毁灭性的轰炸。切断志愿军后方交通线，阻滞我军前后方联系，窒息我军作战力量。所以，"绞杀战"又称"阻隔战"、"窒息战"。

我军刚入朝时，敌人在朝鲜战场上就已投入战略空军与战术空军10个联队零4个大队又4个中队，海军航空兵4个大队。拥有各种型号的飞机共1100架左右。那时，敌空军主要是打击我生动力量与公路运输车辆。到1950年12月，我军挺进至三八线附近，战线南移，并初步恢复了铁路交通时，敌人开始加强对我铁路、公路交通线的轰炸。

美国空军的飞行人员许多都是参加过第二次世界大战，飞过上千个小时的，有空战经验，飞行技术很好，经常进行超低空飞行，白天钻山沟，夜间找灯光，狂妄得很！有一次，我在金化那儿，曾亲眼看见一架美国的野马式飞机，示威似地从高压线底下钻过去。有一架飞机钻高压线时，起来太快了，尾巴被高压线挂住，掉下来了，断了尾巴的飞机又擦着山飞了二三十里，扎进山里，一声爆响，起火了。还有一次，敌机去轰炸价川，由于飞机飞得太低，挂在了树上。树枝断了，飞机也断成两截了。有时候飞机飞得很低，掀起一股强气流，可以把人头上的帽子刮掉。

当时，我们防空武器少，白天美国飞机猖狂至极，不放过一台车、一个可疑物。所以，后方运输只能在夜间突击进行，这使补给工作极为困难。我们的很多汽车驾驶员虽然参加过解放战争，但却从未见过这种阵势，普遍缺乏夜间闭灯行驶的技术经验。加上道路狭窄，起伏不平，时有弹坑、路障，隆冬季节，雪深路滑等因素，撞车、翻车、堵车、挨炸等情况不断发生。不但运输效率极低，车辆损失也很大。在我军入朝的头7个半月内，损失汽车3000多台（平均每月400多台）。

战争进入相持阶段后，美侵略空军增至15个联队零5个大队又4个中队，海军航空兵4个大队和伪空军1个团，飞机约1680架，7月和9月又先后由日本调入4个联队零1个中队，其战斗轰炸机和战略轰炸机几乎全部投入了朝鲜战场。由于他们有强大的实力，以致美国远东空军第5航空队司令埃佛勒斯特中将在"绞杀战"开始时就大言不惭地说："对铁路实施全面的阻滞突击，将能削弱敌人到如此程度，以致第8集团军发动一次地面攻势即可将其击溃，或者将能使敌人主动把部队撤至满洲境内附近，以缩短其补给线。"

驻在成川香枫山的志愿军后方勤务司令部正在夜以继日地指挥后方部队对付40年未遇的特大洪水的破坏，敌人又趁火打劫发起"绞杀战"战役，对我们来说真是雪上加霜。我后方处于最困难、最危急的境地。

在得到敌人要发起"绞杀战"战役的情报后，彭总让我到桧仓，我知道彭总要给我交代一下。

我匆忙赶到桧仓后，彭总一见我就说："洪大个儿，敌人要把战争转到我们后方了。这是一场破坏与反破坏,绞杀与反绞杀的残酷斗争。前方是我的,后方是你的。你一定要千方百计打赢这场战役。情况随时向我报告。"

我向彭总汇报了后方勤务司令部的作战预案后,彭总说:"好,后方就看你的了!"

我离开桧仓,急忙赶回成川香枫山。

我意识到这是我志愿军的后方铁道部队、工程部队、运输部队、公安部队、高射炮兵、航空兵和兵站仓库、医院诸兵种联合作战,与敌人针锋相对地打的一场大规模的后方反"空中封锁"战役。

反"绞杀战"开始时,正是洪水高峰。敌人趁我们困难之机,出动其侵朝空军70%以上的飞机,以平均每天32架到64架的大编队出动多次,不分昼夜地轰炸我后方铁路、公路、桥梁和人员、物资、车辆。开始是反复轰炸清川江、肃川江、秃鲁江、德池川和沸流江上未被洪水破坏和正在抢修的铁路桥梁。接着又逐站逐段地轰炸当时还在通车的新安州、西浦、价川"三角地区"的铁路和桥梁。至8月底我铁路桥梁尚能通车的仅有新安州至孟中里段、球场至顺川段、顺川至长林段和价川线(新安州至价川)约150公里,平德线(平壤至德川)由于大同江与沸流江桥破坏,全线失掉作用,整个铁路交通处于前后不通中间通的状况。

敌人在轰炸、封锁我铁路线的同时,对我公路线及运输车辆的轰炸破坏亦加剧，白天以战斗轰炸机扫射待避车辆和囤积物资，在重要桥梁、路线上投掷定时炸弹和一触即发的蝴蝶弹，阻止车辆通行。夜间在公路上空投照明弹，用轻型轰炸机分区搜寻目标，进行跟踪追击。他们扬言要摧毁我"所有的公路交通"和"每条线路上的每辆卡车和每一座桥梁"。

我后方部队在同洪水斗争的同时，又想尽一切措施反对敌人对我后方的绞杀。因此，后方勤务司令部要求各部队：

对各种物资紧急隐蔽、疏散、伪装，设置各种假目标，以假隐真，迷惑敌人。

对各种物资很好地疏散、隐蔽、伪装，进洞非常重要，是我们的经验，也是教训。1951 年 4 月份我三登库区 80 多车皮物资被炸，损失军衣数量巨大，致使我 1 个军在第五次战役中没穿上军衣。还有一个汽车团车辆待避过于集中，被敌机一次俯冲扫射打毁了 70 多辆车，就是没有疏散、隐蔽、伪装好造成的。

当时各部队创造了许多隐蔽好方法。有的利用地形，在狭窄的山沟、山崖、山脚等处建立仓库，囤集物资，停放车辆，开设治疗所；有的利用地物，在茂密的林荫地区隐蔽人员和车辆；有的利用矿洞、自然洞、隧道和各种掩体。这些地方一般不易发现，即使发现了敌机袭击也比较困难。我们还在公路沿线两旁修了许多汽车隐蔽部，或干脆就利用路旁山洼的天然洞，一看飞机来了，汽车就钻进隐蔽部。有了汽车隐蔽部，我们就不只是在夜间运输了，白天也可以行车了，飞机来了就躲进隐蔽部，飞机一走，就出来短途突击。

我们在开始利用铁路的隧道、涵洞隐蔽时吃了亏。敌飞行员有经验，从很远的地方就对着洞口飞来，一边飞、一边瞄准，到了一定距离，就向隧道里发射火箭弹，然后飞机向上拉高。原来我们觉得隧道很深，让伤员、民工担架队隐蔽在里头。但敌人那个火箭弹可以打70多米呢。以后，我们就用粗铁轨把隧道封起来，或者拐几个弯，砌起很厚的墙，挡住隧道口，就可以对付他的火箭弹了。

后来，我们还有意识地设置假目标，使敌机真假难分，诱敌机上当。在库区苫上苇席、草袋子，上面用绿树叶子盖着，一片一片的到处都是，敌机来了以为是物资囤集地，超低空一飞，一冲，把树叶子冲掉了，苇席不是露出来了吗？他就用汽油弹，用机枪又是炸又是扫，折腾一阵子，结果什么也没炸到，增加了他们的消耗。

有一次，汽车第4团5连把几辆破汽车做了伪装，放在较明显的地方，敌机发现后，狂轰滥炸了一阵子。又一次，还是这个团6连修了个假掩体，敌机3架次轮番轰炸扫射很久。

有时，晚上还故意点几个灯泡子引诱敌机轰炸、扫射。有时，干脆就把好的汽车装上高粱米，间隔距离很远地放在那儿，让他炸。

我们给敌人算了一笔账，他们撂200磅、500磅1枚炸弹，打中了，炸我1车高粱米，没几个钱。有时他撂空了，没炸掉，最多把口袋打几个窟窿，粮食还照样吃。我们满山遍野到处都有假目标，真真假假、虚虚实实同敌机斗智。

过去敌机是发现了目标就炸。后来，敌人怀疑了，派了很多特务来侦察轰炸的效果怎么样。特务报告说，效果很不好，有许多是共军设置的假目标。所以敌机再炸时就犹豫了，先琢磨一下是不是假的。我们就利用他们的这种心理，有时干脆就把汽车打开放在公路中间，敌机以为一定是打坏的，好的绝不敢停在公路上，真真假假与敌机作斗争。

入朝作战之初，预先报告敌机空袭问题还没有解决。1951年3月，在三登至新溪、平壤以南沿线的第1、第3分部的主要交通线两侧，战士们发明了在沿途一些岔口的制高点上站岗放哨，监视敌机，一旦听到敌机的声音，马上鸣枪报警的方法。这样，正在开灯行驶的汽车司机听到报警的枪声，立即熄灭车灯，摸黑行驶或待避，敌机飞临上空不见灯光，只好飞走。敌机飞过后，防空哨又敲钟解除警报，汽车继续开灯行驶。设岗报警的办法报告彭总后，彭总很高兴，认为这下把敌人整治了，指示志司通报全军进行推广。

第五次战役时，防空哨已发展成为后方对敌斗争的一支不可缺少的力量。反"绞杀战"时，我们在原有基础上又加强了防空哨，除原有的公安18师及部分警卫团，又调50军第149师配属志后担任防空哨任务。这样，担任防空哨的兵力达7个团又2个营，约8200多人，在长达2100多公里的运输线上日夜监视敌机的活动。

那时，在敌机活动频繁的主要运输线上，每个哨位一般由

6 人组成。哨位间距为 1—1.5 公里。次要运输线上哨位一般为 3—4 人，哨位间距通常在 2.5 公里左右。防空哨每人配备步枪 1 支，手榴弹 4 枚，以及口哨、铁轨、弹壳等音响报警工具。

开始时，防空哨只是担任对空警戒，后来还担负了指挥车辆、维修道路、充当向导、收容掉队人员、盘查可疑人员、抓特务，以及抢救沿途遇险的车辆、伤员、物资等任务，有的防空哨还在沿途设立了开水站和汽车加水站。

在增设防空哨的同时，我军还调了 3 个高炮团 6 个高炮营掩护大宁江、清川江、沸流江。调了 4 个高炮营掩护江东、楠亭里、物开里、云合兵站。

物开里是我军的重要物资集散地。"绞杀战"开始后，敌人天天到这里来轰炸。掌握了敌机的活动规律后，我们秘密地把一个高炮营调过去，有 12 门高炮、4 挺高射机枪。一天，4 架敌机果然又来轰炸了，他们又低低地俯冲下来。这时，高射炮突然开火，当场将 4 架敌机全部击落。敌人吃了亏，还没弄清怎么回事，不一会儿又飞来了 4 架，在俯冲时，第一架又被我高炮击落，后面的敌机见势不妙，拼命拉高往上蹿，我们高炮射程有限，敌机飞到一定高度就打不着了，那 3 架便飞跑了。以后，敌机就不敢往这儿乱飞了。在物开里，高炮营一天干掉了 5 架敌机。高炮打飞机旗开得胜，后方勤务司令部传令嘉奖了他们。

8 月，志司又增调高炮第 602 团和第 2 线各军以及坦克第 1 师所属的 15 个高炮营归志后指挥，分别配置在长林、顺安、阳德、中和、高原、释王寺附近，负责掩护后方交通。这样，后方高炮部队就达 4 个团、25 个营，大大增加了打击敌机的力量。

敌人在普遍轰炸道路、桥梁，封锁破坏我军交通运输目的没有得逞后，9 月份改变了手段，集中力量重点轰炸新安州、西浦、价川铁路的"三角地区"。

"三角地区"是整个朝鲜北方铁路和公路运输的枢纽和咽喉。南北走向的京义线、满浦线，东西走向的平元线、价新线都在此连结、交叉。如果这一地区受到破坏，不仅南北东西铁路运输同时中断，而且公路运输也将受到严重破坏。京义线两旁多为水田，不易取土，满浦线路基很高，破坏后抢修困难。

敌人利用这一特点，平均每天出动飞机 5 批 103 架次对这一地区进行大肆轰炸，并逐步压缩范围。对京义线先由新安州至渔波压缩到大桥至肃川的 16.6 公里地段，再压缩到万城至肃川的 10.3 公里地段，最后压缩到里程碑 317 公里至 318 公里的仅 1 公里地段上。对满浦线先由价川至中坪间压缩至泉洞至中坪间 22 公里地段，再压缩至泉洞至龙源里间 10.5 公里地段，最后集中在里程碑为 29 公里处。就是死死咬住铁路运输的咽喉不放。轰炸时间也由定时改为不定时，轰炸次数也由每天两三次，增至五六次，轰炸机群也由每天出动 20—30 架加至 50—60 架。敌人的企图是在一小段或一个点上咬住，反复连续轰炸，使我无法修复，从而达到彻底中断我交通的目的。

　　"三角地区"的几段铁路仅长77.5公里,为朝鲜北部铁路总长的5.4%。据统计,这期间遭受破坏达2600多处次,是朝鲜北部全部铁路被破坏处次的45%以上。4个月中,敌机在这一地区投弹38万多枚,平均每两米即中弹1枚。8月底,志愿军回空的4列续行列车,相继在317公里附近脱线,4台机车和149个车皮挤满在两公里的线路上,目标十分明显。敌机连续轰炸,最多一天达29次之多。11月,敌人在价川至顺川投下500公斤以上的定时炸弹82枚,入土深4—5公尺。由于定时炸弹威胁大,严重影响抢修速度。敌人白天炸,我们晚上修。铁路运输由过去的"炸——修——通"变成了"炸——修——炸——修",通车时间很少。9—12月份,每月在"三角地区"只有7天通车。

　　怎么粉碎敌人对"三角地区"的封锁,成了后方勤务司令部的中心课题。当时,我们确立了"集中兵力,重点保卫"的原则,采取了一系列措施。

　　9月2日,中央军委决定将东北军区防空司令部所属的高炮第503、第505、第508、第513团和高炮第39、第40、第41、第42、第43、第44营拨归志后直接领导和指挥,以增加防空力量。

　　9月下旬,从掩护机场修建的高射炮兵62师中抽调了一个37高炮团,从后方休整的各军中抽调了11个独立高炮营,加上原有的高射炮部队,在铁路线上组成了4个防空区(平壤、安州、定州、价川地区;殷山、新仓里地区;阳德、龙池里地区；平壤、物开里地区）。10 月中旬以后，又将掩护机场的高射炮第 62、第 63、第 64 师大部布置在铁路"三角地区"和其他重要的铁路地段。还从国内调来 1 个雷达连和 5 个探照灯连，配合高射炮兵作战。并以高炮第 64 师为基础，在安州成立了铁道兵高射炮指挥部，实施统一指挥。

12 月初，在"三角地区"及其附近目标的高射炮兵部队已达 3 个高炮师、4 个高炮团、23 个高炮营、1 个高机团和 1 个探照灯团，仅在"三角地区"的新安州至鱼波段和价川至顺川段，即集中了高射炮 7 个团又 8 个营。高炮第 62 师在 12 月一天的战斗中，击落敌机 4 架，击伤 4 架；高炮第 63 师在 12 月一天战斗中，击落敌机 5 架，击伤 8 架。防空火力的增强，狠狠地打击了敌机的疯狂气焰。

我军的防空力量加强后，铁道兵便夜以继日地集中兵力抓紧抢修"三角地区"铁路。那时候分工明确，责任清楚，各部队要确保负责路段的被炸后通车。铁道兵第 1 师 1 个团和朝鲜人民军铁道复旧指挥局第 15 联队抢修价川至顺川段。援朝铁道工程总队第 1 大队抢修新安州至万城段。铁道兵第 3 师 2 个团抢修万城至肃川仅 10 公里的路段。每公里平均 244 人。在抢修中，利用枕木排代替泥土填补大弹坑，兵力分成昼夜两班，轮流替换，24 小时不停地抢修。在空军和高炮部队的配合下，经过突击抢修，我们曾一度打开"三角地区"的封锁，通了车。

后来，敌人轰炸更加疯狂和集中，10月24日以后，"三角地区"再度被封锁。抢修部队又确定了"集中兵力，打通咽喉地带"的方针，持久作战，经过1个多月的艰苦奋斗，再度打开了"三角地区"的封锁，获得了12月9日以后比较巩固的通车胜利。敌人无可奈何地承认："对铁路实行'绞杀作战'的效果是令人失望的。""凡是炸断的铁路，很少是在24小时内未能修复的。"

当时，为了充分利用有限的通车时间，发挥最大的运输效益，通过更多的列车，铁路运输部门创造了一种密集的列车片面续行法。又称"赶羊过路"行车法。即在通车的夜晚，事先把早已装载停当的军用列车集结在抢修现场附近的一个或几个安全区段上，等待抢修部队修通，一经修通，列车立即一列紧跟一列向同一个方向行驰，各列车之间只相差几分钟，首尾相望，鱼贯而行，一列接一列地通过，在黑夜里爬行。每列车的尾部都有人随时准备敲响弹壳或钢轨，给后面的列车报警，以防追尾相撞事故。

同时，志后组织汽车、马车、人力车在火车暂不能通行的地段进行长区段的倒运、接运的应急措施。抽调了6个汽车团和大批装卸部队，在"三角地区"以北北松里、龙兴里、球场、价川将大量物资卸下火车后，马上分秒必争地用汽车把物资倒运到顺川、德川、渔波等地，再装上等待在那里的火车运往前线。在紧急的情况下，还采取了汽车远程直达的办法。

志愿军空军，在反"绞杀战"第一阶段，奉命担负保护平壤以北交通线。9月25日，在抗美援朝战场上，我空军第4师首次与敌机100余架的大机群展开空战。飞行大队长李永泰在飞机中弹、身体负伤的情况下奋勇作战，空战结束后安全返回基地，被誉为"打不烂的空中坦克"。飞行员刘新勇单机与6架敌机激战，首次击落了敌最新式的战斗机F-80佩刀式1架。接着航空兵第3、第24、第6、第8、第10师也相继参战。11月18日，敌人出动飞机184架，轰炸、扫射我铁路交通线。第3师第9团击落敌机6架，自己无一损失。大队长王海指挥的大队击落敌机5架，被誉为英雄集体"王海大队"。11月23日，该师第7团在空战中击落击伤敌机8架。大队长刘玉堤一人击落4架。3师在86天作战中取得了击落击伤敌机64架次的重大胜利。毛主席为此曾亲笔题词："向空军第3师致祝贺！"

过去，在我们的飞机没出动前，敌人即使是1架飞机也敢往我们后方飞，毫无顾忌地飞来飞去。我们的飞机出动后，敌人1架飞机不再敢飞了，起码都是4架的编队。另外他们也不敢大胆深入，怕遭我们的飞机截击，这样就大大地限制了敌机活动的范围。

10月的一天早上6点多钟，我坐车去后方部队视察，刚一上路，就碰上了敌人B-26飞机，正对着我飞过来。我们的车正好在路中间，路两旁也没有隐蔽物。我心里想，这下麻烦了。我正在这样想时，敌人的飞机忽然往回飞了，怎么回事呢？我感到奇怪，抬头一看，啊，原来是我们的飞机飞过来了，要拦截他们，敌机仓皇逃跑了。

1952 年春，美国空军为了加强他们在平壤以北的空中优势，又从国内调了一批飞行人员入朝参战，有的还是"王牌驾驶员"和"空中英雄"。志愿军空中勇士面对强敌，无所畏惧。第 4 师大队长、年仅 24 岁的张积慧，在僚机单子玉的紧密配合下，将美空军拥有击落飞机 21 架记录、号称"空中霸王"的中队长戴维斯及其僚机击落，在美国国内及军队中引起了极大的震动。

我空军积极参战，很快迫使敌战斗轰炸机的活动空域撤到了清川江以南，迫使敌 B-29 型战略轰炸机转入夜间活动，大大减弱了敌空军优势。敌人叹道："中共的空军严重地阻碍联合国军空中封锁铁路线的活动。"

我军采取以上运输、抢修、防空三位一体联合作战的战略，使美军的空中封锁落空。从 10 月下旬起，我军铁路运输量逐日上升，汽车损失率大幅度下降。使敌人封锁"三角地区"的战略策略被粉碎了。

1951 年底，李奇微承认空中封锁战役"没有能够阻止住敌人运输其进行阵地防御所需的补给品，也没有能够阻止住敌人将部队运入北朝鲜"。但他仍然认为"如果中止空中封锁交通线的活动，或者缩小这种活动的规模，那么敌人在一段比较短的时间内就能够积聚起足够的补给品，从而有能力发动一次持续的、大规模的攻势"。因此，他于 12 月下旬决定，继续对我进行"绞杀战"。

1951 年底，敌人又从日本抽调了一个 F–84 战斗轰炸机中队（飞机 25 架）到朝鲜，并将一个 F–80 型战斗截击机大队改装成为 F–86 型战斗截击机，使 F–86 战斗截击机由 70 架增加到 150 架。同时还补充了一批参加过第二次世界大战有空战经验的飞行员。

1952 年 1 月，敌人又改变了战略战术，由固定的定点封锁，改变为机动的重点突击。从轰炸铁路"三角地区"转为重点轰炸我集结作战物资的地点、来路和去路，即铁路的两头。继而集中力量对东、西清川江以北路段的主要桥梁进行轰炸封锁。后来，敌人又在潜伏特务配合下，对我后方兵站、仓库实施连续的、毁灭性的轰炸。据不完全统计，从 1952 年上半年，我铁路共被敌机轰炸 9000 多处次。位于阳德附近的库区从 2 月 15 日以后的 15 天里，被炸达 240 余次。

敌人还对我主要运输线实行逐段控制，层层封锁，投掷大量定时炸弹、蝴蝶弹、四爪钉等，用重型炸弹将公路炸成许多大坑，阻挠我车辆夜间行驶。

我高炮部队根据敌机活动规律的变化，在作战指导思想上从原来的"集中兵力、重点保卫"，转变成了"重点保卫、机动作战"，就是高射炮打游击，像抗日战争时期的游击队一样，不让敌人摸到规律。

我们将掩护后方交通的 3 个高炮师、4 个高炮团、16 个高炮营，组成 3 个高炮集群，对付敌人的重点机动突击。配置在定州、价川、熙川、阳德等铁路沿线，掩护车站、桥梁、兵站和仓库。

各高炮部队相继派出部分高炮分队，实施机动作战，主动出击、设伏，沉重打击敌机。4月28日高炮第612团机动到泉洞设伏，与敌机260余架激战8小时，击落5架。高炮第605团5月份进行的白天短距离机动作战，击落击伤敌机各10架。

最精彩的要数5月8日高炮第24营在楠亭里设伏的一仗。楠亭里位于朝鲜半岛蜂腰部，是我们志后第1分部的一个库区，这儿有一个大型矿洞，由于洞库宽敞坚固，交通方便，位置适中，志后在这里集结了大量作战物资。敌人曾多次对这儿进行轰炸。

1952年夏初，敌机对楠亭里的侦察更加频繁，我们从被俘的敌特口中得知，敌人正在酝酿一次大规模的轰炸。高炮第24营正是在这种情况下奉命悄悄地转移到这儿设伏。他们白天严密伪装，夜里抢修工事，准备寻机一战。

5月7日，高炮24营又改换了阵地，已有3个连搬到新阵地，还有1个连没有来得及搬。对面山梁子上隐藏了一个高机连，有4挺高射机枪。

5月8日凌晨6点多钟，敌机对楠亭里库区的一次空前规模的轰炸开始了。几十架歼击机和轰炸机，嗡嗡嗡地铺天盖地地飞临库区上空。敌人马上发现高炮营新转移的阵地，他们分成若干批，你来我往，轮番对这个炮阵地投弹扫射，整个库区顿时烟雾升腾，变成一片火海。正当敌飞贼得意之际，隐藏在树丛中的还没转移的高炮连高射炮，突然一个排炮射向敌机群。刹那间，敌机周围交织成一片火网。没多久，一架 F–51 型飞机被击中，裹着一团浓烟向远处山间坠去，接着又一架 F–86 型飞机被击伤，拖着长长的黑烟，掉到海里去了。

过了一阵子，又有一群敌机飞临楠亭里上空。这次他们是专门来轰炸我们高炮阵地的，是来报一箭之仇的。敌机为了躲避高射炮火，在 3000 米的高空中排成一字型、人字型或三角型作战队形，或垂直俯冲，或者成闪星式俯冲，有的则躲在两三千米的高空投弹，特别是 F–86 型飞机，借强烈阳光作掩护，采取远距离俯冲，投下大量小型炸弹和汽油弹。高炮阵地上硝烟弥漫，烈火熊熊。这时，隐蔽在梁子上的还未被敌人发现的高射机枪连也忽然开火，一架又一架的敌机或毁或伤地掉下来。

当时，我正在楠亭里，与志后机关的同志们一起站在山坡上的隐蔽棚里，目睹了这一壮观的情景。大家高兴极了。我们仓库旁边，有一所朝鲜的医院，朝鲜的老百姓高兴地跳着叫好，同时不顾生命危险地川流不息地上山给高炮营送炮弹。

激战从凌晨 6 点多一直打到下午 5 点多，敌人共出动各种飞机 28 批，近 400 架次，可谓大动干戈。高炮营先后击落敌机 7 架，击伤 18 架，有几架敌机起火拼命逃窜。我们自己牺牲 30 多人。朝鲜送炮弹的老百姓也伤亡了 30 多人。这是朝鲜战场上志后高炮部队打得最好的、最英勇的一仗，受到了志愿军后方勤务司令部的嘉奖。

铁路抢修部队还修筑了许多大迂回线、便线、便桥。大迂回线，除了枢纽大站被敌炸毁后可以使列车绕过枢纽大站继续行驶，还能担当部分调车、装卸、列车交会作业。1952 年 5 月 19 日，敌机轰炸顺川站时，凤下车站使用刚刚竣工的迂回线，绕过顺川站，紧急发出了 3 列空车和 3 台机车。

修便桥就是在正桥之外秘密再修简易桥。这是在铁路大桥经常遭受敌机轰炸的情况下，我军从被动中争取主动，保障通车的有效对策。自 1952 年初以来，我抢修部队在各主要桥梁附近，普遍修建了便桥，少则一座，多则四、五座。敌机炸毁了正桥，我们仍能从便桥通车。一般情况下，便桥与正桥之间，距离 1 公里左右，以免两桥同时被炸毁。

工兵部队想了很多好办法。当时敌人炸公路，炸什么呢，炸绝路。山上最陡的地方，悬崖峭壁上，他用重磅炸弹一下子给你炸了，让你修起来很费劲儿，工程量很大，修得很慢。汽车过来一堵，堵很多，堵一大串儿，容易遭敌机轰炸。这样我们就修迂回线，东方不亮西方亮，这条线被炸绕道走另一条线。就搞交通网，纵几条，横几条，形成纵横交错的公路网。你不是封锁吗？不是毁灭性的轰炸吗？你在这边炸了，我们的防空哨马上通过电话说这已经炸啦，汽车别过来，从那里过去吧。这样你炸得再凶，也堵不住我们的汽车运输。敌变我变，在斗争中不断改进我们对付敌机轰炸的对策。

朝鲜河多，敌机把公路干线上的桥梁都炸了。你今天刚修好，他明天又炸掉了。没有桥，公路怎么畅通呢？我们的工兵想出了妙计，把桥藏起来，在水下铺设便桥，潜水桥，拿铁丝编个笼子，装上石头沉进河里，打成石头坝，上面再铺上卵石，把桥面搞平，桥面离水面半米左右，河水既淹不了汽车的排气管，又把潜水桥隐蔽得严严实实，表面上被肢解成一截一截的公路，实际上连成一线。工兵们为了迷惑敌人，还常常在铺好的水下桥附近，装模作样地架上大桥，吸引敌机轰炸，以保护水下桥的安全。

敌人在轰炸我交通要道时，还有一个招儿，就是用500磅甚至1吨重的重磅炸弹，投在公路上。这样公路上顿时会出现一个8米多深，直径10多米的大坑，里面渗出水来，就是一个大水坑。汽车晚上行驶，一不注意就栽进去了。要填平这样的弹坑，很困难，需要很多土石方。一个弹坑，百十号人，填很长时间，常常是这边还没填好，那边又出现了新的大坑。

敌人虽然狡猾，但我们总是可以想出对付他们的办法的。工兵们想出了一个在弹坑上架桥的法子，用圆木在深坑内筑起两排木桩，随后在木桩上架上拱梁，铺上桥板，这样短短的几个小时，一座便桥便可在弹坑上建好，事先准备好木桩木板，敌人一炸马上就架桥，比搬石运土填坑大大缩短了作业时间和劳动强度。

后来，战士们又创造出了架设单轨桥的新经验，就是将弹坑的一侧稍加修理，作为一半路面，另在弹坑中架起一条可供汽车一只轮子通过的简易桥。这种桥，更加省工、省时、省料，汽车过往时只需汽车一只轮子压在弹坑边缘上，另一只轮子压在单轨桥上，便可迅速稳当地跨过敌人布下的"陷阱"。

在铁路运输方面，我们创造了"抢22点"的方法。"绞杀战"中敌机轰炸我铁路多在夜间22点—24点进行。我们便抓住22点之前的空隙时间，组织列车迅速通过封锁区。这种措施，简称为"抢22点"。"抢22点"首先要根据敌情判断次日可能被炸的桥梁、车站，然后按照预定的计划编组列车（一般准备10列），综合采用片面、续行、合并等行车方法，以最大密度突过封锁目标。

我们还利用月亏期集中突运。月圆期月光明亮，敌机活动频繁，有利于敌机捕捉目标，对我运输威胁大。据统计，1952年上半年，月圆期被敌机炸坏机车110台，占同期被炸数的65%。这样我们就有教训了，我们就充分利用月亏期有计划地集中突运以避免损失。1952年6月下旬，我们利用月亏期的4个夜晚，安全抢运过清川江的货车达36列506辆，取得了预期的效果。

我们还利用阴、雨、雾、雪等敌机难于活动的时机，争取白天行车，大胆突运，赢得了不少行车时间。1952年6月17日，利用西海岸阴雨天，在新安州至新义州间，提前于15点30分开始行车，延长到次日12点30分为止，共达21个小时，排出空车47列、1228辆，机车57台，不仅成倍地完成了当时计划，而且扭转了前方堵塞的被动局面。

但是，利用天气扩大行车，必须正确地选定时机。只有在大范围内连续阴雨、降雪时才能实行全局性的提早或延长行车时间，一般阴、雨、雾、雪，只能在局部地区进行小幅度的调整。

后勤装卸部队与铁路运输部门还注意密切配合，创造了人称"游击车站"和"羊拉屎式装卸"的站外"分散甩车、多点装卸"方法。当时，在几千公里的铁路线上，几乎所有的车站都被夷为平地，站台、货场、仓库、水塔以及起吊设备，几乎无一幸存。在这种情况下，我们实行了"站外分散甩车、多点装卸"。

选择合适位置作为临时停车点。这些地点采取打游击方式，不断变化。今天东，明天西，一会儿这儿，一会儿那儿，使敌人难以发现和确定，还时常将一列火车分成几段，像羊拉屎一样走一路丢一路，等装卸完毕，再像老汉拣粪那样去一路拾一路，挂成一趟列车迅速开走。分段装卸，目标小，几分钟，几十分钟就装卸完了，不易遇上敌机。即使遇到轰炸，损失也不严重。这种方法搞得敌人很头痛，任你日夜不停地派飞机巡逻、袭击，我志愿军作战物资仍能源源不断运往前方。

汽车在战场上是我们主要运输工具。为了减少汽车部队的车辆损失，我们严密伪装汽车。伪装的基本要求是符合自然景色。比如：1952年初的一个下雪天，我们一个汽车队连夜冒雪抢运。天亮以后，司机把汽车开进了山沟，用白布盖了起来，隐蔽得很好，同雪的颜色差不多。可是敌人还是跟了进来，一阵轰炸扫射，把汽车打坏了不少。怎么回事呢？原来是我们司机没注意到车在雪路上压出了两道明显的车辙，给敌人飞行员指示了目标。以后，一到下雪天，汽车兵便在最后一辆车后面绑上几根大树枝，拖着，车一走，树枝一扫，车辙就看不见了，敌机就辨别不出来了。

敌机的夜间封锁，主要分有照明弹封锁和无照明弹封锁两种。敌人在使用照明弹封锁时，常采取三种手法：一是两头封锁，即在较开阔地区一段公路两头的上空，投下一长串照明弹，飞机在中间来回扫射。二是定点封锁，即在主要公路交叉点上空，投下一串或几串照明弹，飞机反复扫射。三是纵线封锁，即选择隘要地段公路投下照明弹，形成一条2—3公里的照明线。

我们的司机分别采取了对付的办法，当照明弹投在汽车行进的前方，敌机在上空盘旋时，立即转换方向进行隐蔽。当照明弹投在汽车正上方时，虽有敌机盘旋，还是踏油门加速通过。当在汽车后方投照明弹时，借着光亮加速前进。如投下照明弹较多，照射时间长，敌机又正在连续盘旋搜索时，就把车迅速开离公路进入隐蔽部。如果汽车被敌机击中起火，就迅速将火扑灭或把车迅速开至公路旁，以免堵塞道路，影响其他车辆通行，遭到更大损失。

汽车兵还注意利用敌人换班的空隙跑车。星期六晚上，敌人的飞行员要到日本去跳舞，是个很好的空隙。敌机换班时，天上既有来接班的飞机，又有要往回飞的飞机，看起来飞机很多，嗡嗡嗡嗡得很厉害，其实这也是个空隙，这时敌人很少轰炸。清晨和黄昏，天刚亮未亮，若暗若明时，敌机也少轰炸，也是个空隙。

这一阶段，定时炸弹对我们威胁很大，敌机扔得很多，到处都是。有瞬发的，落地不久就炸。还有的几小时、几十小时才炸。大的一吨、几百磅重，小的才鸡蛋那么大。敌人往往一批接一批地投，上次投下的尚未爆炸或排完，第二批又接着投了下来。

敌人投的炸弹有一种叫蝴蝶弹，苏联人管它叫莫洛托夫兰，就是一个大壳里装着几十个、几百个小炸弹，当从飞机上投下后，这些小炸弹便从大壳子里散出，弹翼借着风力旋转，自动打开，形似一只只蝴蝶在空中乱飞。当它们张开双翼落到地面以后，便处于待爆状态。此时，若有车辆或行人触动，就会立即爆炸，造成人亡车毁。起初，战士们发现蝴蝶弹在空中乱飞，就趴在远处用枪打，但是撒得满地皆是，怎么打得过来呢？后来，战士们想了个简单的办法，用敌人丢弃的电话线。几根连接在一起，结成网，两边拉直，间隔60—100米，两个人拉着在公路两边飞跑。这样，那些鬼头鬼脑的"蝴蝶"，就噼哩叭啦地响起来了，像炒豆子、放鞭炮一样。

对横在交通要道上的大型定时炸弹，或用步枪打，或浇上汽油烧，或用长绳子把它拖得远远的，再作处理，或从弹孔灌入盐水使引信齿轮停转，或拆掉它的引信。拆这玩意儿很危险。开始用铁钎子敲，伤亡过一些人。志后第 6 医院通信员崔毅研究出一套较好的拆卸引信的办法，志后举办学习班加以推广。可是崔毅同志后来还是在拆卸引信时不幸牺牲了。

对拆卸了的定时炸弹，我们来个废物利用。当时，前方已开始大挖坑道，到处都需要炸药。后方虽然也送来一些炸药，但还远远不够，美国的大量定时炸弹正好补充。有时拆一颗大型定时炸弹，就可挖取炸药六七百公斤。以后，敌人可能通过特务也知道了这种情况，就不投定时炸弹了，不给我们帮这个忙了。

在反"绞杀战"期间，敌人利用空降和海上偷渡等方法，大量增派敌特分子到志愿军后方，一个是查看他们的轰炸效果，看看花了那么大的力量破坏，究竟起了多大作用。一个是他带有报话机，窃取我交通运输情报，指示轰炸目标。龙城库区，被敌特设置了目标，打信号弹，遭敌轰炸，损失主食 35.6 万斤，伤亡人员 127 名，毁坏汽车 9 台。

志后根据匪特分散活动的特点，由担任剿匪肃特包干任务的单位组织小分队，按班、组分散活动，监视可疑人员，与朝鲜当地政府和居民密切配合，发现线索，立即进行搜捕。同时，还密切注视敌机空降匪特的征候，及时进行快速捕捉。有一天晚上，雪下得很大，敌机到我某部上空盘旋，大家感到有名堂了，可能要空降特务，就派出小分队搜捕，敌人的一架直升飞机在降落时，起落架被夹在石头缝里，怎么也飞不起来。

我们的人赶到后，驾驶员和特务已被另一架直升机接走，飞机被我们缴获。

敌人为配合其作战行动，经常不断地向我后方派遣武装特务，潜伏在深山密林之中。对这类匪特，我们组织专门部队，协助朝鲜政府有计划、有组织、有准备地围剿。第 1 分部 11 大站清剿团，一次即捕获匪特 47 名。

从 1951 年 7 月—1952 年 6 月，敌人集中其侵朝空军的 70%，实施了近 1 年的"绞杀战"，使用了各种手段破坏我军的后方运输。我军的运输不但没中断，1952 年 5 月中旬，铁路运输反而提前一个半月超额完成了上半年的运输任务。敌人的飞机却遭受了巨大的损失。1952 年上半年，敌人即损失飞机 1743 架，其中被击落的 575 架。到 1952 年 4 月敌战斗轰炸机实力已降到最低点，有两个大队降到编制数的一半，已无力对我铁路两头同时进行"饱和轰炸"，只能轰炸清川江以北的一头了。6 月下旬，敌人终于被迫放弃了"绞杀战"，将轰炸重点转移到电站、工厂、矿山和我军防御正面 80 公里纵深。这样，敌人的"绞杀战"被我彻底粉碎了。

1952 年 5 月 31 日，美国第 8 集团军司令范弗里特在汉城记者招待会上说："虽然联军的空军和海军尽了一切力量，企图阻断共产党的供应，然而共产党仍然以令人难以置信的顽强毅力，把物资运到前线，创造了惊人的奇迹。"

美远东空军在对他们的"绞杀战"所作的最后分析报告中承认，"由于共军后勤系统的灵活……绞杀作战未获成就"。

第十四章　坚守防御　寸土必争

　　1951 年夏秋季的防御作战，我军虽然取得了很大胜利，但在敌人密集的炮兵、坦克、航空兵火力的猛烈轰击下，付出的代价也不小。实践证明，仅仅依托一般野战工事作战，是很难有效地保存有生力量，进行持久坚守防御的。

　　在夏季防御战役后期，特别是秋季防御战役中，战士们为防炮、防炸弹，在山上挖了一些"猫耳洞"。后来，又把这些"猫耳洞"挖深，把两个洞联结起来，形成了一个马蹄"U"形小坑道。敌人打炮时，战士们就进去隐藏；敌人炮火向我纵深延伸，敌人步兵接近时，战士们便冲出来杀伤敌人。这就是坑道工事的雏形。

　　这种由战士们创造出来的初级工事，在敌人炮兵、航空兵的猛烈火力轰击下，经受了考验，对保存我军有生力量，保证防御的稳定性，起了明显的作用，证明了它是劣势装备的我军同优势装备的敌人作战的一种好方法。

　　这种工事在我军防御阵地上出现后，彭总立即给予了很高的评价。我军终于找到了保存自己、消灭敌人的好方法。1951年10月志司发出指示，要求在全军进行推广。一个全军性的挖洞子热潮便在志愿军的防御前沿迅速地开展起来。那些日子里，敌人在上面打炮，我们在下面放炮（炸洞子），整个防御地域内，地上和地下，日日夜夜滚动着隆隆的爆炸声，战士一手拿枪，一手拿钎，一边战斗，一边进行战场建设。

　　初期，靠自设小铁匠炉，搜集各种废弹、弹片和废铁，制造工具和器材。如12军建了40多个铁匠炉，8个月制造工具16000余件，修理工具75000余件。

　　可是坑道工程规模不断扩大，施工工具和施工器材又成了严重问题。为适应前方的需要，工兵指挥所在沈阳成立了器材处，统一负责工程作业器材的采购、加工和调拨，并在平壤、三登、阳德设立了器材站，供应各施工部队物资器材。

　　1952年2月，敌人发现了我正在普遍构筑坑道工事，开始有计划地以重炮、重型炸弹与毒气弹进行破坏。少数坑道由于坑道构筑不符合作战要求受到损失。还有一些坑道因地质选择不当，土质松软，春季冰雪融化，出现坍塌，造成一些人员伤亡。

　　志愿军司令部及时发出指示，要求坑道建设必须做到7防：防空、防炮、防毒（疫）、防雨、防潮、防火和防寒。根据这些要求，各部队改进了坑道顶部过薄、出口过少、幅员过小、不够隐蔽、不便运动和缺少生活设备等缺点，使坑道进一步完善，更能适应战术与长期作战的要求。

1952年4月26日—5月1日，志愿军司令部召开军参谋长会议，对坑道工事在防御作战中的作用，统一了认识。大家认为，构筑坑道工事不仅仅是为了防御敌人，保存我有生力量，更重要的是可以依托坑道工事有效地打击敌人。会上，大家要求构筑坑道必须与各种野战工事相结合，必须与防御兵力相适应，必须有作战和生活设施，使之更符合战术要求，成为能防、能攻、能机动、能生活的完整体系，还具体规定了坑道工事的规格标准。到5月底，我军正面第一道防御阵地坑道工事基本完成。坑道工事构筑有了进一步发展。

1952年5月，第一线阵地坑道工事初步完成，志司又决定于6月开始在中和、沙里院、伊川、淮阳一线构筑第三防御地带，加大防御纵深，一下子抽调了约4个军的兵力参加。

8月底，我军进一步完成正面战线第一梯队各军的坑道工事外，东西海岸也重点构筑了坑道工事。正面战线我军第一梯队6个军即构筑坑道近200公里，堑壕、交通壕约650公里，各种火器掩体1万多个。在横贯朝鲜半岛250公里长的整个战线形成了具有20—30公里纵深的、以坑道为骨干的、支撑点式的阵地防御体系，形成了一条坚不可摧的地下长城。

以坑道为骨干的支撑点式防御体系，是堑壕防御体系与支撑点防御体系的发展，是我军在抗美援朝战争中的新创造。这种防御体系的形成，标志着我军防御作战进入了一个新的阶段。它不仅在防御中能抗击敌人的强大火力袭击，有效地保存自己的有生力量，而且在进攻中还可以以它为依托，减少部队的伤亡，提高进攻的突然性。

5 月以后，随着我军阵地的日益巩固，我军在全线开展了有组织、有计划的小分队战斗活动，挤占中间地带和主动攻击敌人突出的连排支撑点。由于战斗愈来愈主动，很快将敌我双方斗争的焦点推向了敌人阵地。

在挤占中间地带、攻取敌前支撑点的同时，在全线普遍开展冷枪冷炮的狙击活动。我军每一个阵地都组织了特等射手、神枪手，依托阵地捕歼敌人暴露目标。以前，敌人是不挖工事的，靠他的坦克挡着，对付我们。后来他们也开始挖工事了。因为我们许多特等射手靠近他们，往往他们一露头就被撂倒在阵地上了，被我们的特等射手打怕了。5—8 月，仅狙击活动，我军就杀伤敌人 13000 人，我军伤亡则大大减少，比运动战时期的每月平均伤亡数减少到 2/3，显示了坑道工事的巨大优越性，使我军阵地获得了空前巩固。

1952 年上半年，在敌人实施其"绞杀战"战役之际，我后方勤务部队开始了大规模的建设地下仓库和挖掘式的半地下库，以防敌汽油弹破坏和敌机的扫射，储存物资和住人。

修建的地下仓库主要有开掘式土洞库和石洞库两种。

开掘式土洞库是由开掘式掩体演变而来的。初期的开掘式洞库是在平地挖坑后，地面开门窗，不外露目标，防空作用较好。但是，遇雨漏水坍塌很多，洪水期容易被冲淹。这次选择的是在山背倾斜面上挖开掘式洞库。在避开水道、树多隐蔽、坡度小的山坡或山脚下掘开，使库体三面傍山做墙，一面建墙，盖一层库顶，上开天窗，外墙面开边窗，两端开门，库顶盖土后抹水泥或苫草防漏。库边挖沟排水。每库容量为15—30吨，即一车皮为一库。开掘式土洞库建成略加伪装，即有一定防空防炮能力，施工简易，省工省料，可解决战时应急储备物资，适于存放给养、油料、被服等物资。

石洞库分为人工洞、矿洞、自然洞三种，都具有很好的防空效能，但又都有不同程度的坠石、坍塌、渗水、空气不流通、洪期潮湿等问题。主要存放弹药、军械等物资，一般一两个车皮物资一库。

人工洞是我军自行开凿的一种洞库，选择在山高坡陡、石质坚硬、构造完好、洞口隐蔽、交通方便处，避开流水部位开进。一般开凿两个洞口，做到能通风，进出方便。但工程量大，工期长，只适于后方兵站。

朝鲜有许多开采过的金矿、煤矿。这些矿洞，有的洞顶漏水，洞壁渗水；有的坑木年久腐朽，坠石严重或有坍塌危险；有的地形较低，容易遭水害。经过我军实地勘察修整，排除险石，简易被覆，开通出入口和通风道，排放积水，修通运输道路后即可使用。1分部楠亭里仓库用修改过的矿洞存放弹药，可容600个车皮。1952年5月8日，敌机出动368架次轰炸该库区，未遭损失。

自然洞内经常渗水，比较潮湿，在搞好排水通风后使用价值很大。1 分部利用自然洞占石洞总数的 48%。4 分部金刚洞特库第 1、第 3 库修整后，可容 400 车皮军械物资。

1952 年 5、6 两个月，志后共建了能容 1200 多个车皮物资的石洞库和能容 793 个车皮物资的土洞库。大量的地下洞库修建后，储备了大量的物资，改善和加强了我对前沿部队的供应能力。

我们把前线的情况及时报告了中央。1952 年 8 月 4 日，毛主席在中国人民政治协商会议第一届全国委员会常务委员会的会议上，高兴地说："吃的问题，也就是保证给养的问题，很久不能解决。当时不晓得挖洞子，把粮食放在洞子里，现在晓得了。每个师都有 3 个月粮食，都有仓库……"

志愿军转入阵地防御、坑道作战后，在坑道里，除了阴暗潮湿，最大的问题是终日不见阳光，只能靠灯光照明。由于事先缺乏准备，当时点的灯，五花八门、各式各样。有用搪瓷碗、茶缸做的，有用罐头盒、炮弹壳做的。在这些器皿上，加上一条棉花搓成的灯芯，灌满豆油，就成了灯。

但是问题也随之而来了。据计算，一个排 60 多米长的坑道中，则要点 8 盏灯，全连起码要点 30 多盏。俗话说："点滴成河"。单是一盏灯点油，好像还没有什么要紧，但是一个营、一个团都点起来，用油就相当可观了。如果点一个短时期，事情似乎还好办，长年累月地点，问题就更加不简单了。当时某部 9 连驻守 16 条坑道，总长度 600 多米，长明灯加上短明灯，每月即耗油 400 斤。每个军每月实际上则需要 10 万斤。因耗油量太大，供应不足，部队普遍挪用食油来照明，影响了生活。这种情况对志后来说成了当时的一大难题。

为解决灯光小、烟大、费油的问题，切实做到食用油不点灯，灯油不食用。志后紧急从国内购置马灯和其他油灯，发动群众改进灯具。战士们用密封性较好的罐头盒代替搪瓷碗、茶缸，用铁皮卷成较长的灯嘴，填上棉花或灯草，使灯芯燃烧时不再直接对盛油的容器加热，从而减少了油料的蒸发。战士们在灯下垫一个装鸡蛋粉的空盒子，一旦不小心碰倒了灯，油还可以倒回去重用，减少灯油泼洒。点油灯容易使坑道内空气混浊、缺氧，长期呼吸这种龌龊的空气，许多人得了慢性支气管炎。于是大家就想方设法减少油烟，在灯嘴上方倒扣一个铁盒子，在铁盒子中装上木炭。从灯嘴上升起来的烟，就直接被木炭吸收了，减轻了对空气的污染。战士们称这种灯为"节油无烟灯"。

坑道建在山腰，水源很缺，须从坑道外取水前送。有的水源离坑道很远，加上距离敌人阵地近，敌炮火封锁严密，用水补给十分困难，战斗激烈时，取水更加不易。这种情况下，坑道内战士常常喝不上水，许多同志嘴唇干裂，鼻孔出血，压缩饼干嚼在口中，难以下咽。前沿部队同志想尽办法解决水的问题。

战争的情况千变万化，供应随时可能中断，坑道内必须尽量多储备水。最初利用挖石坑，利用汽油桶、水桶、炒面箱、罐头盒储水，这些方法储量有限，很难做到储备 7—15 天用水的规定。以后，志后统一供应水泥，在坑道内普遍修建了储水池，初步解决了大量储水问题。

坑道用水实行用旧储新、随耗随补的办法。由于取水、送水往往要翻山越岭，通过敌人的火力封锁，战士们用薄铁皮和废汽车轮胎等材料，制造了一种特制的多格运水桶。把桶分成多格，一旦一个部位中弹，只能漏掉这一格的水，而不至于漏掉所有的水。

冬天，江河湖泊到处都结上了一层厚厚的坚冰，战士们抓紧时机，砸开冰层，刨开冰层，刨出冰块，装进麻袋、草袋，车拉、人背、马驮运回山上坑道。选择隐蔽地形和炮火死角地带挖掘冰窖，或利用山洞、矿洞、地沟之类，把一袋袋冰放入窖内，盖上一些稻草、苇席，用以保寒和防尘防土，然后用土厚厚地埋上，封紧。这样一个冰窖往往可以储冰数万斤以上。储存的冰块，可以保存到第二年六、七月份而不融化，并且决不会发臭和生锈。1952 年冬，有一个团的干部战士一齐动手，在很短的时间内就储冰 60 多万斤，保证了全团在战斗激烈、后勤供应中断的情况下一直有水喝，有水用。

当时在朝鲜战场上流传着这样一句话："太阳是美国鬼子的，月亮是志愿军的。"志愿军因为没有空军掩护，行军作战和一切工作大都转入夜间进行。夜晚是志愿军的天下，夜色是志愿军的天然保护色，是歼敌的良好时机。

由于我军长期吃炒面，营养不良，加上进入阵地战后一面战斗，一面挖坑道，过度疲劳，特别是初进坑道，阴暗潮湿，很少见阳光，因而，许多部队发生了维生素 H 缺乏症，发生了大批夜盲症，严重影响了我军夜间作战能力。我作为志愿军副司令兼后勤司令，对这个问题十分焦虑。

为了解决这个问题，我们从国内运来花生、黄豆、蛋粉、新鲜蔬菜和动物肝脏等营养食品，但是因为数量少、部队多，杯水车薪，一时难以奏效。

正在我们感到左右为难之际，从朝鲜老百姓中传出了两个治疗夜盲眼的土法子。

一个是煮松针汤喝。这个方法，据说是我国古代民间传去的。第二次世界大战期间，日本人在南洋作战时用过，很有效。方法是把马尾松的针叶放在大锅里煮，煮 1 个多小时后，把针叶捞出，让松针水沉淀一下，舀出，放上点白糖，喝那个水。没有白糖，干喝那水也行。松针水味道有些苦涩，只要连续喝个六七天，眼睛就能看见了。朝鲜满山遍野都是马尾松林，不愁没有松针汤喝。我让志后卫生部电告全军，推广这种方法，让各部队发动群众，大量采集松针熬汤喝。

第二是吃小蛤蟆骨朵。这也是民间土法。蛤蟆骨朵，就是变蛤蟆的蝌蚪，那玩意儿营养价值高呀！方法是把活蛤蟆骨朵捞来，放在茶缸子里，放点水，搁点糖更好，不放糖也行，连水带活蛤蟆骨朵咕噜咕噜一起喝下去，一天喝两三次，喝两天就见效，也很灵！朝鲜到处是河，那东西也特别多，很容易搞。我们发动各部队捞这玩意儿喝。

由于采用了这两个偏方，再加上我们的食品供应不断改善，夜盲眼很快就得到了治愈。

每当夜晚，一个个夜老虎又可以在密林狭谷中神出鬼没地打击敌人了，"月亮"又回到了志愿军手中。

1952 年夏天，彭总回国后，在北京中南海怀仁堂召开的一次会议上说，后方有人工作不负责任，拿朝鲜前线志愿军的生命当儿戏，贻误了军机。

彭总是指的什么事呢?

朝鲜战争进入了相持阶段的阵地战阶段后，我军和敌军都挖了坑道，我军开展了小分队战斗活动。我军一个战斗小分队在夜间摸到了敌人的坑道里。在和敌人短兵相接时，我方人员一拉手榴弹，不响。部队撤回来的同志向彭总反映了这个情况。

彭总得知此事后，十分生气，马上把我找去，要我尽快查明手榴弹不响的原因。我按照彭总的指示组织人进行调查、分析。有人说:"可能洞库太潮湿，受潮了。"可是组织试验时，同一仓库存放手榴弹，有的不响，有的却响。一连试了好几个仓库都是如此。有人分析:"是不是敌人的破坏?"经分析不像。相当多的部都出现了这种情况:放在一起的几种弹药，只有手榴弹不响，枪弹、炮弹都很正常。如果是敌人搞的破坏，他不可能在许多部队同时搞破坏呀! 而且敌人也不可能只破坏手榴弹不破坏别的弹药呀！

以后查呀查呀，费了好大劲儿，才查到问题出在后方，出在山西的一个手榴弹工厂。原来制造手榴弹有一道工序，要把制手榴弹的木柄加上蜡蒸煮，这样不会反潮，但蒸煮手榴弹柄费事费时。前方对手榴弹需求量很大，时间很急，任务很重，在制做这批手榴弹时，工厂的有关人员见木头很干燥，觉得不会反潮，就把那道工序给减掉了。

彭总知道了这个情况，说一定要严肃处理这件事，他让把那个工厂的厂长给撤了。让我向后方传他的指示：以后再造手榴弹，不管木头干不干，一律蒸煮。如再发现这种情况，一定要军法从事！

当时，我军在朝鲜前线库存手榴弹还有 30 多万枚，由于也不知道哪个是蒸煮过的，哪个是没蒸煮过的，只好把这 30 多万枚手榴弹，全部报废了。

1952 年春夏季，是个非常繁忙的季节，要组织我军后方的反"绞杀战"战役，要组织反"细菌战"，又要保障前沿部队构筑工事的物资器材，还要保证弹药粮食的正常前运，工作忙得很。

4 月 6 日，我正在成川香枫山志后司令部组织有关的人员研究反细菌战部署和措施，忽然接到了陈赓从桧仓打来的电话。他说："彭总要回国休养，明天就走，走以前想见见你，有些事情要交代一下。"当时，陈赓是志愿军第二副司令，第一副司令邓华和参谋长解沛然正在开城参加停战谈判，陈赓在志愿军总部主持工作。我接到电话后马上就赶到了志司。

前些日子彭总头上长了个包，检查了一下，怀疑是癌，这次是回去治疗的。彭总要回国去治病的事，我已经知道了，只是不知具体时间。我到了桧仓彭总的住所，他正在和陈赓谈话，他一见到我，站起身来，拉着我的手说：“学智同志，你辛苦了！”

我说：“在彭总领导下做点具体工作，说不上什么辛苦。”

彭总说：“我知道你那一摊子事情又多又杂，忙得很，本不想找你来了。不过，我这次回国，说是治病，实际上是军委让回去的，说回去以后就不一定再来了。所以还是见见你。”

陈赓接着说：“彭总这次回国，要当军委常务副主席，主持军委日常工作。周总理太忙了，还兼着军委常务副主席，忙不过来，所以非要彭总回去不可。”

彭总说：“回去具体干什么不知道，还没和我讲。”

说到这儿，彭总顿了一下，接着又说：“我回去以后，我在志愿军的一切职务，由陈赓同志代理，他是1922年的老党员，资格比我还老，你们要支持他的工作，配合好。”

陈赓很爱开玩笑，马上接着说：“可是，我在志愿军里的资格可没有学智同志老哟，我是后来的！”

我对彭总说道：“彭总，请你放心，我坚决服从他的领导。”

彭总点头，欣慰笑着说：“好，好。”

陈赓冲我大声说："什么服从不服从的，你把你后方那摊子抓好了，就行了。"

彭总向我交代完工作，又开了党委会。

在党委会快开完时彭总问我："学智同志，你还有什么事情没有？"

我望着彭总，心里感慨万千。我随彭总抗美援朝到朝鲜，已经1年半了。在这1年半里，我志愿军面对强敌，无所畏惧，不怕牺牲，历尽艰辛，赢得了决定性的胜利，稳定了朝鲜局势，对世界和平事业做出了贡献。不然彭总也不能走。彭总要走了，同他说些什么呢？我想，还是应该把自己的心里话向他说说。于是我说："彭总，你要是不问我，我也就不说了。你既然问我，我就说一句，你要走了，我别的事情没有，就是希望你对我许下的诺言，别忘了。"

"什么诺言呀？"彭总似乎有些摸不着头脑，眯着眼睛琢磨着。

我说："去年你在党委会上亲口答应过，我在志愿军搞后勤，等抗美援朝结束了，回国后，就不搞了。就是这话，当时党委讨论通过的。"

彭总说："你不提这事倒罢了。你既然提了，我还要批评你呢！一个共产党员，为党做工作是无条件的。党叫干啥就干啥嘛！"

听彭总这么一说，我又说："你当时同意了呀！"

彭总说："同意了的事情也是可以改变的嘛！"说到这儿，

彭总又眯着眼睛想了片刻，说："我告诉你，回国后，我要是做了参谋总长的话，你跑不了做后勤工作！"

彭总说到这儿，大家都笑了，彭总自己也笑了。只有我没有笑，我也就不再吭气了。

说来也巧，就在这前后，担任北大西洋公约武装部队总司令的艾森豪威尔被提名为美国共和党总统候选人而辞去总司令职务。彭总回国 20 天后，4 月 28 日，美国总统杜鲁门宣布任命李奇微接替了艾森豪威尔职务，同时任命克拉克上将接替李奇微担任了"联合国军"总司令和美国远东军司令。美国战略重点在欧洲，把他调任欧洲盟军总司令。

新来的克拉克，我们还不太了解，只知道他的父亲和麦克阿瑟是世交，他本人同李奇微是西点军校同学，在共同的陆军军事生涯中一直保持着密切关系。对于这位侵朝司令上任后，如何动作，我们拭目以待。

1952 年 7 月 11 日，中央军委决定杨得志为志愿军第二副司令员。

1952 年 8 月 15 日，金风送爽，天高云淡。清晨一起来，我便从成川香枫山志后驻地驱车赶往平壤，代表志愿军参加朝鲜 "8.15" 国庆节庆祝会。我还带了一个文工团，团长是原哈尔滨工学院党委书记、此时任志愿军政治部宣传部长的卓明同志。卓明带文工团是从桧仓那边来平壤的。

平壤从开战以来，已几次被敌人飞机炸平，居民也都疏散出去了。此时，老百姓又回来了不少，新盖了一些简易房子，街道两旁，还开了一些小铺子，正逢国庆，街上人来车往，挺热闹的。

为了防止敌人飞机的轰炸，庆祝会在平壤牡丹峰地下剧场举行。这个剧场是过去日本人占领朝鲜时，为了防止美国B-29飞机轰炸挖盖的，里面很大，能装千八百人。

出席会议的有金日成首相和朝鲜党政军高级领导人，还有各界代表和群众，剧场里坐得满满的。志愿军方面出席的除了我和卓明，还有当时已调任19兵团司令员并兼西海岸指挥部的负责人韩先楚同志。

金日成首相发表了国庆祝词。

我代表志愿军讲话。集会结束，我们又参加了金日成首相举行的盛大宴会。

开会期间，美国飞机在平壤上空来回地窜，而且飞得很低，给人的感觉好像是贴着屋顶飞似的。有时一次来几十架、上百架，在天上排成黑压压的好几层，拼命地轰炸扫射平壤。敌机遭到了朝鲜人民军高射炮火猛烈射击，被打伤、打下了好几架。

宴会结束后，我就准备往回返了。可是韩先楚一定要我到他那个西海岸指挥部去看看。西海指离平壤很近，在平壤的西北面。

我说："算了吧，我家里还有不少事。另外，我刚才又被金首相灌了几杯，头晕晕乎乎的，不去了。"

韩先楚说："不行，今天过节，得热闹热闹，非去不可！"

　　我和韩先楚在解放战争时期，一起从东北打到海南岛，抗美援朝又一起到了朝鲜，太熟了，盛情难却呀！只好答应。卓明没和我一起去西海指，他带着文工团在平壤又演出了一场，就从平壤回桧仓志政了。

　　韩先楚的指挥部设在西浦一条河沟子里。下午赶到后，韩先楚先给我弄了狗肉吃，并一块看了前来慰问的朝鲜人民军协奏团演出。

　　然后就开始跳舞。舞场是那条河沟子旁边的一个小教堂，伴舞的是朝鲜人民军协奏团的女演员。

　　舞会刚刚开始，一批美国 B-29 轰炸机，便嗡嗡地飞来了。因为天黑，也弄不清有多少架，声音特别响，震得房子直晃悠。飞机一来，教堂里的电灯关了。飞机在西海指上空转悠了一阵子，扔了一些炸弹，飞走了。这批飞机飞走后，我们刚把电灯打开，另一批飞机又嗡嗡嗡地飞来了，教堂里的灯只好又关了。我见此情，笑着对韩先楚说："跳舞，还跳六呢！"这一晚上，敌机先后飞来了好几次，教堂里的灯忽关忽开，把大家弄得都很扫兴，气得韩先楚直骂："这些'黑寡妇'（飞机的名称）真混蛋，过个节也不让人痛快！"

　　第二天早上起来，我便坐车回返。路过平壤时，街上到处房倒屋塌，一片狼藉。昨天晚上，敌机又一次大规模地轰炸了平壤，把那些刚盖起来的一片片的房子，又都炸平了，炸得一塌糊涂，还炸死了不少人。我们经过这儿时，一些老百姓正一边哭，一边从倒塌的房屋里往外扒人、扒东西，其情景惨不忍睹。路上到处是弹坑，司机只好不停地躲着、拐着、绕着弹坑走。

我坐在颠簸摇晃的汽车里，默默地沉思着，一股对美国鬼子深深的仇恨之情猛地从胸中涌起。我暗暗发誓，不打胜这场战争，我绝不过鸭绿江！

1952年秋季，抗美援朝战争已经快两个年头了。

这时，我军彻底粉碎了敌人从1951年下半年到1952年上半年对我后方疯狂进行的"绞杀战"战役，交通运输得到改善，物资已能源源不断送往前线，送往一线坑道。我军兵源充足，斗志高昂，对敌反击形势比以往任何时候都好。

敌人经过1年多准备，在其基本阵地上也形成以地堡、掩蔽部与堑壕、交通壕相联接的环形支撑点式的防御工事，加强了基本阵地的防御力量，对前沿各点均坚决扼守，并且"有失必反"，寸土必夺。但他们兵力不足，士气不振，在我坚固的坑道阵地面前其优势的炮兵航空兵火力作用降低，进攻屡受挫折，防守也常常出现人地两失的情况。

1951年，敌人的"秋季攻势"失败后，他们再没有发动什么大的攻势。朝鲜交战双方，除了在谈判桌上激烈交锋以外，没有什么大的攻防行动。但停战谈判陷入僵局。

朝鲜战场出现的这种僵局引起美国及其盟国的不满。他们纷纷提出要退出这场看不到结果的战争。当时美国正值大选高潮，美国大选的竞争焦点，不是国内问题，而是如何尽快地解决这场"令人讨厌的朝鲜战争"。在这种形势下，美国统治当局急于扭转他们在朝鲜战争中的被动局面，企图以向我发动新的攻势取得战场上的胜利，缓和内部矛盾，以此当做竞选的筹码。

7月中旬，美陆军参谋长柯林斯、海军作战部长弗克特勒、远东海军司令布里斯柯、太平洋舰队参谋长海尔、第7舰队司令柯拉克等相继窜到朝鲜前线进行视察。8月中旬，美侵朝总司令克拉克、伪总统李承晚、第8集团军司令范弗里特以及第1、9、10军长，先后到铁原、金化地区进行视察。在这期间，敌人频繁调动部队和进行军事演习。

当时，我们志愿军领导已经预感到敌人为适应其政治需要和配合谈判，有再度向我发动秋季攻势之可能，有可能集中两个师左右的兵力，在海空军的配合下，从延安半岛实施登陆作战，迂回我军西部战线侧后。同时，敌人还有可能向我正面实施牵制性进攻，进攻重点则可能是平康地区，以配合登陆作战。志司为配合停战谈判，粉碎敌人可能发动的局部进攻，进一步取得阵地作战的经验，决定在敌人向我发起进攻之前向敌人发起战术性反击作战。

9月10日，志司电告中央军委："我为争取主动，有力打击敌人，使新换的部队取得更多的经验，我们拟在换防之前，以39军、12军、68军为重点，各选3—5个目标，进行战术上的连续反击，求得歼灭一部敌人，其他各军亦应各选一至两个目标加以配合。估计我各处反击，敌必争夺，甚至报复，进行局部攻势，这就更有利于我杀伤敌人。反击战斗时间拟在本月 20 日—10 月 20 日中进行，10 月底进行换防。"

两天后，志司收到了军委的回电："9 月 10 日电悉。同意你们 10 月底 3 个军换防的计划，和换防前的战术行动。"

这样，志司就于 9 月 14 日 23 时 20 分，向全军下达了战术反击的命令。要求第一线各军按照统一计划各自选定目标，对美伪军的班、排、连支撑点及防御阵地实施进攻，求得在进攻当晚完成攻歼任务。在作战指导上，强调准备好了再打，组织密切的步炮协同，加强对空防御，大胆使用坦克配合步兵作战，并作好抗击敌军连续反扑的准备。

根据志司提出的作战方针、目的和要求，志后将所需弹药提前储存于各前沿兵站，并储存了两个半月粮食。

当时敌我双方正面部队的布势是：敌人 5 个军 18 个师，其中一线展开 15 个师，二线 3 个师。我军 10 个军、人民军 3 个军团，其中一线展开 7 个军、人民军 2 个军团，2 线志愿军 3 个军、人民军 1 个军团。

这次反击虽然进攻目标都是敌人的连排支撑点阵地，但是进攻的目标多，遍布整个东西战线。我方动用兵力虽不多但参战建制军不少。志愿军有 6 个军参战（39、65、40、38、12、68 军），人民军两个军团参战（第 3、第 5 军团）。这次反击的特点是在志司的统一布置下，各军根据各自准备情况，不等齐陆续发起进攻。

9 月 18 日晚，夜色很暗，担任主要攻击的 39 军以 4 个连的兵力在 100 多门火炮支援下，突然向其正面敌人的两个连支撑点发起攻击，全歼美军两个连及 1 个排。随后，又打退敌人 1 个排到 1 个营的兵力连续反扑 30 多次。12、68、65、40、38 军和人民军第 3、5 军团在完成准备后也陆续发起了反击。

我军在正面 180 多公里阵地上对敌方 18 个目标进行了 19 次反击。其中美军防守的 7 处，伪军防守的 11 处。共打退敌人 1 个排至 1 个团兵力的反扑 160 多次，歼灭敌人 8300 多人。

这期间，敌人将预备队第 45 师前调，接替伪 8 师防务。预备队伪第 1 师也前调，接替美第 3 师防务。我们分析敌人有可能采取大的行动。

为了在敌情未有更大变化之前，给敌人更大的打击，志司决定随即进行第二阶段的战术反击。由西海岸到东海岸一字展开的第一梯队 65、40、39、38、15、12、68 军 7 个军参战。

10 月 6 日黄昏，我 7 个军各以连排为单位在东西两线宽达 180 余公里正面上，在 760 门火炮的配合下，同时向敌人 23 处 1 个班到 1 个营兵力的防守阵地发起攻击。除 2 个目标由于准备不充分，未能攻占外，其余目标均于当夜或第 2 日攻占。

我军开始发动全线战术反击时，"联合国军"还摸不清我军的作战意图。我反击发起后的第 6 天，即 9 月 24 日，联合国军总司令克拉克亲临前线视察，他还认为"共军是试探性的进攻"，"是想探悉他们要夺取的地方的地形"。我军在全线对"联合国军"23 个前沿据点同时发起攻击，使"联合国军"遭到了沉重的打击，全线告急后，克拉克才恍然大悟，认为联合国军已失先攻之利，作战主动权已转到我军手里。同时他还意识到，我之战术反击作战，目的在于迫使其接受我方关于遣返战俘的方案。

克拉克为了迫使我军转入守势，扭转其所处的被动局面，谋求在和谈中的有利地位，10月8日，悍然宣布和谈无限期休会，在同一天，批准了美第8集团军司令范弗里特的"金化攻势"计划。此次攻势的目标是范弗里特亲自勘察选定的，即上甘岭地区的两个山头——597.9高地和537.7高地北山。

上甘岭是朝鲜中部一个山村，位于金化以北五圣山南麓。

五圣山为我15军防御的重要阵地，海拔1000多公尺，西瞰金化、铁原、平康地区，东扼金城通往通川至东海岸公路，是我中部战线战略要地，也是朝鲜中部平康平原的天然屏障。597.9高地和537.7高地北山，是五圣山的前沿要点。山高坡陡，地形复杂，直接威胁着敌人的金化防线。敌人要夺取五圣山，必须首先夺取这两个高地。而如果敌人夺取了五圣山，就从中部突破了我军防线，在我战线中央打开了一个缺口，就可以进到平康平原。敌人的坦克就可以发挥优势了。还可以进一步进攻我平康、金城以北地区。敌人看准了五圣山这两个点，并且他们以为根据他们的力量，打这两个小点是不成问题的。

敌人对这次战役十分重视，由范弗里特直接指挥。

10月14日3时，敌人先以众多的航空兵、炮兵火力向我上甘岭的两高地进行了两个多小时的猛烈炮火准备，随后于凌晨 5 时美 7 师、伪 2 师以 7 个营的兵力在 300 多门大炮、30 多辆坦克和 40 余架飞机的支援下，对我仅 3.7 平方公里的两个山头发起了连续不断的猛烈冲击。与此同时，敌美 7 师、伪 9 师 4 个营还向我 15 军 29 师和 44 师阵地进行了钳制性进攻。

敌人很清楚这两个山头的重要性，一开始他们就摆出了一个势在必夺的架势。我们当然也同样清楚这两个山头的重要性，我们志司领导的态度是势在必守！

志司接到负责上甘岭地区防务的 15 军长秦基伟、政委谷景生的电报后，立即给我 3 兵团和 15 军下达了任务。要求这个点要坚决守住，不能丢失。志司还决定配合 15 军粉碎敌人对上甘岭的攻势，改变原来准备 10 月 22 日结束的反击作战的计划，延长至 10 月底。同时决定 15 军原定的反击注字洞南山的计划暂不进行为宜。指示他们集中力量，准备粉碎敌人任何进攻，不断组织小的反击作战，大量歼敌，取得经验。

志司领导还提醒 3 兵团，战斗虽然刚刚开始，但敌人的兵力部署和开始进攻的气势分析，这将是几年来少有的一场恶仗。志司领导请 3 兵团领导转告 15 军的同志，不但准备工作要仔细，还要准备付出巨大的代价。五圣山是我们的屏障，一定要稳稳守住。志司将全力支持你们！

10 月初，15 军开展了"一人舍命，十人难当"的硬骨头活动。他们提出人在阵地在，绝不丢失一寸阵地。集中全力对实施反击作战，10 月 6 日—12 日先后攻歼 4 个要点的敌人。

本来，15 军 45 师拟集中第 133、134 团于 10 月 8 日反击注字洞南山伪 2 师 31 团 1 个加强营阵地。该师全部炮兵和 2 个步兵团都已进入阵地，完成射击准备。就在这时，敌人向上甘岭发起了猛攻。我防御阵地全天电话不通，情况不明。

15 军首长考虑此时我行动的性质，力量对比和战场态势已起了变化，为了争取主动，他们在向志司报告情况的同时，改变了决心。令 45 师立即停止现行反击计划。调第 133 团、134 团参战，全师炮兵转移射向，急速支援上甘岭。抽调第 133 团 1 营和第 134 团 1 营为第 135 团预备队，稳定防御。军预备队第 86 团准备参战。45 师、团指挥所前移至德山岘和上所里北山、五圣山。

由于该师指挥重心迅速转移，部署调整及时，保证了战役第一阶段我军有足够的力量在两个高地上与敌人反复争夺。为我军争取主动，争取时间，向前调动预备队打下了基础。

10 月 14 日，敌人开始向两个高地发起进攻，我防守两个高地的第 135 团 9 连和 1 连在仅有 15 门山、野、榴炮和 12 门迫击炮支援作战的情况下，主要依靠步兵火器、依托坑道和野战工事顽强战斗，先后击退敌 30 多次冲击。至下午 1 时，地表阵地几乎全部被摧毁，人员伤亡较大，弹药消耗殆尽，被迫转入坑道作战。当晚，我 45 师趁敌立足未稳，组织 4 个连队进行反击，又恢复了地表阵地。

10 月 15 日，15 军将 134 团两个营，133 团 1 个营分别加入两个高地的防御，令预备队 86 团准备接替 135 团防务。

15—18 日敌又先后投入了两个团又 4 个营的兵力在飞机和大炮掩护下向我两个高地连续猛攻。我防守部队与敌反复争夺，地表阵地昼失夜复，战斗异常残酷激烈。

19 日夜，我军在炮火支援下分别以 4 个连和 3 个连的兵力向敌发起反击，经过激战全歼守敌，恢复了全部阵地。

但是，第二天敌人又以 3 个营的兵力向我反扑，我防守部队与敌激战终日，终因伤亡过大，弹药缺乏，除 597.9 西北山脊外，地表阵地全部被敌人所占领。

这一阶段，敌人投入 7 个团 17 个步兵营。我 45 师投入了 3 个团 21 个步兵连。双方都使用了猛烈的炮火，敌人死伤 7000 余人，我 45 师也伤亡了 3000 余人。

这时，45 师已消耗很大了。3 兵团向志司报告说 45 师已经没有力量再补充 597.9 高地和 537.7 高地北山。

志司首长立即决定给 45 师补充 1200 名新战士，命令 15 军 29 师参战。命令刚刚打完反击从五圣山路过的 12 军停止北返，作为战役预备队，逐次投入战斗。将炮 7 师 1 个营、炮 2 师 1 个连和高炮 1 个团加强给 15 军。

同时，敌人也调整和增加了兵力，受到重创的美 7 师西移，其进攻 597.9 高地的任务由伪 2 师接替。伪 2 师将右翼 1 个团的防务交给伪 6 师，并调伪 9 师于金化以南为预备队。

敌人占领我地表阵地后，为继续巩固占领，一方面抢修工事，一方面进一步向我纵深发展，采用轰炸、熏烧、爆破、放毒、堵塞、断水等手段对我坚守坑道作战的部队进行封锁和攻击。

21日，邓华代司令员电话指示15军，目前敌人成营成团向我钢铁阵地冲锋，这是敌人用兵上的错误，是歼灭敌人于野外的良好时机，应抓紧这一时机，大量杀伤敌人！

根据邓华指示精神，15军命令45师坚守坑道作战，争取时间，为进行最后粉碎敌人进攻，恢复全部阵地的决定性反击做准备。

在敌人的围攻和轰炸下，我坚守在坑道内部的部队缺粮、缺弹、缺水、空气恶浊，氧气不足，情况极端困难。但是他们不畏艰险，不怕牺牲，在我纵深部队和炮兵的支援下，团结一致积极作战。

打破围攻破坏，确保坑道安全，是坚持坑道斗争的关键。我军除坚守坑道、制止敌人接近外，在作战方法上相应作了改变，主要是采取冷枪狙击和夜摸偷袭的战术。138团8连坚守597.9高地一号坑道时，3天时间以冷枪狙击歼敌115名。21—29日9天时间里，我军先后组织20多个坚守坑道的分队向敌搞夜摸偷袭150余次，歼敌两千余人。

这两种作战行动虽然兵力不多，活动范围也小，但能不断给敌以杀伤消耗，使敌终日恐慌不安，达到了确保坑道安全、拖住敌人、消耗敌人的目的。

坑道战斗坚持越长，困难越多。为了保持坑道分队持续战斗能力，15军组织坑道外力量进行支援。除以大量准确而猛烈的炮火有效地保护坑道口的安全，还组织纵深部队不断向这两个高地进行反击，千方百计地向坑道内补充人员和物资。

10月25日，15军召开作战会议，研究实施决定性的反击，夺回597.9高地和537.7高地北山的作战部署。会议认为597.9高地地势险要，是敌我争夺的焦点。该高地得失对整个战场形势有重要影响。15军首长决定，集中兵力以29师85、86团共11个连对597.9高地实施反击，夺回高地。以第87团5个连队对537.7高地北山实施反击，夺回537.7高地北山。以配属该军的12军第91团为预备队。

10月27日，3兵团首长对实施决定性反击在作战指导上作了明确的指示，强调必须树立长期打下去的思想，准备与敌进行多次的反复争夺，逐渐地消耗杀伤敌人。强调兵力使用要大小结合，充分发扬小兵群战术和随伴火炮的作用。同时为牵制敌人、分散敌炮兵火力，还强调要组织小分队积极进行袭扰活动。

10月30日夜，45师、29师10个连兵力在104门火炮几个批次的轰击后，对占领597.9高地的地表敌人发起反击，经一天一夜激战，最终于31日晚，恢复了主阵地。

敌人丢失了597.9地表阵地后，立即在第二天以4个多团的兵力，在飞机、大炮支援下，连续疯狂反扑。在这种情况下，12军91团于1日晚投入战斗，在炮兵密切配合下，一连粉碎了敌人数十次反扑。5日12军93团亦投入战斗。敌人久攻不下，不得不放弃了对597.9高地的争夺。尔后31师93团又夺回 11 号阵地，歼灭守敌，这样经过激战 597.9 高地恢复了战前态势。

11 月 5 日，3 兵团领导鉴于 45 师已胜利完成任务，且已消耗太大，让 45 师撤出战斗，12 军 31 师接替 45 师。12 军 34 师为预备队。

为便于指挥，由 12 军组织五圣山战斗指挥所，负责指挥 31 师、34 师的反击作战和 29 师的配合作战。炮兵第 7 师组织炮兵指挥所，统一指挥炮兵。这两个指挥所仍归 15 军指挥。在战术指导上，确定了"除主峰基点必守之外，应该是不可不守，不可全守，有利则守，无利则收"的战术指导方针。

志愿军领导经过对敌我形势分析，认为 3 兵团的决心和部署很好。

11 月 6 日，志司将 3 兵团的部署上报军委。军委 7 日复电表示完全同意。我五圣山战斗指挥所坚决执行经军委批准的部署，为巩固 597.9 高地和夺回 537.7 高地北山同敌人进行了英勇顽强的反复的争夺。

11 月 11 日，我军将反击重点移至 537.7 高地北山。

当天下午，我第 92 团以两个营的兵力，在猛烈的炮火支援下，向 537.7 高地北山地表阵地发起猛攻，经过激战，当晚全部恢复失地，全歼守敌。第二天，敌人以 1 个团兵力反扑，我军经过与敌人的激烈争夺，阵地又被敌人占领。第三天，我再次反击又夺回阵地。第四天，我 93 团投入战斗，先后击退敌 130 多次反扑，歼敌 2000 多人。18 日，34 师 106 团接替

92 团投入战斗。92 团在极端困难的情况下，浴血奋战，击退敌 50 余次反扑，激战 1 个星期，终于打退敌人猖狂反扑，巩固了 537.7 高地北山阵地。敌人伤亡惨重，被迫将担任进攻的伪 2 师和美 7 师撤下去整补。这两师防务被伪 9 师和美 25 师接替。敌人的金化攻势到此作罢，上甘岭战役遂以我军胜利而结束。

上甘岭战役历时 43 天。开始时，志司并没想到要在上甘岭打一场残酷激烈的战役。上甘岭战役是由战斗逐渐发展成战役规模的。

交战双方在 3.7 平方公里的狭小地区，投入了大量兵力、兵器。敌人先后投入兵力 6 万余人、火炮 300 余门、坦克 170 余辆，出动飞机 3000 余架次。我方先后投入兵力 4 万余人、火炮 138 门、高炮 47 门。战役中敌人共发射炮弹 190 余万发，投掷炸弹 5000 余枚，最多时一天发射炮弹 30 余万发，投炸弹 500 余枚。我两个高地的土石均被炸松一至两米，走在上面，松土没膝，像走入土灰里一样。地面阵地全被摧毁，许多岩石坑道被炸短 3—4 米。我军发射炮弹 40 余万发，亦属空前。这场双方都投入几个师为争夺两个连阵地的作战，持续时间之长，火力之猛烈、密集，战斗之紧张、残酷，在世界战争史上也是罕见的。

战后，美联社记者报道说："在三角山，虽然联军的大炮实际上已将山顶打得不成样子，但是，中国军队还能筑成一条铁的防线。"合众国际社援引"联合国军"指挥官的话说，"即使用原子弹也不能把狙击兵岭和爸爸山（指五圣山）上的共军全部消灭"。

这次战役是对我军以坑道为骨干的防御体系的严重考验。我军坑道不仅是屯兵坑道，而且是战斗坑道，是两种坑道的结合。我军不仅能依托它取得战术性反击胜利，而且能依托它防御敌人大规模攻击。每一个阵地都与敌人反复争夺，每一个阵地都成为消耗敌人的"肉磨子"。在敌人炮火密集、飞机轰炸封锁的情况下，我军只能靠晚上把部队运上这两个阵地。为保证两个连的坑道作战，动用了5个师！这次战役有大量炮兵支援地面部队作战，几个团的高炮掩护地炮，地炮复放阻击敌人。我们的炮兵在没有制空权的情况下，步兵一呼叫，就可及时以炮火轰击敌人冲锋部队。

这次战役既是一次大规模的坚守阵地防御战，也是一场名副其实的"打钢铁"、"打后勤"的现代化战役，弹药消耗极大。在43天的战役中，共供应各种物资1.6万吨，实消耗1.1万吨，其中仅弹药一项即达5000多吨，平均每天120吨。战斗紧张时，一个团作战，需要两个团负责运输作战物资。由于敌人炮火密度每公里正面达299门，加上大量航空兵、坦克及火炮，在前沿到战术纵深20公里的地域内构成了层层火网、火墙，实行昼夜不停严密封锁，火线运输人员把物资运上去，把伤员运下来往往要通过几十道封锁线。在接近坑道时，距敌人只有二三十公尺，往往三面受敌人地堡群、探照灯的封锁控制。我地表阵地被打成1米多深的石粉末，有的阵地被打断，坑道被打短，以致运输人员经常迷失方向，找不到道路和坑道口，误入敌人阵地。运输部队一个排四五十人把物资送上去，只能剩下二、三人回来。

这次战役证明在阵地防御战上，我军即使在没有制空权的条件下，以劣势的装备，也可以战胜现代化的有制空权的美国军队。金化攻势之后，敌人就再也没向我军发动过什么像样的攻势了。

1952年9月18日，以刘景范为总团长，陈沂、李明灏、胡厥文、周钦岳为副总团长的第二届赴朝慰问团从北京出发，赴朝鲜慰问。这届慰问团，规模更大，代表更广泛，共由1097人组成。在朝鲜进行了40多天的慰问活动。从中朝边境到三八线上的开城地区，从朝鲜的西海岸到东海岸，从志愿军领导机关所在地到许多连队的前沿阵地上，到处留下了慰问团的足迹。

这届慰问团在朝鲜慰问期间，正是志愿军进行全线性战术反击作战和上甘岭战役的时期，志愿军和人民军指战员以战斗的胜利迎接了祖国亲人的到来。

1953年1月、4月，中央军委任命李志民为志愿军政治部主任，李达为志愿军参谋长。

第十五章　金城反击大捷　停战协议签字

反登陆作战作了充分的准备以后，我军前后方的防御体系日益巩固，既可攻又可守，在战略上更加主动。敌人则日趋被动，美国既不敢冒险扩大战争，又不能以政治讹诈迫使我屈服。他们为了摆脱困境，一方面大力扩充伪军，加紧推行亚洲人打亚洲人的政策，以便美军脱身；另一方面，则谋求恢复谈判，以结束朝鲜战争。

这样，因战俘问题中断了6个半月之久的停战谈判，于4月又恢复了，但敌方仍不断节外生枝，拖延时间，不想很快达成协议。

5月份，美第8集团军前任司令范弗里特在美国《生活杂志》上发表文章，反对妥协，鼓吹要彻底取得"军事上的胜利"，以军事方式解决朝鲜问题。5月7日李承晚在汉城举行记者招待会，声称要向鸭绿江进行一次全面的军事进攻，"必要时单独作战"。

当时，敌人总兵力为 120 万人，地面部队有 24 个步兵师，其中李伪军已达 16 个步兵师。我军总兵力已达 180 万人（其中朝鲜人民军 45 万人）。地面部队有 25 个军（内有朝鲜人民军 6 个军团），兵力、火力有了很大加强，作战物资也很充足。全军上下，积极求战，士气十分高昂。

我东、西海岸有坚固的海岸防御工事，已无后顾之忧，作战部队也较前增加，并且有条件抽出部队加强正面战场。毛主席说过，战场上打得越好，谈判桌上就越主动。为了配合停战谈判，促进停战的早日实现，并求得停战后我能控制有利阵地，根据彭总和中央军委的指示，志愿军领导决定对敌人发起夏季反击战役。志司于 4 月 20 日向各兵团发出了战役指示。

5 月 30 日，志司领导召开了兵团以上干部参加的军事会议。

会议由志愿军代司令兼政委邓华主持。副司令杨得志、我、政治部主任李志民、参谋长解沛然，"西海指"副司令梁兴初、副政委杜平、参谋长王政柱，3 兵团新任司令许世友、副司令王近山、副政委杜义德，9 兵团司令兼政委王建安、参谋长胡炳云，19 兵团新任司令黄永胜、副司令兼参谋长曾思玉、副政委陈先瑞，20 兵团代司令郑维山、政委王平、参谋长肖文玖，炮兵指挥所司令高存信，工程兵指挥所司令谭善和，前线运输司令部司令刘居英等参加了会议。

会上，邓华同志讲了《关于举行夏季反击的几点意见》，研究制定了战役的指导方针和部署。

5 月 5 日，志司下达了《举行夏季反击准备工作的补充指示》。这次战役确定，西线以打击美军为主，东线以打击伪军为主。

在作战指导上，决定采取"稳扎狠打"、"由小到大"的方针。"稳扎"就是仍要坚持持久作战，粉碎敌人的任何进攻。大小战斗都要有周密计划，选准目标，充分准备，确有把握之后发起攻击。在思想上和组织上都不但要准备对付一个"上甘岭"，还要准备对付两个甚至三个"上甘岭"，这样才能处置自如。"狠打"就是在完成必胜的准备工作之后，对敌人"不打则已，打则必歼，攻则必克，守则必固"，战役的规模和步骤由小到大，全面不等齐地发展。

志司要求各部队开始进攻的目标，以不超过 1 个营的阵地为原则（两个连为最合适），选择目标以地形对我攻歼有利为原则，并且与改善我军阵地结合起来。当时，敌人还不愿意在停战协定上签字。我某些重要阵地在划分停战分界线时有可能被划出，不利于我军阵地的巩固。因此，我攻击目标应考虑攻占后能使我前沿阵地推前，有空白则应挤占，以利我在停战之后可以控制有利阵地。

在战术上，采取三种不同打法。对敌阵地工事坚固、有坑道、攻克后便于我坚守的目标，攻克后要坚决固守，并在打击敌人的反扑中大量杀伤敌人，消耗敌人。对于敌工事虽较坚固，但无坑道或者地形对我控制不够有利的，我攻占后，视情况或守或主动放弃，然后再以第二、第三批部队乘敌立足未稳进行反击，经过拉锯式的反复争夺，达到大量杀伤敌人，阵地最后为我所控的目的。对于敌工事不强，地形对我不利，又非重要的目标，则以专攻守敌为目标，采取抓一把讨了便宜就走的方式，歼敌后迅速撤离阵地，以免遭敌炮火杀伤。

在同一时间内，每个军只能有一个第一类目标作为重点，第二类目标也只能保持一个，第三类目标由军自行掌握，也不宜过多。当敌人向我所占阵地进行持续性的轮番冲击，投入兵力达两个师以上时，每个兵团只能保持两个重点方向，其余各点均停止与敌争夺，以求集中兵力、炮火、弹药和器材，保障重点的持续作战。

志愿军后方勤务司令部为了搞好这次战役的后勤保障，抽调4个汽车团、3个辎重营、6个工兵连、2个弹药库以及部分医疗队、手术队、护送队加强担任战役主供任务的2分部。以两个警卫团、6个辎重营、两个工程团又6个工兵连的力量，维护战役后方道路。同时加强了对空火力，掩护后方基地和交通运输。

正当我们准备发起夏季战役，但尚未完全准备就绪时，板门店谈判又出现了岔头。美方在战俘遣返问题上无理纠缠，阻挠谈判的顺利进行。5月7日我方提出"将不直接遣返的战俘，由双方同意的中立国遣返委员会在朝境内看管"，遭到美方的极力反对。他们提出了一个无理的所谓的"就地释放朝方战俘"的反建议。

此时，我军各参战部队对攻歼重点目标的准备虽然尚未全部完成，但是为了配合谈判，让敌人尝尝我们的厉害，志愿军领导决定将原计划于 6 月初发起的夏季反击提前到 5 月中旬，对敌人"大动手、狠动手"，用铁拳头教训一下敌人。

5 月 11 日志司发出命令：凡是对敌人连以下目标进攻已经准备完成的，即可开始作战。

5 月 13 日，我 20 兵团所属的 60、67 军和第 9 兵团所属的 24、23 军先后在火炮支援下，向美军及伪军 8 个师的正面支撑点发起猛烈的反击。由于发起突然，攻势凌厉，战至 26 日，我方阵地已向敌方推进两平方公里，取得了反击的初步胜利。

这次战役我军的卡秋莎火箭炮部队炮 21 师参加了战斗。炮 21 师是提前进入阵地的，敌人未发现，只是发射排炮进行盲目的封锁。晚上 9 时，炮 21 师准时发射，炮火形成数道火光，像呜呜地刮大风似的飞向敌人阵地，红透了半边天，几平方公里的敌人阵地全部覆盖。敌人阵地迅速燃烧起来了。然后炮 21 师马上转移，步兵冲上去了。步兵非常欢迎卡秋莎炮兵师。称之为"炮兵之王"。那时他们的车号是"84"，部队一见"84"车号就主动让路。

我军夏季反击这种势在必打、势在大打的架势使美方感到了惊恐。他们害怕丢失更多的地盘。反击开始后，美方在战俘遣返问题上的态度便明显松动，同意了我方 5 月 7 日的方案，双方于 6 月 8 日达成了协议，停战谈判有了显著的进展。但是，李承晚在美国一些好战分子的支持下，却仍叫嚣"反对任何妥协"，反对签订停战协议，要单独打下去，其谈判代表也退出了谈判。还在汉城、釜山导演了反对停战的所谓"群众游行"。

我军第一阶段反击作战结束之后，20兵团所属的60、67军稍事休息，按预定计划，5月27日又开始了第二阶段反击作战。这次反击将攻击目标扩大到进攻敌人营一级的阵地。5月28日，西线19兵团亦开始第二阶段反击作战。

志愿军总部为了分化敌人，打击李伪集团的气焰，促进停战谈判，将原定西线以打击美军为主的计划，改为以打击伪军为主，适当打击美军（连以下目标），对其他国家的军队暂不攻击的策略。这次反击作战仍以东线20兵团方向为重点。志愿军领导调整了部署：令54军由西海岸开赴第一线，归20兵团指挥，准备接替67军防务；16军由西海岸开赴第一线，归9兵团指挥，准备接替23、24军平康接合部的防务；归24军指挥的204师归还68军建制；21军全部入朝，主力集结于谷山地区，作为志愿军总预备队。

6月4日，20兵团召开作战会议，研究如何贯彻志司意图。他们修改了反击作战计划，重新调整了部署，决定集中力量打击北汉江两侧的伪第8、第5两个师，并准备吸引和粉碎可能从纵深机动的两个师以上的反扑。

6月10日晚10时整，弦月如弓，满天繁星，我军进攻的炮火准备开始：各种火炮齐声轰鸣，像春节放鞭炮似的响个不停，声音震耳欲聋，炮阵地上脸对着脸讲话都听不清。这样整整打了 20 分钟后，我们的卡秋莎火箭炮 21 师又连着发了两个齐放，这时其他炮也还在打着。打完后，敌人的阵地燃烧成了一片火海，地上腾起的烟尘是红的，天上翻滚的云彩也是红的。

早在 9 日夜间，60 军的冲击部队已秘密进入敌阵地前与翼侧隐蔽处潜伏。

10 日晚，在副军长王诚汉的指挥下（军长张祖谅不在位），60 军以 3 个团兵力，在各种火炮支援下，采取多梯队的方式分别从东、北两个方向发起冲击，不到 1 个小时，全歼守敌 1 个团。首创了阵地战以来一次战斗攻歼敌 1 个团的范例。至 6 月 15 日，60 军把阵地向敌方推进 42 平方公里。60 军在五次战役中失利，180 师打了败仗。这次算是打了一个翻身仗。

6 月 11 日，67 军将 8 个连兵力潜入敌阵地前的我秘密构筑的屯兵洞。12 日晚，67 军以 3 个团的兵力，在各种火炮、坦克的支援下，向敌人的"模范阵地"号称"京畿堡垒"的伪 8 师 21 团主阵地突然发起冲击，迅速占领该阵地，全歼了守敌。3 天后，67 军把阵地向敌方推进了 12 平方公里。这期间 19 兵团 1、46 军，9 兵团 23、24 军也向当面敌人发起了反击，并分别将阵地向敌方推进了 1.5 平方公里和 1 平方公里。

志愿军进一步的反击作战胜利，使克拉克和华盛顿的决策者们愈发感到震惊。6 月 15 日傍晚，彭总从北京打来电报说："据我停战谈判代表团电话称：军事分界线基本上已达成协议，以今晚（6 月 15 日）24 时为准，在本晚 24 时前敌我双方攻占之阵地均为有效，在此以后（零时起），即作为 16 日计算，敌我攻占之阵地均属无效。我志愿军和朝鲜人民军为促进停战实现，应以明（16 日）起坚守阵地，不再主动攻击。但须提高警惕，严阵以待，对敢于向我阵地侵犯之任何敌军坚决给予歼灭之打击，切不可有任何疏忽。"

接到彭总电报，我们都很高兴，因为终于打出了一个和平的局面。

晚 7 点，我们即以联司的名义向志愿军各兵团和朝鲜人民军各军团发出了《16 日起停止主动向敌攻击》的命令。

不久，我们又得知，这次停战分界线的划分，不但比以前顺利得多，而且经过这次反击，我方又向南推进了 140 平方公里。这个胜利不小呀！

这时，突然传来一个令人气愤的消息。6 月 18 日，即军事分界划定的第三天晚上，李承晚集团竟然以所谓"就地释放"的名义，胁迫朝鲜人民军被俘人员 27000 多人离开战俘营，押到李承晚军队的训练中心。李承晚集团的这一行径，引起了国际上的强烈反对，各国舆论纷纷谴责李承晚是"出卖和平的叛徒"，"不负责任的乖戾小人"，甚至要求美国换马。英、加、澳等国还抗议李承晚"破坏联合国军司令部权限"。同时，美方首席代表哈里逊也写信给我方首席代表南日大将，声明此事与美方无关。

6 月 19 日，金日成首相和彭德怀司令员致函质问联合国军总司令克拉克，指出这是"有意纵容李承晚集团去实现其久已蓄意的破坏战俘协议、阻挠停战实现的预谋，我们认为你方必须负起这次事件的严重责任"，质问克拉克"究竟联合国军司令部能否控制南朝鲜的政府和军队"？"朝鲜停战包括不包括李承晚集团在内"？

6月20日，彭总由北京赴开城，准备办理停战协定签字事宜，途经平壤给毛主席发了一封电报：

> 毛主席：20日晨抵安东，南北朝鲜均降雨，故白日乘车至大使馆，与克农、邓华均通电话。根据目前情况，停战签字须推迟至月底似较有利，为加深敌人内部矛盾，拟再给李承晚伪军以打击，再消灭伪军一万五千人（6月上半月据邓华说消灭伪军一万五千人），此意已告邓华妥为布置，拟明21日见金首相，22日去志司面商停战后各项布置，妥否盼示。

毛主席接到彭总的电报后，当即复电，表示同意：

> 6月20日22时电悉，停战协定签字必须推迟，推迟至何时为适宜，要看情况发展才能决定。再歼灭伪军万余人极为必要。

此时，敌人在金城以南、北汉江以西的4个师的阵地也愈更加突出，态势也对我极为有利，同时我军已查明了敌人第一道防御阵地设施情况。在这个方向上，我们已集中了 4 个军的兵力和 400 多门大口径火炮，有力量进行更大规模的进攻。因此，在接到毛主席的复电后，志愿军党委在彭总的亲自主持下开会研究，决定立即在全线发起第三次攻击。随即指示各兵团、各军"原预选目标，如已准备就绪者，应坚决歼灭之；如新选目标应抓紧时间进行准备。……对美军及其他外国军队仍不作主动攻击。但对任何向我进犯之敌，均必须予以坚决打击"。

24 日，20 兵团向志司电告，拟以他们现在指挥的 67、68、60、54 军及志司临时加强给他们的 21 军 5 个军的强大兵力，在金城以南、北汉江至上所里间 25 公里的地段上实施进攻，并以拉直金城以南战线，歼灭伪首都师、伪 6、伪 8、伪 3 师为战役目的。7 月上旬完成战役准备，7 月 10 日前后发起进攻。

金城以南地区，是联合国军防线的突出部。其东北部山高坡陡，易守难攻。北部、西北部山势较低。金城西南地形开阔，不易隐蔽。其东有北汉江，水深达 5 尺，不能徒涉。西有南大川，位于双方阵地之间。金城川从金城以西折向东南与北汉江汇合，平时水深不足 1 公尺，雨季水涨时，大部不能徒涉，成为纵深战斗的较大障碍。

敌人担任这一突出部防御的是南朝鲜的首都师和第 6、8、3 师。敌人的基本阵地普遍构筑了坑道、半坑道工事和大量的明暗火力点、地堡群，以盖沟、堑壕、交通壕相连接，阵地前还设置了 3—15 道铁丝网，埋设有各种类型的地雷，纵深达150—300 公尺，是比较完整的、支撑点式的坚固环形防御体系。但其纵深阵地工事较薄弱。

6 月 25 日志愿军领导批准了 20 兵团的作战计划，指示 20 兵团放手作战，如反击成功，情况有利时，可以继续向敌纵深作有限度的扩张；同时指示其他正面各军，在此时只作进攻准备，基本采取守势，如敌进攻则坚决歼灭之。命 9 兵团之 24 军保障 20 兵团的右翼安全。

20 兵团在接到志愿军首长的指示后，在新任司令员杨勇、政委王平主持下召开兵团党委会和师以上干部会，决定以所属 5 个军组成 3 个作战集团：67 军及 54 军 135 师、68 军 202 师（欠 605 团）为中央集团；68 军（欠 202 师）及 54 军 130 师组成西集团；60 军、21 军(附 33 师) 及 68 军 605 团组成东集团。"中央集团"在官岱里、轿岩山地段实施突击。"西集团"由外也洞、灰古介地段实施突击。"东集团"北汉江西岸之 60 军由松室里、龙虎洞地段实施突击，北汉江以东之 21 军巩固现有阵地并以积极行动牵制当面之敌不使西调。3 个集团突破后，首先集中力量攻击金城西南梨实洞、北亭岭、梨船至金城川以北之敌，拉直金城以南战线，并坚守阵地，抗击敌 3—4 个师规模的反扑，尔后再视情况继续向南发展。

3 个集团还各组织一个有力支队，准备于突破后插向敌之纵深，截断敌之退路，歼灭敌之炮兵，抢占有利地形，以利于第二步作战。

志愿军领导批准了 20 兵团的战役部署。为了保证 20 兵团右翼的安全，志司决定 20 兵团发起进攻后，9 兵团 24 军也从其右翼发起突击，协同其作战，志愿军其他各军及人民军各军团则自选目标，配合作战。

志愿军后方勤务司令部派吴先恩副司令组成志后前方指挥所，进驻 20 兵团，在前线实施后勤统一指挥，并调集 10 个汽车团的 2000 多台汽车昼夜赶运作战物资 15000 吨，其中炮弹7000 吨，70 余万发，炸药 124 吨。

7 月 13 日晚，浓云低垂，天色昏黑，闷热异常，我军1000 多门火炮，突然以排山倒海之势，铺天盖地地向敌人猛轰。我卡秋莎火箭部队 2 个师，向敌人连打了 3 个齐放。接着我 20 兵团的 3 个集团同时向敌 4 个师 25 公里的防御正面发起了迅猛的突击。

一小时后，全线突破敌人阵地。

"西集团"突破后，以迅雷不及掩耳之势强攻当面之敌，以渗透迂回支队向敌后纵深猛插。607 团侦察排的一个 13 人侦察班，在副排长杨育才的带领下，在捉住俘虏弄清口令的情况下，化装成护送美军顾问的南朝鲜兵，接连混过敌人 3 道严密警戒，出敌不意地直抵敌首都师第 1 团——白虎团团部。正赶上敌指挥所开会，他们便突然开火猛力袭击，当场毙伤敌团长以下 54 人，活捉 19 人，捣毁了伪团部和通信联络，使其无法再组织抵抗和增援，该团很快溃乱。这个侦察排有力地支援了师主力战斗，对全歼"白虎团"起了重大作用。接着，又趁暗夜堵截溃逃之敌，歼灭了一个位于白虎团团部附近的炮兵营大部和乘车来援的伪首都师机甲团2营大部，并击毙了该团团长陆根洙。

"西集团"的这一仗打得十分漂亮利索，把李承晚的王牌团全歼，美伪大为震惊。

14日，电闪雷鸣，大雨如泼。我军趁敌航空兵活动不便，空中无敌情之机，又迅速扩大战果。西集团战至下午攻占了梨实洞、间榛岘一线，该集团68军204师在激战中生俘了伪首都师副师长林益淳。54军130师一部在攻占424.2高地后，因未能迅速肃清坑道内的敌人，而延缓了向烽火山的攻击。

敌人的主要阵地轿岩山，碉堡林立，堑壕纵横，坑道密布，易守难攻，敌人以两个团的兵力防守。战前，敌人认为我军根本不可能把轿岩山打下来。他们的高音喇叭不住地向我广播说："轿岩山有如铜墙铁壁，共军将士还是赶快投降，免得白白送死。"

"中央集团"突破后，左翼199师在对轿岩山的攻击中，遭敌顽强抵抗，战斗异常激烈。我军伤亡很大。右翼200师于当夜突破后，迅速向敌纵深发展，占领了龙渊里、东山里，割裂了伪6师防御，使轿岩山和烽火山两敌侧后受到威胁，发生动摇。

"东集团"因准备仓促，进攻正面狭窄（仅两公里半）又横越山脊，加之主要突击部队走错道路，步炮脱节，进攻速度缓慢，当日傍晚才占领细岘里。

24军突破后迅速歼灭了注字洞南山、杏亭西山之敌，黄昏前占领了432.8高地及杨谷以北地区，保证了20兵团右翼的安全。

这样，至14日晚，金城川之敌已全部被我肃清。

战役发展比较顺利，自始至终贯彻了"稳扎狠打"的指导方针，巩固地占领了新攻占的阵地。

志司于14日15时电令20兵团：以主力控制现占领线，迅速构筑工事，修通道路，抢运物资弹药，推进炮兵阵地，准备粉碎敌之反扑。同时以若干有力支队，乘敌混乱之际，分别向南发展。

我军对敌人的全线突破，特别是"西集团"及24军的迅速发展，对敌金化要地造成了严重威胁。敌慌忙调来刚换防的美3师阻止我军向纵深发展，并向我24军和"西集团"进行反扑。

志司命令"西集团"及24军于14日晚，一面反击敌人的反扑，一面以攻为守，有限度地继续向纵深扩张战果。与此同时，"东集团"以第二梯队180师两个团南渡金城川，迅速向南发展。"中央集团"也以135师1个团零1个营的兵力继续向前发展。15日，我3个集团又向前推进，完成了全部进攻任务。

这时，敌人的战役预备队伪11师和伪7师已调近战场。

因连日淫雨，河水上涨，金城川桥梁全部被敌机炸毁，加上我军新修的公路质量较差，泥泞难行，炮兵机动受到很大限制，通信联络和后勤供应也发生很大困难。因此，志司命令我军主力于 16 日主动转入防御，调整部署，构筑工事，修通道路，抢运弹药物资，准备打击敌人反扑。并以数个支队，乘敌混乱之机，继续向前发展，占领有利阵地。

伪军遭我痛击后，李承晚埋怨美军见死不救，美军埋怨李承晚无能。美伪之间矛盾加深。16 日"联合国军"总司令克拉克和美第 8 集团军司令泰勒匆忙赶到金城前线，整顿败军，部署反扑。

当日，敌人先后以伪 3、6、8 师残部及伪 5、7、9、11 师和美 3 师等部向我发起反击。进攻重点是我"东集团"黑云吐岭、白岩山一线突出阵地，企图恢复失地。17 日，敌纠集 6 个团的兵力，在飞机 100 余架次和大量炮兵支援下，向我"东集团"阵地猛攻。我"东集团"在无炮兵支援的情况下，与敌激战尽日。这时，志司和 20 兵团领导鉴于黑云吐岭和白岩山等"东集团"所占阵地过于突出，又处于背水作战，我军通往这些阵地的道路和桥梁均遭到严重破坏，物资供应和炮兵支援都难于解决，命令"东集团"除以 1 个营继续守 461.9 高地有利阵地外，其余部队当夜全部撤到金城川以北。中、西集团也作了适当收缩。

17 日晚 18 时，志司向全军发出指示：近来板门店谈判敌人态度转硬，克拉克、泰勒昨日飞赴前线，召集高级军官会议，声言发动最大的反攻，企图夺回金城以南失掉的阵地。估计敌人反扑规模之大和激烈程度，会超过去年秋天的上甘岭战役。我进攻部队，要紧急行动起来，抢修新占阵地工事，组织炮火，加强交通运输，在敌反扑中，予敌更大的杀伤和歼灭性打击。同时命令其他正面各军，以积极的动作牵制当面之敌。

从 18 日起，敌人反扑的重点逐渐转移到我"中央集团"602.2 高地及巨里室北山等阵地。这时，我"中央集团"炮兵阵地已转移就绪，行进道路已经修通，前沿阵地将士严阵以待，我军凭借着有利的地形与步炮的密切协同，与敌展开了激烈的争夺战。尤其是 19、20 两天，敌人在飞机 480 余架次，坦克 30 余辆和猛烈炮火的支援下，继续进行猛攻，战斗异常激烈。我军不畏牺牲，英勇抗击，给敌以重大杀伤，牢牢地守住了阵地。在"东集团"正面，敌人继续反扑，企图夺回 461.9 高地，但未能得逞。一直战斗到 27 日，我军一共歼敌 5 万余人，胜利地结束了金城战役。

金城反击战役，我军在全线攻击了敌人 39 个目标，收复土地 178 平方公里，拉直了金城以南的战线，造成了对中朝方面极为有利的态势。

毛主席对这次战役给予了很高的评价。他在《抗美援朝的伟大胜利和今后的任务》一文中说："今年夏天，我们已经能够在一小时内打破敌人正面 21 公里的阵地，能够集中发射几十万发炮弹，能够打进 18 公里。如果照这样打下去，再打它两次、三次、四次，敌人的整个战线就会被打破。"

金城战役后，我军士气高昂。战役结束时，部队都不愿停止进攻。我们的部队很早就想打个痛快仗了，已经憋了很大劲儿了。以前阵地期间的反击，是小打小闹。上甘岭战役规模不小，但是防御战，要说反击战就是金城战役，不仅消灭了敌人，还收复了土地，大家都觉得扬眉吐气，高兴极了。

在我军猛烈的夏季反攻战役中，敌人遭到了沉重打击，特别是在金城反击战中，敌人损失惨重。对于这种情况，《美国第8集团军简史》中是这样描述的："令人难以置信的大量炮火在头上呼啸，在呼啸声中他们前赴后继攻击这个地区的大韩民国防线。在共军的猛攻下，前哨阵地一个接一个地被打垮了。"

我军作战的节节胜利，使敌人处境更加不利。他们不得不向我作出实施停战协议的保证。

6月29日，美侵朝总司令克拉克给金日成首相和彭德怀司令员复信表示，今后"保证停战条款将被遵守"。7月13日到7月19日，美方首席谈判代表哈里逊作出保证，"联合国军包括大韩民国的军队在内准备实施停战条款"，"大韩民国进行任何破坏停战的侵略行为时，联合国军将不予支持"。

我方鉴于美方已向我作出保证，而且有关各方都希望尽快结束战争，所以尽管我军还可以乘胜取得更大的胜利，但为了世界和平的利益，仍然同意了美方希望尽快签字结束战争的要求。

7月24日，双方谈判代表确定了最后的军事分界线。这已是第三次校正分界线了。第一次校正是 1951 年 11 月 27 日。由于以后接触线又发生了变化，双方于 1953 年 6 月 17 日第二次校正了军事分界线。第二次校正比第一次校正的分界线，我军向前推进了 140 平方公里。由于李承晚集团的破坏，停战协定的签字又往后推迟，以致这一个月里接触线又有了变化，所以又作了第三次校正。我军又向前推进了 192.6 平方公里。后两次校正较之第一次校正的双方协议的军事分界线，我军共向前推进了 332.6 平方公里。

1953 年 7 月 27 日，朝鲜时间上午 10 时，双方谈判代表在板门店签署了朝鲜停战协定及其临时补充协议。随后，朝鲜人民军最高司令官金日成，中国人民志愿军司令员彭德怀和"联合国军"总司令克拉克分别在停战协定上签了字。协定于 27 日朝鲜时间下午 10 时生效。

朝鲜停战协定签字后，金日成司令官和彭德怀司令员发布了停战命令，命令自 1953 年 7 月 27 日 22 时起，即停战协定签字后的 12 小时起，全线完全停火。停战协定生效 72 小时内，全线一律自双方已宣布的军事分界线后撤 2 公里，并一律不准再进入非军事区一步。要求全军保持高度警惕，坚守阵地，防止来自对方的任何侵袭和破坏活动。联合国军总司令克拉克却在对其所属人员发表的文告中说：协定签字并不意味着立即或早日从朝鲜撤退。冲突还没有结束，要保持他们的实力。李承晚则发表声明："我反对签订停战协定。"

克拉克上将在他以后写的回忆录中是这样描述他签字时的

心情的:"我成了历史上签订没有胜利的停战条约的第一位美国陆军司令官","我感到一种失望的痛苦"。

7月31日,彭德怀、邓华、杨得志、我、李达、李志民等几个志愿军领导同志应邀来到平壤,参加朝鲜最高人民会议常务委员会举行的隆重授勋典礼。

会上,为了表彰中国人民志愿军的伟大历史功绩,授予中国人民志愿军司令员彭德怀"朝鲜民主主义人民共和国英雄"称号和一级国旗勋章、金星勋章。

授勋仪式结束,朝鲜劳动党政治局宴请志愿军领导人,彭总和我们都去了。地点离金日成首相家不远,那儿有一个很大的石洞子,洞外盖了几间小房子,宴会就在那里举行。

那次准备了许多酒。喝酒时,金日成同志一直盯着我,灌我。为什么呢?因为他熟悉我们,知道我们几个人中我不能喝,所以就专门灌我。我也早料到了这一点,事先做了准备,藏了一条手巾。

金日成同志祝酒时,别人都喝了,我只吞下去一点儿,剩下的都倒在了毛巾里。

我们轮着给金日成同志敬酒,敬酒的规矩是自己先喝,先喝表示自己有诚意。我给金日成同志敬酒时,下决心喝了半杯,另外半杯倒在手巾里。虽然只喝了半杯,我的脸已经红了。我敬罢金日成同志的酒,他反过来敬我,逼着我非喝下去不可。他是海量,我喝一杯,他喝三杯。我又喝了一杯,他还让我喝。我是实在喝不了。邓华说:"老洪你舍命陪君子嘛!"

彭总也说："和他干，干了这一杯。"我只好又喝了。结果，他喝了多少，我记不得了，我又喝了两杯，已醉得连话都不能讲了。

后来，金日成同志、彭总、邓华、杨得志、李达、李志民他们几个能喝的，就比着喝起来了。喝到最后，都有点晕晕乎乎了。我比起他们虽然没喝多少，却醉得一塌糊涂。

第二天，休息了一天。第三天上午，金日成首相来看我们。一见面，他就说："前天庆祝胜利，我很高兴，多喝了点，醉了！"

后来，我们又在一起谈了谈。金日成首相很诚恳地说："感谢志愿军，胜利实在来之不易呀，多亏了志愿军的帮助。今后朝鲜的建设，还希望志愿军多帮助。"然后，我们返回了志司驻地桧仓。

第二天，在桧仓又举行了盛大的庆祝胜利的活动。晚上，在桧仓的地下石洞礼堂里举行了舞会，伴舞的是志愿军文工团的女演员。那次，志愿军的领导们都到场了，连一向不喜欢跳舞的彭总，也破例地到了。

舞会一开始，大家便兴致勃勃地跳了起来，彭总不会跳，但也没有走，坐在舞场里，兴致勃勃地看着，给大家助兴。

这期间，有不少女同志多次邀请彭总跳舞，都被他一一谢绝了。后来，有一个公安1师的小女孩走到彭总的跟前，笑着说："彭爷爷，我请你跳一个舞，行吗？"

彭总看小女孩那样诚挚、恳切，感到盛情难却，实在不好再推辞，就说："我不会跳舞，但我接受你的邀请，我拉着你走一圈吧！"

说完，彭总拉着小女孩的手，在舞场里走了一圈。在场的同志见此，都很感动，停住舞步，热烈鼓掌，场面极为动人。

我作为志愿军的副司令，入朝作战近 3 年时间，这是第一次见彭总下舞场跳舞。看到彭总这样高兴，想到经过长期苦战，我们终于打赢了这场抗美援朝战争，获得了最后的胜利，我心里热乎乎的，眼圈儿都红了。

朝鲜停战的实现，标志着志愿军已经胜利地完成了祖国人民交给的"抗美援朝，保家卫国"的神圣使命，为保卫世界和平做出了重大贡献。

这一胜利是中朝人民反对美帝国主义侵略的伟大胜利，是全世界爱好和平力量的胜利，是一次历史性的胜利。正如彭总 1953 年 9 月在《关于中国人民志愿军抗美援朝工作的报告》中所说的："它雄辩证明：西方侵略者几百年来只要在东方的一个海岸上架起几尊大炮就可以霸占一个国家的时代是一去不复返了。"

后 记

抗美援朝战争转眼间已经 40 年了。

这场战争是我国军队同有现代化武器装备的敌人进行的一场殊死决战，是我军历史上光辉的一页。它对于维护朝鲜半岛和亚洲的和平以及确立我国在世界格局中的地位都有极其重要的意义。

许多年来，不少参加过这场战争的同志都督促我写写关于这场战争的回忆文章。我考虑这不是一件容易的事，所以，都一一回绝了。1988 年冬，解放军文艺出版社找到我，要求我写一本回忆录，以纪念抗美援朝战争胜利 40 周年。我考虑再三，终于答应下来。主要是想到作为我们志愿军司令员兼政委的彭德怀同志，以及邓华、韩先楚、陈赓、甘泗淇、解方、周纯全、杨勇、李志民、张文舟和当时领导谈判工作的李克农等领导同志都相继作古了，特别是我们在朝鲜战场上牺牲了几十万同志，我有责任写一点回忆文字纪念他们，并且向在战场上负伤的同志表示慰问。

这样，根据我个人亲身经历、亲耳所闻、亲眼所见的这场战争情况为线索，由王波、杨海英同志整理，写成此书。其间，原志愿军司令部作战处副处长杨迪同志提供不少资料。此书几易其稿，最后又由杨迪和彭总在抗美援朝战争期间的秘书杨凤安同志仔细审阅，以力求可靠准确。现付梓出版。时隔40年了，疏漏之处在所难免，望同志们批评指正。

一九九〇年八月八日

责任编辑：曹　春

图书在版编目（CIP）数据

抗美援朝战争回忆／洪学智　著 . —北京：人民出版社，2023.11
（2024.9 重印）

ISBN 978－7－01－026044－0

I.①抗…　II.①洪…　III.①抗美援朝战争－史料　IV.① E297.5

中国国家版本馆 CIP 数据核字（2023）第 200674 号

抗美援朝战争回忆

KANGMEIYUANCHAO ZHANZHENG HUIYI

洪学智　著

人 民 出 版 社 出版发行

（100706　北京市东城区隆福寺街 99 号）

北京新华印刷有限公司印刷　新华书店经销

2023 年 11 月第 1 版　2024 年 9 月北京第 2 次印刷
开本：880 毫米 × 1230 毫米 1/32　印张：10.875　插页：2
字数：215 千字

ISBN 978－7－01－026044－0　定价：88.00 元

邮购地址 100706　北京市东城区隆福寺街 99 号
人民东方图书销售中心　电话（010）65250042　65289539